RALPH BARTON PERRY: WIE WIRD DIE WELT

RALPH BARTON PERRY

WIE WIRD DIE WELT

LEIBNIZ VERLAG
BISHER R. OLDENBOURG VERLAG
MÜNCHEN 1948

 Veröffentlicht unter der Zulassungsnummer US-E-179 der Nachrichtenkontrolle der Militärregierung (Dr. Manfred Schröter und Dr. Rudolf C. Oldenbourg). Titel des Originalwerkes: One World in the Making. 1. Auflage, New York 1945, Current Books, Inc. A. A. Wyn. Bearbeitung nach der Übersetzung von E. Stark. Auflage 5000. Gedruckt und gebunden bei R. Oldenbourg, Graphische Betriebe G. m. b. H., München. Umschlagentwurf Haag-Drugulin, Leipzig.

Dieses Buch ist dem Gedächtnis

WENDELL WILLKIES

gewidmet,

des ersten Bürgers der geeinten Welt,

die er für sich entdeckt

und seinen amerikanischen Mitbürgern

erschlossen hat

INHALTSVERZEICHNIS

INHALTSVERZEICHNIS

Das neue Werk von Prof. R. B. PERRY (Harvard-Universität) wird hier in Übersetzung dem deutschen Publikum, vor allem der Lehrerschaft, vorgelegt als weithin gültiger, typischer Ausdruck der geistigen Einstellung Amerikas. Das Buch ist aus Vorlesungen hervorgegangen, die — was zu beachten ist — im März 1945, also noch während des Krieges, gehalten wurden, und wird hier (bis auf zwei Auslassungen weniger Zeilen) unverkürzt im Wortlaut wiedergegeben. Denn es erscheint uns wichtig, die allgemeine amerikanische Geisteshaltung und Einstellung aus der Feder eines repräsentativen Denkers kennenzulernen, auch wenn diese Anschauungen nicht in allem und nicht überall geteilt werden. Haben wir doch mit ihnen zu rechnen bei der gemeinsamen Arbeit an der großen Aufgabe vertrauensvollen Zusammenwirkens für das Entstehen einer „geeinten Welt" — dem idealen Ziel auch des Verfassers.

München, im August 1948

LEIBNIZ VERLAG

VORWORT

Dieses Buch ist der Niederschlag einer Reihe öffentlicher Vorträge, die ich im März 1945 am Lowell-Institut * in Boston gehalten habe. Den Leitern dieses Institutes möchte ich hiermit meinen Dank und meine Anerkennung aussprechen. Als ich die einzelnen Kapitel des Buches noch einmal durchsah, erschrak ich über ihre scheinbare Anmaßung. Sie beschäftigen sich mit fast allen Gebieten des menschlichen Wissens, von denen doch jedes einzelne sein umfangreiches Schrifttum und eine große Zahl von Fachleuten besitzt, und jeder dieser Fachleute hat vor dem Arbeitsgebiet des anderen die gebührende Hochachtung. Nur ein Philosoph kann es wagen, sich auf alle zu stürzen — im Gegensatz zu den Fachleuten —, nur ein Philosoph und die breite Öffentlichkeit. Ich hoffe, daß dieser Tatbestand ein Band zwischen dem Verfasser und seinen Lesern knüpft. In den meisten der hier behandelten Fragen gehöre auch ich zur breiten Öffentlichkeit, und ich spreche deshalb als einer der ihren zu den anderen.

Bei diesem wie bei den meisten meiner Bücher habe ich zwei unschätzbare Helfer gehabt, die sich in selbstloser Hilfsbereitschaft überboten haben: Die Universität Harvard und meine Sekretärin, Fräulein Catherine F. Malone. An dem Eingeständnis, daß ich sie nicht nach ihren Verdiensten belohnen kann, mögen sie den Grad meiner Dankbarkeit erkennen.

Cambridge (Massachusetts), *Ralph Barton Perry*

1. Juni 1945

* Das Lowell-Institut ist eine Stiftung, die der Bostoner Bürger John Lowell mit der Maßgabe gemacht hat, daß daraus teils volkstümliche, teils streng wissenschaftliche Vorlesungen und Vorträge bestritten werden sollen. Das Institut besteht seit 1836 und hat es sich u. a. auch zur Aufgabe gemacht, immer wieder namhafte europäische Gelehrte zu Vorlesungen nach Boston einzuladen. (S. Encyclopaedia Britannica.)

ERSTES KAPITEL

Was zum Aufbau einer einigen Welt gehört

In seinem berühmten Buch „Welteinheit" (One World) hat der große Weltbürger Wendell Willkie mehrere Gedankengänge gleichzeitig verfolgt. Er hat die Welt als Einheit begriffen, weil er in neunundvierzig Tagen rundherum gefahren war und weite Gebiete rein physikalisch gesehen hatte. Zugleich bestärkte ihn seine Reise in dem Glauben, daß ein neuer Krieg nur verhindert werden könne, wenn sich alle Völker der Erde in dieser Absicht zusammenfinden. Nach seiner Meinung muß ein Friede weltumfassend sein, wenn er Dauer haben soll. Weiter ist er überzeugt, daß politische Vereinbarungen allein auch dann nicht genügen, wenn sie sich auf eine überwältigende bewaffnete Macht stützen. Dazu ist vielmehr auch wirtschaftliche Einigkeit notwendig und ein wirtschaftlicher Fortschritt, der die sogenannten rückständigen Völker der Erde einbezieht. Mit vollem Recht hätte er noch hinzufügen können, daß ein Mindestmaß von weltumfassendem Gemeinschaftsgefühl auf jedem Gebiet des menschlichen Tuns und Wollens notwendig ist, nicht allein im Politischen und Wirtschaftlichen, sondern auch in Moral, Gesetzgebung, Kultur, Erziehung und Religion.

Es scheint zwei grundsätzlich verschiedene Auslegungen des Begriffes „Welteinheit" zu geben. Da ist einmal die eine Art von Welteinheit, die schon erreicht ist: eine Einheit, die auf dem Näherrücken der Völker und auf den gegenseitigen, durch die wissenschaftlichen und technischen Wandlungen hervorgerufenen Abhängigkeiten beruht. Die andere Welteinheit muß erst durch wohlüberlegte Ordnung aller Lebensfragen zustande gebracht werden Die erste Art der Einheit bildet das Gerüst für die andere, deren Schaffung nicht nur notwendig, sondern gleicherweise auch möglich ist. Daß diese zwei Einheiten ganz und gar nicht das gleiche sind, beweist der letzte Krieg, der entstanden ist, weil zur ersten Einheit die zweite noch fehlte. Das Zusammenrücken der Menschen und die gegenseitigen Abhängigkeiten werfen ein Problem auf, das bei schlechter Lösung alles im Chaos untergehen läßt; eine gute Lösung aber schafft die Möglichkeit zu einem Wohlstand, wie er in der Geschichte der Menschheit noch nie erreicht wurde.

Das vorliegende Kapitel befaßt sich mit jener ersten Art von Einheit, die schon Tatsache geworden ist. Diese Welteinheit ist hier nicht in dem Sinn von Gesamtheit alles Seins gemeint, wie sie Philosophie und Religion seit ihren Uranfängen stets mit Nachdruck betont haben. Gemeint ist vielmehr jener Teil des Weltalls, den der Mensch während seines irdischen Daseins bewohnt. „Welt" heißt also „Erde" oder „diese Welt", auf welcher der Mensch seine sechzig oder siebzig Jahre lebt. Und gemeint ist die Welt des Menschen, die Welt seines bewußten Lebens, und nicht die physikalischen oder natürlichen Vorbedingungen. Die Erde hat ihre eigene, nur ihr gemäße Einheit. Sie ist eine Kugel, die sich um ihre eigene Achse dreht und auf ihrer vorgeschriebenen einsamen Bahn unaufhörlich um die Sonne läuft. Ihre Meere, Seen, Flüsse, Buchten, Ebenen und Täler, ihre Luft- und Meeresströmungen verbinden die einzelnen Teile ihrer Oberfläche miteinander, während zugleich ihre Gebirgsketten und Wüsten, ihre Weite und ihre verschiedenen Klimazonen ihre einzelnen Regionen verhältnismäßig unzugänglich machen. Ihre Kruste hat sich in den astronomischen und geologischen Zeitaltern so herausgebildet, daß sie eine so fein ausgewogene und ausgeglichene Lebensform möglich machte, wie sie der menschliche Organismus darstellt. Das Sonnenlicht und die Sonnenwärme, die chemische Zusammensetzung des Bodens, seine Minerallager, seine molekulare und atomare Struktur, die Höhenunterschiede der Bodenerhebungen bergen Kräfte und Stoffe, die nur darauf warten, vom Menschen genützt zu werden.

Wenn wir aber von der wachsenden Einigkeit der Welt sprechen, so meinen wir diesen natürlichen Wohnraum nicht in dem Sinn, daß er die unerläßlichen Voraussetzungen zum Leben schafft. Wir denken vielmehr an einen Wandel, der nicht nach astronomischen oder geologischen Zeitbegriffen meßbar ist, sondern nur in menschheitsgeschichtlichen Zeiträumen. Wir denken an die Welt, die der Mensch gemacht hat, und an der er immer noch weiterarbeitet dank der größeren Dauerhaftigkeit der Stoffe.

In der Tat hat der Mensch bis zu einem freilich nur geringen Grad die Erdoberfläche umgeformt. Er hat Kanäle, wie die von Suez und Panama, gebaut, die eine kürzere Verbindung zwischen zwei Meeren herstellen; er hat durch Gebirgswälle Tunnels gebohrt, wie in der Schweiz; er hat Häfen ausgebaggert und Dämme zur Regulierung von Flußläufen errichtet. Aber das sind geringfügige Veränderungen, die bald wieder verschwinden würden, wenn der Mensch sie nicht instand hielte. Im ganzen genommen stellt die Erde die gleichen Bedingungen, denen sich der Mensch anpassen muß, so gut er eben kann. Die irdischen Lebensformen, wie sie sich seit dem ersten Dämmern der vorgeschichtlichen Zeit allmählich entwickelt haben, stellen die Geschichte dieser Anpassung dar, die sich in dem von der menschlichen Gesellschaft geschaffenen Rüstzeug und in ihren Beziehungen ausdrückt. Eine Zeitrafferaufnahme dieser Entwicklung, dargestellt etwa als bewegter Fluß im Gegensatz zu der unveränderlichen Ruhe seines Bettes, ließe das ständige Auseinander- und Zusammenfließen des menschlichen Lebens erkennen. Man könnte sehen, wie der Menschenstrom aus seinen ersten Quellen und Sammelbecken, sei es aus dem Garten Eden oder aus verschiedenen Ursprungsgebieten, in alle Teile der Erdoberfläche sich ergießt wie eine Überschwemmung, die, wachsend, nach und nach eine Schranke nach der anderen überflutet.

Will man die verschiedenen Kräfte untersuchen, durch die der Mensch Schritt für Schritt die Erde erobert und eine große Familie geschaffen hat, die unter einem gemeinsamen Dach lebt, so muß man zwei wichtige Gesichtspunkte beachten: Einmal den, daß diese Kräfte, obwohl sie klar unterscheidbar sind und zu ihrer Darlegung auch getrennt behandelt werden müssen, sich gegenseitig nachhaltig beeinflussen und gemeinsam auf den Lauf der Geschichte einwirken. Kein wichtiger Schritt in der Entwicklung kann nur auf eine einzige Ursache zurückgeführt werden. Zum anderen hat jede dieser Kräfte ihre trennende und ihre vereinigende Wirkung; im Nutzeffekt aber dienen sie der Einigung. Jeder neue Schritt zur Einheit hat daher neue Schranken errichtet und Klüfte aufgerissen, aber im großen und ganzen, auf weite Sicht gesehen, überwiegen die Tunnels und Brücken.

Die erste der Kräfte, durch die der Mensch seine Welt zu einer Einheit gemacht hat, ist die *Erkenntnis*. Seine frühesten Vorstellungen entsprangen seiner Gabe zum Nachdenken und seiner Einbildungskraft und nahmen die Form von Mythen, religiösen Dogmen und metaphysischen Systemen an. Aber diese Vorstellungen waren mehr auf das Kosmische als auf das Irdische gerichtet. Der Mensch blickte eher über die Erde hinaus als auf sie hin und richtete den Brennpunkt seiner Aufmerksamkeit eher auf erste Ursachen und letzte Bestimmung als auf den unmittelbaren Schauplatz seines erdenhaften Daseins.

Die Geschichte unserer wachsenden Erkenntnis der Erde ist nichts anderes als eine fortschreitende Erklärung der Erscheinungen durch die Wissenschaft. Die Erde zeigt sich als eine flache, unbewegliche Scheibe, die vom Wasser umgeben ist und sich am Horizont mit dem Himmelsgewölbe berührt. Die Wissenschaft sagt dagegen heute, daß die Erde eine um ihre Achse sich drehende Kugel ist, die um die Sonne läuft und sich mit dem ganzen Sonnensystem in bestimmten Beziehungen zu anderen Himmelskörpern bewegt. Diese Tatsache besteht schon viele Millionen Jahre lang, aber erkannt wurde sie vor kaum tausend Jahren. In Europa entstand die Vorstellung von der Erde als Kugel im sechsten Jahrhundert v. Chr. und sie erfährt noch immer Verbesserungen. Aber die Tatsache, daß die Erde sich um ihre Achse dreht und um die Sonne läuft, hat die Wissenschaft erst im sechzehnten Jahrhundert n. Chr. endgültig anerkannt; das ist also noch keine fünfhundert Jahre her.

Aber für unwissenschaftliche, laienhafte Begriffe sind diese Vorstellungen noch viel neuer. Es ist eben doch ein gewaltiger Unterschied zwischen den wissenschaftlichen Theorien, die auf Versuchen oder mathematischen Berechnungen beruhen, und den Vorstellungen des Durchschnittsmenschen. Lange nachdem die Wissenschaft die Relativität der Erscheinungen erkannt und ihre Schwierigkeiten überwunden hatte, blieb die Allgemeinheit noch dabei, sie als etwas Absolutes zu nehmen. Aber wenn man beobachtet, wie Schiffe auf hoher See in der Ferne gleichsam versinken, oder wie sich der Erdschatten auf dem Monde abzeichnet, dann hat man einen sinnfälligen Beweis für die Krümmung der Erdoberfläche. Wenn man die Erde umschifft, so erlebt man ihre Kugelform als Wirklichkeit. Je öfter und je allgemeiner solche Erfahrungen und Erlebnisse gesammelt und damit faßbarer werden, um so mehr kann man sagen, daß der Mensch auf einer Kugel lebt.

Fassen wir zusammen: Die Erde ist eine Kugel; das ist die eine

Tatsache. Nach Jahrmillionen ergab sich die andere, daß die Wissenschaft dies erkannt hat und daß die Fachleute darüber Rede und Antwort stehen können; und als dritte und neueste Tatsache konnte man die Kugelgestalt der Erde als solche begreifen und mit ihr rechnen. Aber in diesen Abschnitt der Erkenntnis sind wir eben erst eingetreten, so daß es verständlich ist, wenn noch sehr viele Menschen hartnäckig an der Vorstellung festhalten, daß die Erde flach sei.

Was nun die Bewegung der Erde betrifft, so muß darauf hingewiesen werden, daß sie der Allgemeinheit noch viel weniger bewußt geworden ist. Trotz der Lehren der Astronomie steht für unser Empfinden die Erde immer noch still; denn wir sehen die Sonne im Osten aufgehen, den Himmel überqueren und im Westen untergehen; und die ganze Pracht der Himmelskörper, der Planeten wie der Fixsterne, dreht sich um einen festen Mittelpunkt, den Standort des Betrachters. Nicht einmal der Dichter konnte in uns das Gefühl dafür erwecken, daß wir Fahrgäste sind, die mit der unvorstellbaren Geschwindigkeit von zwölf Meilen in der Sekunde durch den Weltraum rasen auf einer Bahn, die sich aus der täglichen Umdrehung und dem Jahreslauf der Erde und aus der Eigenbewegung des Sonnensystems durch das Weltall zusammensetzt.

Kurzum, der Mensch fühlt sich in der kopernikanischen Welt noch nicht ganz heimisch. Die großen alexandrinischen Astronomen, die mit Hipparch im zweiten Jahrhundert v. Chr. beginnen und ihren Höhepunkt mit Ptolemäus im zweiten Jahrhundert n. Chr. erreichen, haben Himmel und Erde in ein Schema gebracht, das mehr als tausend Jahre überdauert hat. Diese ptolemäische Welt stimmte sowohl mit der Ordnung der Erscheinungen als auch mit den Lehren der Heiligen Schrift überein. Ein bequemes Weltbild war es, das so weit reichte, wie das menschliche Auge sehen kann, und in dem die Erde der ruhende Mittelpunkt war als Schauplatz für das Drama des menschlichen Handelns und der Erlösung, mit dem Himmel als Hintergrund.

Die neue Astronomie wirkte mit ihrer Behauptung, die Erde sei einfach ein Himmelskörper wie jeder andere auch, noch dazu von unbedeutender Größe und Rangordnung, tief erschütternd auf alle menschlichen Gewohnheiten und Vorstellungen. Aber je mehr die Erde an Erhabenheit verlor, desto mehr drang sie in das Fühlen und Denken ihrer Bewohner ein. Die ältere Astronomie gab dem Menschen viel eher ein kosmisches als ein erdgebundenes Bewußtsein.

Sie lenkte seine Aufmerksamkeit mehr senkrecht in den Himmel hinauf als waagrecht auf seine nächste Umgebung. Aber im gleichen Maße, in dem der Himmel zurückwich und sich mit dem Unendlichen und Unbekannten verschmolz, rückte die Erde an seine Stelle. Mit dem Gefühl für sein Verlorensein im Kosmos wuchs die Anhänglichkeit des Menschen an seine Erde. Sie wurde sein Schiff, mit dem er auf weiten, unbekannten Meeren fährt. Immer schneller lernte er erkennen, wie sehr er von der Festigkeit und den Vorräten seines Fahrzeuges abhängig ist, und immer mehr wollte er dessen Decks und Kabinen kennenlernen und die Mitreisenden auf dieser Fahrt ins Ungewisse.

Unsere zunehmende Vertrautheit mit den Einzelheiten der Erdoberfläche nennt man Forschung. Ohne Zweifel ist der Mensch von jeher ein Forscher gewesen. Wissensdrang und Habgier haben ihn verlockt, Bedrängung, Übervölkerung und Not ihn getrieben, einmal über seine Grenzen hinauszusehen. So war es zu allen Zeiten der Geschichte und bei allen Völkern. Wie sich die Mittelmeervölker von ihrer Urheimat aus verbreitet haben, so taten es die Bewohner der beiden Amerika, Ostasiens oder der pazifischen Inseln.

Es ist nicht einseitig, wenn wir sagen, daß der Mittelmeerraum der Ausgangspunkt für diese Entdeckungen war. Die Mittelmeervölker zusammen mit den Skandinaviern und den nordgermanischen Stämmen waren eine besonders unruhige, wander- und unternehmungslustige zudringliche Gesellschaft. Sie haben den größten Teil der Heimsuchungen fremder Gebiete auf dem Gewissen. Griechen, Phönizier, Römer, Araber und Nordländer im Altertum und im Mittelalter, später die Spanier, Italiener, Portugiesen, Holländer, Franzosen, Engländer und Amerikaner haben, besessen von allen möglichen Tugenden und Lastern — Mut, Kühnheit, Grausamkeit, Unternehmungslust, Glaubenseifer, Erfindungsgabe, Habsucht, Neid, Drang zu Macht und Liebe zur See —, die Erde überrannt und keinen Fleck, sei er noch so entlegen und unzugänglich, verschont. Sie haben Forschungsreisen unternommen, Beziehungen geschaffen, Landkarten gezeichnet und einen großen, stets wachsenden Schatz von Erfahrungen gesammelt.

Große Forscher und Geographen, wie Eudoxus, Alexander und seine Heerführer sowie Strabo, waren die Wegbereiter im Altertum, und ihnen folgten im Mittelalter Eric der Rote, Leif Erikson,

Marco Polo, Ibn-Batuta und die Kreuzfahrer. Vom fünfzehnten Jahrhundert ab wurde die Forschung so beschleunigt, planmäßig betrieben und in zahlreichen Schriften niedergelegt, daß sie dem ganzen Zeitalter ihr Siegel aufdrückte. Das ungewöhnliche Zusammenwirken äußerer Umstände und frei gewordener menschlicher Energien, das wir die Renaissance nennen, hat die Aufmerksamkeit von der jenseitigen auf die diesseitige Welt zurückgelenkt und hat den Menschen mit neuem Eifer und neuer Kühnheit auf Entdeckungen ausziehen lassen. Der reine Forschergeist war verkörpert in dem Holländer Van Linschoten, dessen „Itinerario", 1595 erschienen, die erste Beschreibung des Fernen Ostens durch einen Europäer darstellt. „Mein Herz sehnt sich Tag und Nacht", so schreibt er, „nach Reisen in ferne Länder[1]." Es war das Zeitalter Heinrichs des Seefahrers, des Kolumbus, Magalhaes, Amerigo Vespucci, Balboa, De Soto, Drake und Cook. Am meisten von ihnen allen darf wohl Magalhaes als die Verkörperung dieser Zeit gelten. Gestützt auf die Erfahrungen seiner Vorgänger, stach Magalhaes am 21. September 1519 von Spanien aus in See, durchfuhr die Straße, die nach ihm benannt wurde, drang dann weiter zwischen Patagonien und Feuerland in den Stillen Ozean vor und überquerte ihn bis zu den Philippinen; dort ist er gestorben. Einer seiner Kapitäne setzte die Reise westwärts fort, umschiffte das Kap der Guten Hoffnung und kam am 6. September 1522 wieder in Spanien an.

Die erste Reise um die Welt dauerte drei Jahre. Heute braucht man dazu nur noch drei Tage. Aber der Eindruck auf die menschliche Phantasie war damals der gleiche wie heute.

Eine Erde, die man umfahren kann, muß unzweifelhaft eine Kugel sein. Ein Holzfäller, der auf einem der kleineren Berge der Green Mountains lebte, sagte, als er in das Land hinaussah: „Hier hat man die Welt am Genick!" Das gleiche Gefühl überkam die Menschen, als die Welt zum ersten Male umfahren war.

Heute kriecht man nicht mehr im Schneckentempo über die Erde, sondern wir schwingen uns wie ein Vogel über sie hin, und wenn wir es nicht selbst tun, so nehmen wir doch durch die Tagesnachrichten daran teil. Wir halten sie auf eine Entfernung von einer Armlänge am Genick gepackt. Wir nehmen uns allerlei mit ihr heraus. Wir durchqueren sie in jeder Richtung und auf immer kürzeren Wegen. Wir nehmen sie nach neuen Gesichtspunkten auf, so aus der Polarprojektion, in der die großen Landmassen die nördliche Halbkugel zu erdrücken scheinen. Von diesen neuen geographischen Methoden hat ein Wissenschaftler, der gleich sieben von ihnen behandelt hat, in einem Artikel „Das Gesicht der Welteinheit" (The Face of One World) gesagt, sie stellen „den Beginn des Zeitalters der globalen Annäherung" dar[3]. So sind schon die neuesten Globen nicht mehr an einem Ständer befestigt, sondern können frei in der Hand gehalten und nach Belieben gedreht werden.

In dem großen Zeitalter der Entdeckungen wurden von Galilei und seinen Nachfolgern die Grundlagen für die moderne Wissenschaft gelegt, die später für Newton den Weg bereitet haben. Moderne Wissenschaft ist exakte Wissenschaft, in der sich Mathematik und Experiment verbinden und in der die Vorstellung die Rolle der Beobachtung übernimmt. Von der Astronomie abgesehen, sind ihre Beiträge zum erdgerichteten Denken des Menschen zwar weniger unmittelbar und augenfällig als die der Entdecker. Aber es ist die exakte Wissenschaft, der der Mensch die wachsende Beherrschung der Naturkräfte verdankt, von der wiederum sein Sinn für Nutzung und Besitz herrührt. Im Zuge ihrer Entwicklung hat die exakte Wissenschaft die Einheit der Natur als ein geschlossenes, in seinen einzelnen Teilen sich gegenseitig beeinflussendes System gezeigt. Es ist die exakte Wissenschaft und ihre Anwendung, durch die der Mensch jene Geschicklichkeit in Verkehr, Handel und Wandel entwickeln konnte, die gleichsam die Enden der Welt zusammenfügt und ihre Bewohner in weitverzweigten Unternehmungen und gemeinsamer Kultur geeinigt haben. Sie ist bis zu einem gewissen Grade eine Voraussetzung für alle anderen Kräfte, aus denen die gegenseitigen Bindungen und Abhängigkeiten entstanden sind.

Der Mensch hat sich mit seiner Erdenkugel immer mehr vertraut gemacht und gelernt, sie als etwas Ganzes zu erfassen und zu besitzen. Zugleich haben die Menschen sie in weiterem Umfang und in zunehmender Dichte besiedelt, so daß sich auch in größeren Entfernungen vom Ausgangspunkt Berührungen mit den dort schon ansässigen Menschen ergaben. So entstand das Gefühl für eine gemeinsame und ungeteilte Erdenheimat.

Die Griechen haben ihre gedankliche Verbindung zwischen der Erde und ihren Bewohnern durch den vielseitigen Gebrauch des

Wortes Ökumene * ausgedrückt. Der Begriff der Ökumene oder der bewohnten Erde bezog sich bei den Griechen auf ihre eigene Heimat, wies aber zugleich auch immer darüber hinaus. Man bezeichnete damit ganz Griechenland und nicht nur Athen oder Sparta; oder das ganze Mittelmeergebiet zum Unterschied von Griechenland allein; oder den Mittelmeerraum, Asien oder Afrika im Gegensatz zum Atlantik; oder den bewohnbaren Teil der Erdoberfläche zum Unterschied vom unbewohnbaren Meer. Dieser Begriff Ökumene lenkte die Aufmerksamkeit auf die Randgebiete und Grenzen der Menschenwelt und darüber hinaus. Die Ökumene hat sich ständig ausgedehnt**. Sie hat heute mit Griechenland oder dem Mittelmeerraum nichts mehr zu tun; der Begriff ist heute mit „weltweit", „weltumfassend" gleichzusetzen.

Die Ökumene war mehr als eine geographische Vorstellung. Sie umfaßte nicht nur die Siedlung, sondern auch andere Bande, welche die Menschen zu einer einzigen Gesellschaft zusammengeschlossen haben. Als die griechischen Städtestaaten durch die mazedonischen und römischen Reiche abgelöst wurden, bekam der Begriff Ökumene die Bedeutung von Weltgemeinschaft, die sich aus verschiedenen Rassen und Landschaften zusammensetzt, mit gemeinsamer politischer Leitung, gemeinsamem Gesetz, gemeinsamer Kultur und gemeinsamer — heidnischer oder christlicher — Religion. Durch die Denker, Seher und Heiligen wurden Mensch und Erde mit dem Kosmos als eine Ganzheit in Beziehung gebracht, und der ehemals athenische Bürger wurde zum Weltbürger und zum Bürger des Universums[4]. Dieser Gedanke aus der Antike ist niemals vergessen worden. Das Heilige Römische Reich des Mittelalters und alle späteren Träume eines Weltreiches sind Wiederbelebungen oder ein Nachhall davon.

Inzwischen hat sich die Bekanntschaft mit unseren immer zahlreicher werdenden Mitmenschen über die ganze Erde ausgedehnt.

Nach den immer noch unsicheren und unterschiedlichen Ergebnissen der modernen Wissenschaften, der Geologie, Archäologie und

* *οἰκουμένη* ein Partizipialadjektiv, das „bewohnt" bedeutet, wobei das Substantiv (Erde, Land) als selbstverständlich übergangen wird.

** Dies ist die eine Betrachtungsweise. Prof. Werner Wilhelm Jäger dagegen sagt, „. . . die Ökumene der ‚klassischen' Griechen und Römer, die seit zweitausend Jahren mit den Grenzen der Welt zusammenfiel, ist von uns räumlich nach allen Seiten überschritten worden . . ." — Werner Jäger, *Paideia, Die Formung des griechischen Menschen*, Walter de Gruyter & Co, Berlin und Leipzig, 1934, Bd. I, S. 3.

Anthropologie, bewohnt der Mensch die Erde seit einem Zeitraum zwischen sechshunderttausend und einer Million Jahren; er ist also mindestens seit dem Pleistozän oder der Eiszeit schon da. Trotz Erzbischof Usher und dem Buch der Genesis hat es wahrscheinlich zwischen fünfhundert und tausend Millionen Jahren gedauert, bis wenigstens die einfachsten Voraussetzungen dazu gegeben waren. Nach kosmischen Maßstäben ist der Mensch verhältnismäßig spät aufgetreten. Sein Ursprung, gleich ob von einem oder mehreren Stämmen, liegt auf jeden Fall recht niedrig, und mit seiner frühesten Geschichte läßt sich wenig Staat machen. Aber er war von erstaunlicher Fruchtbarkeit.

Die Bevölkerungsziffern der Vergangenheit sind bekanntlich unzuverlässig und beruhen von einem gewissen Zeitpunkte ab auf reinen Annahmen, doch an der raschen Zunahme der Bevölkerung besteht kein Zweifel. Die vorgeschichtlichen Menschen scheinen gewöhnlich nur einige wenige Musterexemplare späteren Prähistorikern zuliebe hinterlassen zu haben, oder aber gab es nur ganz wenige und ihr Dasein war kurz und hing völlig von den Verhältnissen ab. Wir können nur annehmen, daß während der vielen Tausende von Jahren, die dazwischenliegen, die Lebensmöglichkeiten für eine große Bevölkerungszahl nicht ausgereicht haben. Von der Mitte des siebzehnten Jahrhunderts ab haben wir schon festeren Boden. Nach den Schätzungen einer neueren Autorität ist die Gesamtbevölkerung der Erde von fünfhundertfünfundvierzig Millionen im Jahr 1650 auf über zweitausend Millionen im Jahre 1933 gestiegen, wobei die größte Zunahme in die Zeit nach 1900 fällt.

Der Mensch hat sich also das Gebot des Schöpfers zu Herzen genommen: „Seid fruchtbar und vermehret euch, bevölkert die Erde und macht sie euch untertan." Dazu hat ihm seine zunehmende Beweglichkeit geholfen. Das ist nicht nur so zu verstehen, daß er sich leichter von einem Ort zum anderen bewegen kann, sondern auch so, daß er sich den Verhältnissen anzupassen versteht. Die Wissenschaft hat die Wege gewiesen, wie man die Umwelt verändert, indem man Sümpfe trockenlegt, Wälder rodet und Wüsten bewässert und fruchtbar macht, oder wie man sich seine gewohnte Umwelt schafft, indem man in kalten Zonen sein Haus heizt oder es in heißen Zonen kühlt, Ungesundes ausmerzt, die Ernährung verbessert und in große Höhen Sauerstoffbehälter für die Atmung mitnimmt. Zur gleichen

Zeit verlieren die Menschen durch Wanderung, Erziehung, Verkehr und Krieg etwas von ihrer Engstirnigkeit. Die Einteilung in Jäger, Bauern, Hirten, Fischer, Seeleute und Handwerker, von denen jede einzelne Gruppe durch entsprechende Lebensweise mehr oder weniger an ihre Örtlichkeit gebunden war, hat sich nach und nach gelockert. Landwirtschaftliche Gemeinwesen sind industrialisiert worden und Industriearbeiter können zur Scholle zurückkehren. Der Unterschied zwischen den beiden Beschäftigungstypen wird immer geringer.

Allerdings wird mit der zunehmenden Beweglichkeit des Menschen der freie Raum immer kleiner. Angesichts der großen unbesiedelten Gebiete in Afrika, Mittelasien und Südamerika und der Fähigkeit des Menschen, in allen Zonen der Erde leben zu können, wäre es übereilt zu sagen, daß keine großen Wanderungen mehr möglich seien; sicher werden — wie in den Vereinigten Staaten — auf der ganzen Erde das unkultivierte Grenzland, die Wildnis und sogar die sogenannten rückständigen Gebiete immer weniger Bedeutung haben. Wo immer sich der Mensch auf der Suche nach neuen Möglichkeiten hinwendet, muß er damit rechnen, von der Aufschrift „Besetzt" begrüßt zu werden. Trotz ihrer zunehmenden Beweglichkeit werden die Menschen immer enger zusammengedrängt, und sie müssen ihre Lebensmöglichkeiten immer mehr an Ort und Stelle suchen statt anderswo.

Um ihren Lebensbereich nach allen Teilen der Erde auszuweiten, brauchen die Menschen ihren Wohnsitz keineswegs zu verändern. Sie können bleiben, wo sie sind; es genügt, wenn sie ihre Verkehrswege vermehren und verlängern. Wieviel Raum auf der Erde einem Menschen offensteht, hängt ab von der Zahl und Reichweite seiner Beziehungen und nicht nur von der Ausdehnung seiner Reisen oder dem wiederholten Wechsel des Wohnsitzes. Man kann von ihm sagen, daß er in jedem Teil der Welt lebt, mit dem er Nachrichten, Gedanken oder Güter austauscht. Die heutigen Möglichkeiten der Nachrichtenübermittlung machen eigene Reisen überflüssig. Ihre Beschleunigung und Verbesserung ist daher für die Einigung der Welt besonders wichtig.

Der Anfang aller Nachrichten ist das gesprochene Wort; die Rolle, die dabei die Sprachkenntnisse spielen, darf nicht einfach übersehen werden, weil sie weniger auffallen als anderes. Ohne die Sprachkundigen, die in allen Sprachen verständlich gemacht haben, was nur in einer Sprache ausgedrückt war, wären die weltumspannenden technischen Erleichterungen der Nachrichtenübermittlung nutzlos.

Die Vervollkommnung der Nachrichtenmittel ist so alt und so stetig wie die Menschheitsgeschichte. Dazu gehören der Bau von Straßen, Brücken und Tunnels, die Entwicklung der Navigationskunst, der Ersatz des Botenläufers durch das Pferd und des menschlichen Kopfes und Rückens durch das Pferdefuhrwerk (Pferd und Wagen waren einstmals das Sinnbild des Fortschritts!); weiter gehört dazu der Ersatz des Pferdes durch das Automobil, die Einführung der Dampfkraft zu Wasser und zu Lande; die Schaffung von Postverbindungen und die Erfindung von Telegraph und Telephon.

Wandlungen dieser Art hat es im Laufe der Geschichte immer gegeben, aber sie sind in den letzten Jahrzehnten so schnell aufeinander gefolgt, daß es eher eine Umwälzung als eine Entwicklung war. Von den Vereinigten Staaten hat man gesagt, daß sich dort in den zehn Jahren vor dem Bürgerkrieg „die Eisenbahnen wie die Masern im Pensionat ausgebreitet haben[5]". Zwischen 1840 und 1927 ist dort die Länge der Schienenstränge von 2 799 auf 249 151 Meilen angewachsen. Im Jahre 1830 wurde die erste Eisenbahn gebaut; im Jahre 1927 haben die Eisenbahnstrecken der ganzen Welt eine Länge von insgesamt 850 000 Meilen erreicht. In diesen Zahlen kommt weder die Vermehrung der Gleise auf den einzelnen Strecken noch die rasche Zunahme der Beförderungsgeschwindigkeit und des Transportraumes zum Ausdruck. Besonders durch die Erfindung der Dampfmaschine stieg die Tonnage der gesamten Handelsmarine der Welt von sechzehn Millionen sechshunderttausend im Jahre 1860 auf ungefähr vierzig Millionen im Jahre 1927[6]. Unterdessen hat das Automobil zu einer ungeheuren Ausdehnung und Verbesserung des Straßennetzes geführt, und die Erdoberfläche ist mit einem Netz von Drähten übersponnen worden, die auf elektrischem Wege Nachrichten befördern, während Unterwasserkabel die Meere durchziehen.

Aber so viel Aufsehen diese Fortschritte zu ihrer Zeit erregt haben — heute machen sie keinen besonderen Eindruck mehr: Wir sind jetzt aufs „Fliegen" eingestellt. Die Nachricht hat sich vom Draht freigemacht, und das Flugzeug braucht weder Straße noch Schienenweg. Diese neuen Formen der Verbindungen haben in wenigen Jahrzehnten in ihrer Schnelligkeit und Ungebundenheit größere

Fortschritte gemacht als ihre Vorläufer in Jahrhunderten zuvor. Es gibt zweierlei rasche Veränderungen: die Veränderung des Ortes und der Wechsel in der Veränderung. Geist und Körper leiden schon jetzt an Schwindelgefühl und Atemlosigkeit, und noch ist kein Ende der Entwicklung abzusehen. Das Unmögliche ist so unaufhörlich Wirklichkeit geworden, daß das Wort „unmöglich" überhaupt außer Gebrauch zu kommen scheint.

Wenn wir sagen, daß Radio und Flugzeug „den Begriff der Entfernung aufgehoben" haben, so meinen wir damit, daß sie die Entfernungen schneller und müheloser bewältigen helfen. Daß die räumliche Entfernung an sich gleich bleibt, merken wir sehr bald, wenn uns die Maschine einmal im Stich läßt. Wenn sich in diesem Fall die Entfernung geändert zu haben scheint, dann nur so, daß sie uns größer vorkommt, weil unsere Fähigkeit, die alten Kräfte zu benützen, im Schwinden begriffen ist, seit wir angefangen haben, neue und stärkere anzuwenden. Wir vergessen allmählich, wie man geht, ruft, Lasten trägt, Besuche macht oder Briefe schreibt. Solange die Maschine arbeitet, ist der Widerstand von Zeit und Mühe erstaunlich gering. Die Kurzwelle trägt die Stimme zu den entlegensten Punkten der Erde, mühelos und praktisch ohne Zeitverlust, was wohl die Grenze des Erreichbaren darstellt.

Die Beförderung, also die Bewegung von Personen und Gütern von einem Ort zum anderen, ist freilich noch lange keine Sache des Augenblicks; nicht einmal ein fliegender Teppich könnte das. Aber durch das moderne Flugzeug, das mit zweihundert Meilen Stundengeschwindigkeit frei durch den Raum saust, hat sich eine Reise, zu der man früher Jahre, dann Monate, dann Wochen und Tage gebraucht hat, nunmehr auf Stunden verkürzt. Es gibt keinen Ort mehr auf der Welt, der von irgendeinem Flughafen weiter als sechzig Flugstunden entfernt ist. Nach Reisezeiten gemessen, ist die ganze Erde jetzt kleiner als die Vereinigten Staaten zu Washingtons oder Europa zu Napoleons Zeiten[7]. Nehmen wir einmal Boston als Mittelpunkt an (Bostoner dürfen das), so ist Singapore heute so nahe wie Pittsburgh im Jahre 1790. Nachdem der Schnelligkeitsrekord in der Luft vom Jahre 1903 bis zum Jahre 1938 von dreißig auf vierhundertvierzig Meilen in der Stunde hinaufgeschnellt ist und noch immer steigt, können wir uns angesichts solcher Entwicklungen von der Welt von morgen kein richtiges Bild machen.

Die Luftfahrt, die auf keine Bodenreform mehr Rücksicht zu nehmen braucht, sondern leichthin Meere, Gebirge und polare Regionen überquert, wirft unsere alte Geographie über den Haufen. Auf dem Weg über Alaska bringt der Flugverkehr uns so nahe an Sowjetrußland, wie Norwegen von Schottland entfernt ist. Er bringt uns das Kaspische Meer, Palästina und Kairo so nahe wie Buenos Aires. Man erinnere sich daran, daß ein Schriftgelehrter, der Jesu auf die Probe stellen wollte, ihn gefragt hat: „Und wer ist mein Nächster?" Wenn die Frage heute gestellt werden würde, so wäre die Antwort Jesu noch ebenso gültig, nur vielleicht mit dem Zusatz: „Wer ist es nicht?"

Die Verbindungsmöglichkeiten durch das Wort, durch Reisen oder durch die Beförderung von Gütern sind heute so sehr erleichtert, daß ein Mensch an irgendeinem Ort leichter mit allen Erdteilen Geschäfte machen kann, als dies früher zwischen benachbarten Städten möglich war. Das gilt für jede Art von Geschäft, vom kleinsten bis zum größten.

Die Entwicklung der Wirtschaftsbeziehungen über die ganze Erde läßt das Ausmaß erkennen, in welchem alle Formen menschlicher Unternehmungen aufeinander wirken und rückwirken. Der Handel ist von der Kenntnis entlegener Gegenden und Völker, von Verkehrswegen, von gewissen Sicherheitsfaktoren und politischer Stabilität ebenso abhängig wie von technischen und mechanischen Besonderheiten, von Geld, Markt und Kredit. Ebenso wahr ist, daß Entdeckungen und verbesserte Verbindungen weitgehend auf wirtschaftliche Ursachen zurückzuführen sind. Es wäre unsinnig, eine vergleichende Bewertung dieser verschiedenen Kräfte versuchen zu wollen. Die Feststellung möge genügen, daß dem Wirtschaftsgedanken für sich allein schon eine beträchtliche Schwellkraft innewohnt.

Wenn die Menschen ihre Bedürfnisse in der Heimat nicht befriedigen können, geht ihr Blick nach draußen. Die einfachste Äußerung dieses Triebes ist die Wanderung von Mangel- zu Überflußgebieten. Als Raubtier, das er ist, geht der Mensch dorthin, wo er bekommen kann, was er braucht. Angelockt von fruchtbarem Land, von Bodenschätzen, Urwäldern, Wild- oder Wasserreichtum, günstigem Klima oder freiem Raum drängen die Menschen fort von ihrer Heimat und werden Räuber oder bodenständige Siedler. Sie nehmen, was die Natur ihnen bietet, oder sie holen sich, was sie brauchen, von den Besitzenden. Kurz, nehmen wir den Menschen mit seinen Urbegierden, zusammen mit den sich daraus entwickelnden Wünschen, die durch ihre Erfüllung stets weiter wachsen, und nehmen wir die Art, wie diese Begierden und Wünsche auf natürlichem und künstlichem Wege befriedigt worden sind: so sieht man, daß sich für jeden Wunsch schließlich Erfüllung findet.

Wirtschaftliche Tätigkeit im strengen Sinne beginnt dort, wo an die Stelle von Raub und Plünderung der Handel tritt. Handel verlangt Ausdehnung. Der einzelne Mensch und die Völker haben ebenso verschiedene Fähigkeiten, wie die einzelnen Gebiete verschiedene Hilfsquellen und Erzeugnisse haben. Es ist eine Kräftevergeudung, den Verbraucher zu den Verbrauchsgütern zu bringen oder den Widerstand ihrer Besitzer zu überwinden, wenn diese Güter nach dem Grundsatz „quid pro quo" frei erworben werden können*. Ein Handel, der einmal nach diesem Grundsatz ausgerichtet ist, wird stets die Neigung haben, sich zum Welthandel zu erweitern. Fehlt eine solche Ausweitung, so werden die Menschen immer wieder lüstern nach außerhalb schielen und sich das, was sie nicht durch Handel erwerben können, schließlich mit Gewalt holen.

Für das Streben der Wirtschaft nach Vereinheitlichung, das man in der ganzen Welt feststellen kann, ist die Geschichte Europas ein schlagender Beweis. Dem Zusammenbruch des Römischen Reiches folgte ein wirtschaftlicher Niedergang trotz des Fortbestehens imperialer Überlieferungen und der Überstaatlichkeit von Wissenschaft und Religion. Dieser Niedergang hatte mehrere Ursachen — vor allem den Zerfall und die Unsicherheit der Verkehrswege sowie jene Vervielfachung kleiner politischer Einheiten, die man als Feudalsystem bezeichnet. Nach Schätzungen hat es im zehnten Jahrhundert in Frankreich allein über zehntausend solcher feudaler Herren gegeben, von denen jeder nach wirtschaftlicher Selbständigkeit strebte und deshalb jeden Handelsmann, der ihm in den Weg kam, ausplünderte. Im vierzehnten Jahrhundert beliefen sich die Zölle, die am Rhein allein zwischen Bingen und Koblenz erhoben wurden,

* Für die Gepflogenheit, den Verbraucher zu den Gütern zu bringen statt umgekehrt, sind die feudalen Gewohnheiten in Europa um das Jahr 1000 bezeichnend. „Wir lesen von Königen und Fürsten", sagt ein Historiker, „die mit Hofhaltung und Gefolge dauernd unterwegs waren, von einem Rittersitz zum anderen zogen und sich immer nur so lange aufhielten, bis sie die Vorräte des Gastgebers aufgegessen hatten." — Clive Day, History of Commerce, 1908, S. 37.

auf zwei Drittel der Kosten der gelieferten Waren. Im späten Mittelalter wurde es zwar durch das Wachsen der Städte und Handelsplätze in Deutschland und Italien besser, aber diese großen Handelszentren errichteten wiederum Zollschranken gegeneinander und auch gegen das umliegende Land. Noch gegen Ende des sechzehnten Jahrhunderts gab es an der Loire, zwischen Orleans und dem Meer (was etwa der Entfernung von Albany bis Neuyork entspricht) fünfzig Zollstationen[8]*. Unter solchen Umständen mußte der Handel zwangsläufig örtlich oder auf Nachbarorte beschränkt bleiben, und Fernhandel gab es nur mit wenigen Luxuswaren.

Im siebzehnten und achtzehnten Jahrhundert verdrängte der moderne europäische Staat den Rittersitz, die Stadt und die Großstadt als wirtschaftliche Einheit. Dies war die Zeit des Merkantilismus, der die Ausfuhr förderte und die Einfuhr erschwerte, um Geld und Edelmetalle als Machtmittel zu horten. Wirtschaftliche Beziehungen i n n e r h a l b der einzelnen Staaten wurden unter dem Gesichtspunkt des gegenseitigen Nutzens angesehen, wirtschaftliche Beziehungen z w i s c h e n den Staaten unter dem Gesichtspunkt des Krieges. Ein Staat suchte den anderen aus dem Felde zu schlagen. Jeder wollte Handelsrechte für sich allein und wollte auf Kosten der Mitbewerber Gewinne einheimsen.

Es blieb dem neunzehnten Jahrhundert vorbehalten, durch Anwendung der Wirtschaftslehren des sogenannten Laissez-faire-Kapitalismus und durch Ausnützung der Errungenschaften der industriellen Revolution die Voraussetzungen für das zu schaffen, was wir heute internationalen Handel nennen.

Der Außenhandel wuchs in der Tat sprunghaft an. Sein Dollarwert stieg von 1800 bis 1900 von eineinhalb Milliarden auf zwanzig Milliarden, das ist eine Zunahme von über zwölfhundert v. H. Dieses Anwachsen erfolgte viel rascher als die Zunahme der Bevölkerung im gleichen Zeitraum, so daß „der Anteil eines Erdenbürgers am Handel der Welt" sich im Durchschnitt versechsfacht hat[9]. Hierbei ist zu beachten, daß diese Zunahme in das Zeitalter der Kohle und des Dampfes fällt, in eine Zeit also, in der der Explosionsmotor gerade erst erfunden war, die vor dem ersten erfolgreichen Flug der Brüder Wright lag, und in der die vollen wirtschaftlichen Möglich-

* Von Orleans bis Nantes sind es annähernd dreihundert Kilometer (Anmerkung des Übersetzers.)

keiten der industrialisierten Technik dem Menschenhirn noch gar nicht zum Bewußtsein gekommen waren.

Vor und nach dem ersten Weltkrieg stieg die Außenhandelskurve immer noch an. An der Abwärtsbewegung nach 1930 war die Weltdepression, der drohende neue Krieg und die durch diese beiden Umstände hervorgerufenen Einschränkungsmaßnahmen schuld. Die wirtschaftlichen Kräfte selbst waren auf ein ständiges Anwachsen des Innen- und Außenhandels gerichtet. Zu Dampfschiff und Eisenbahn gesellten sich Transportflugzeug und Lastauto. Zu den alten Triebkräften des Handels sind die Erfordernisse der modernisierten Industrie hinzugekommen. Immer verschiedenartigere Rohstoffe werden gebraucht, die aus allen Erdteilen zu den einzelnen Verarbeitungszentren herangeholt werden. Die Massenerzeugung braucht den Weltmarkt und den Rückstrom von Gütern von weit entfernten Verbrauchsorten. So enthält ein billiger amerikanischer Kraftwagen hundertfünfundachtzig oder mehr Arten von Rohstoffen, die in der Hauptsache eingeführt werden müssen. Seine Herstellung bringt nur dann Gewinn, wenn die Erzeugung den örtlichen oder sogar den Bedarf des ganzen Landes weit übersteigt. Er kann aber im Ausland nur verkauft werden, weil Amerika bereit ist, andere Güter in annähernd gleichem Wert einzuführen[10].

So schafft der Handel „Zweibahn-Kanäle", welche die Erde bis in ihre entferntesten Winkel durchziehen, und durch die ein ununterbrochener Strom von Waren fließt. Aus diesem Kreislauf hat sich eine weitgehende Gleichartigkeit der Erzeugnisse herausgebildet, die für die Befriedigung der gleichen menschlichen Grundbedürfnisse bestimmt sind und die aus den gleichen Hilfsquellen der Erde gewonnen und durch die gleichen technischen Verfahren hergestellt werden.

Die Entwicklung des wirtschaftlichen Lebens zusammen mit der wachsenden Kenntnis der Erdoberfläche, der wachsenden Bevölkerungsdichte und der Verbesserung der Verkehrstechnik hätte die Menschen als die Bewohner der ihnen allen gemeinsamen Erde einander näherbringen können. Wie steht es aber mit ihrer politischen Zusammengehörigkeit?

Die Antwort auf diese Frage hängt vielleicht gerade jetzt in der Schwebe. Politik verbindet die Menschen und trennt sie zugleich, und jedes Übermaß nach der einen oder anderen Seite drohte noch stets ins Gegenteil umzuschlagen. Die frühen Reiche des Altertums, das ägyptische, assyrische, babylonische und persische, sind aus der Gier nach Reichtümern und aus Herrschsucht entstanden. Die hellenischen und die römischen Reiche, ob heidnisch oder christlich, verkörperten den Gedanken einer Weltgemeinschaft, in der kulturelle und religiöse Einheit mit einheitlicher politischer Führung verbunden waren. Große Reiche zerfielen, entweder durch Erhebungen von unten oder durch Versagen von oben oder aber durch Angriffe von außen. Aus den Trümmern des Feudalismus, der Stammesherrschaften oder anderer Formen politischer Eigenbrötelei erstand der Nationalstaat, der nach dem Grundsatz „Einigkeit macht stark" aufgebaut war. Als Maßstab für diese Stärke galt die Behauptung gegen Mißgunst von außen sowie der Grad von Ordnung und Wohlstand im Inneren, und diese Stärke war die Ursache von Pressungen, die ihrerseits zu Zwistigkeiten führten, die infolge der größeren in sie verwickelten Einheiten gefährlicher wurden. Die vielen kleinen Hindernisse und Feindschaften schienen lediglich durch wenige große ersetzt worden zu sein. Ferner entstand durch den Nationalstaat in dem Maße, wie Nationalität mit Selbstregierung in Verbindung gebracht und die Forderung nach kulturellem Selbstausdruck erhoben wurde, zugleich die Neigung, eine neue Vielfalt seiner eigenen Art zu entwickeln.

Im Anfang unseres Jahrhunderts war also die Welt politisch aufgeteilt in viele Nationalstaaten und in andere Gruppen — Minderheiten, Kolonien oder Schutzgebiete, die Nationalstaaten werden wollten. Die Spannungen, Enttäuschungen und Streitigkeiten, die sich aus diesem Tatbestand ergeben haben, ließen nur zwei Möglichkeiten offen — entweder eine neue Weltmacht, in welcher ein Staat seinen nationalen Willen allen übrigen aufzwingt, oder den Internationalismus. Keines von beiden hat sich durchgesetzt. Sicher ist aber, daß die Welt heute für die lebenswichtige Bedeutung weltumspannender politischer Beziehungen hellhöriger als je geworden ist; Außen- und Innenpolitik sind nicht mehr scharf zu trennen, und die politischen Probleme, über die sich der Staatsbürger pflichtgemäß ein Urteil zu bilden hat, sind nunmehr von weltumspannender Reichweite und Verflochtenheit. Wie immer man die Angelegenheit betrachtet, ob im Hinblick auf Macht, bloße Selbsterhaltung, Frieden, nationalen Eigennutz oder das Wohl der ganzen Menschheit, in jedem Falle ist die politische Absonderung überholt. Alle Vorhersagen und Vorschläge für die Zukunft — sei es ein durch Gewalt erzwungener oder durch Verständigung errichteter Weltstaat, ein Völkerbund, ein System von Einflußsphären oder ein Netz von Bündnissen — alle stützen sich heute auf die Erkenntnis, daß die Weltbewohner politisch aufeinander angewiesen sind und daß es nicht länger angeht, sie in verschiedene politische Einheiten aufzuteilen, wobei eine von der anderen nichts wissen will oder sie als Feind behandelt.

Zur gleichen Zeit, da die Wissenschaft die Gemeinsamkeit der Erdenheimat enthüllte und ihre Bewohner miteinander in Beziehungen traten, ist der Mensch — im großen und ganzen und trotz gegenteiliger Beeinflussung — sich seiner Artgemeinschaft immer stärker bewußt geworden. Dazu gehört auch der Sinn für eine Schicksalsgemeinschaft und eine gegenseitige Abhängigkeit; darüber aber steht die Anerkennung der Verwandtschaft.

Indem die Menschen einander entdeckten, sind sie sich aber auch ihrer großen Verschiedenheiten neu bewußt geworden. Der Fremde wurde unter die Lupe genommen und in seiner ganzen Fremdheit beobachtet. Dem ersten Gefühl für menschliche Gleichheit, das aus nur geringer gegenseitiger Bekanntschaft oder aus dem überpersönlichen Gedankengut der Religion und Metaphysik erwachsen war, widersprach die Entdeckung primitiver, kaum als menschlich zu bezeichnender Rassen und fremder, in ihren Bräuchen und Anschauungen grundverschiedener Kulturkreise. Aber die Anerkennung der Verwandtschaft hat auch das überwunden und ist dadurch stärker denn je geworden, weil sie jetzt gegen Überraschung gewappnet ist. Heutzutage braucht es zwar viel Verständnis und große Duldsamkeit, sozusagen einen guten Magen, wenn man sich mit der Aufnahme aller Menschen in den Familienkreis befreunden will; aber noch nie zuvor bestand dazu so viel Bereitwilligkeit, aber auch Verpflichtung. Der arme Lazarus darf jetzt auch am Tische sitzen. Gerade die Anmaßung und Gewalttätigkeit seiner Widersacher haben die Freunde der Menschlichkeit auf den Plan gerufen.

Mehr denn je ist sich die Menschheit einer gemeinsamen Wurzel, einer gemeinsamen Bestimmung, gemeinsamer Grenzen und gemeinsamer Möglichkeiten bewußt. Sogar das Wissen um ihre niedere biologische Herkunft und der untilgbare Schandfleck ihrer Selbstsucht und Unvernunft haben, gleich der Vorstellung von der Erbsünde, dazu beigetragen, die Menschen fester aneinanderzubinden. Die Entdeckung der Verschiedenheit der Volkseigentümlichkeiten hat nur zu einer Betonung der gemeinsamen Bedürfnisse und Triebe sowie der gemeinsamen Fertigkeiten geführt, die zu deren Befriedigung erforderlich sind. Und trotz der vielen verschiedenen Glaubenslehren und der einander bekämpfenden unvereinbaren Ideologien hat es noch nie eine so klare Anerkennung der Universalität der Zivilisation gegeben, die auf einem gemeinsamen Lebensstandard und den gemeinsamen Grundsätzen der Würde, Freiheit, Gerechtigkeit, des Mitgefühls und der Selbstentfaltung beruht. Dieses Verwandtschaftsgefühl ist nicht nur durch die Überwindung neuer Zweifel und die Anerkennung neuer Tatsachen gestärkt worden, sondern auch durch gegenseitiges Sichkennenlernen, bis schließlich der sterbliche Mensch anfing, sich mit dem überpersönlichen Begriff „Menschheit" vertraut zu machen.

Ein wahrheitsgetreues Bild der wachsenden Einheit der Welt muß nicht nur auf die Vielfalt der Beziehungen, sondern auch auf das Ausmaß, in welchem diese in das Leben und Denken der Allgemeinheit hineinreichen, Rücksicht nehmen. Eisenbahn- oder Fluglinien verbinden die Welt nicht nur durch die Länge ihrer Haupt-, sondern auch durch die Verästelung ihrer Nebenstrecken. Der Landbriefträger ist nicht weniger wichtig als ein internationales Fernkabel. Die verbindende Wirkung von Telegraph und Telephon hängt mit der dichten Verteilung der örtlichen Stationen zusammen. Das Radio ist ein wesentlicher Bestandteil der modernen Welt geworden. Die Presse hat einen ähnlichen Wirkungskreis; denn die Tagesauflagen der städtischen Zeitungen sind sehr hoch, und die großen Pressedienste versorgen auch die Provinzzeitungen mit Nachrichten aus aller Welt. Das Wachsen der wirtschaftlichen Abhängigkeiten ist nicht nur ein Ergebnis der Reichweite und des Umfangs des Außenhandels, sondern hängt auch davon ab, wieweit eingeführte Waren in den Alltag des Durchschnittsverbrauchers Eingang finden. Wenn man also abschätzen will, bis zu welchem Grad aus vielen weitverstreuten Örtlichkeiten eine Welteinheit werden kann, ist es notwendig, den größten Bereich jeder Beziehung mit ihrer örtlichen Verteilung zu vervielfachen.

Daher die Wichtigkeit der Volkserziehung, weil sie immer mehr

Menschen in die Lage versetzt, mit Verstand zu lesen, zu hören und zu sprechen. In einer Welt von Analphabeten würden alle technischen Künste des Nachrichtenwesens niemandem oder doch nur einer ganz dünnen Oberschicht etwas nützen. Daher auch die Bedeutung eines erhöhten Lebensstandards, der es immer größeren Teilen der Menschheit ermöglicht, die verbesserten Nachrichtenmittel zu benutzen und in den Genuß der Erzeugnisse der Weltwirtschaft zu kommen. Diese Verteilungsfaktoren bringen die ganze weite Erde auch ihren bescheidensten Bewohnern wieder nahe und erzeugen in jedem Menschen ein immer lebhafteres Empfinden für die irdische Gemeinschaft.

Der Unterschied zwischen nah und fern wird niemals aufgehoben werden können, und den größten Teil seines Lebens verbringt der Mensch in dem Raum und in der sozialen Zusammengehörigkeit, in welche er hineingeboren ist. Jedes Menschenleben hat seinen eigenen, besonderen Mittelpunkt. Aber ganz gewiß hat der Umfang des Lebenskreises des einzelnen sich wesentlich erweitert und nähert sich immer mehr dem Umfang des Erdballs. Das Denken und Handeln des Menschen greift bis an die äußersten Punkte der Erde, die er dadurch gleichsam zu sich herzieht. Der sichtbare Horizont ist keine Grenze mehr, sondern ein Durchlaß und eine Lockung zugleich. Alle wichtigeren Ereignisse werden zu Tagesneuigkeiten für alle, bevor sie Zeit haben, Geschichte zu werden; immer mehr wächst das Gefühl dafür, daß sie jeden einzelnen angehen, und wäre es nur, daß man sie versteht und sich mit ihnen auseinandersetzt. Die Welt der Fremde ist mehr und mehr in das Gefüge der heimatlichen Welt einbezogen.

Es wäre verfrüht, sich zu dieser wachsenden Einheit zu beglückwünschen. Im gegenwärtigen Zeitpunkt haben die Menschen unter ihr eher zu leiden, als daß sie von ihr Gewinn haben. Während diese Einheit Unternehmungen aller Art erleichtert und neue Möglichkeiten bietet, macht sie uns auch gegen Angriffe empfindlicher und läßt neue Probleme entstehen.

Die einfachste Lösung menschlicher Probleme ist die, daß man sie nicht beachtet. Die nächste Möglichkeit ist, ihnen aus dem Wege zu gehen. Früher war die Entfernung nicht nur ein Hindernis, sondern auch eine Zuflucht. Wenn die Verhältnisse unerträglich wurden, konnte man einfach davonlaufen und unerreichbar sein. Erreichbarkeit ist keine Einbahnstraße. Wenn es auch angenehm ist, zu anderen kommen zu können, so kann doch das Umgekehrte im höchsten Grade unangenehm sein. Die Größe und Geräumigkeit der Erde war eine ihrer unverdienten und wertvollsten Segnungen.

Es lag Sicherheit in der Absonderung — und diese Sicherheit ist nun verloren. Auch hatte sie ihre Annehmlichkeit und Wirtschaftlichkeit. Provinzialismus bedeutet Beschränktheit, ist aber behaglich und bequem. Man erwartet von den Menschen, daß sie tun, was sie können, und wenn die Möglichkeiten größer werden, erhöhen sich auch die Erwartungen. Wenn der Mensch sich der ganzen Erde, der ganzen Menschheit bewußt ist und über weltumfassende Entfernungen wirken kann, fühlt er sich auch dazu verpflichtet. Jegliche Form menschlichen Daseins wird somit verwickelter, erfordert mehr Denken und Phantasie und die Beherrschung längerer und mehr verflochtener Beziehungsketten. Nun, da mehr getan und da es rascher getan werden kann, ist die Zeit wertvoller — und Muße wird, gemessen an dem, was man tun *sollte*, immer kostbarer.

Die Menschen können den Wirkungsgrad ihrer technischen Mittel durch Gedankenarbeit vergrößern. In Zeiten räumlicher Ausdehnung können sie neue Ämter oder neue Abteilungen in alten Ämtern einrichten, die sich um die neuen Aufgaben zu kümmern haben. Sie können Pentagon-Häuser* bauen, um zusätzlichen Raum für Geschäftsräume zu schaffen. Aber es ist dem Menschen noch immer unmöglich, durch Gedankenarbeit seine Gestalt um auch nur eine Spanne zu strecken. Auch sein Gehirn kann er nicht vergrößern oder sich ein paar neue Gehirnlappen anschaffen, um seine internationalen Interessen und Angelegenheiten besser wahrnehmen zu können. Der Fassungsraum seines Schädels bleibt der gleiche, und da es auf der Welt immer voller und lärmender wird, leidet er in steigendem Maße an den mit Recht so genannten „Kopfschmerzen".

Wenn auch die Welt im ganzen in einem bestimmten Sinne kleiner geworden ist, so wird — und das ist wichtig — die Welt, in welcher der einzelne lebt, größer und ihre Probleme werden schwieriger: Probleme, die sich einst durch Entfernungen oder Ahnungslosigkeit entweder „von selbst" gelöst haben oder denen man doch ausweichen konnte, müssen nunmehr angegangen und durch die Schaffung neuer Einrichtungen gelöst werden. Die Menschen leben in einer größeren

* Pentagon-Building ist ein neuer Bautyp mit fünfeckigem Grundriß.

Welt, die die ganze Erde und alle ihre Bewohner umfaßt. Dem muß auch ihr Leben angepaßt werden. Die Grundsätze und Möglichkeiten, welche den Menschen die Hoffnung geben, in dieser größeren Welt sicher und gut leben zu können, sollen in den folgenden Kapiteln dargelegt werden.

ZWEITES KAPITEL

Die sittlichen Grundlagen der Weltordnung

Die Welteinheit, von der man sagen kann, daß sie bereits besteht und daß sie sich im Laufe der letzten Jahrzehnte besonders rasch entwickelt hat, ist weder gerecht noch glücklich. Wahr ist vielmehr, daß die Zunahme der menschlichen Berührungen und Abhängigkeiten einen geistigen und sittlichen Zusammenschluß immer notwendiger macht. Wenn wir sagen, „Isolationismus" sei ein altmodischer Begriff geworden, so meinen wir damit in erster Linie, daß es ein ganzes Netz von Beziehungen gibt, das die Verbindung von Mensch zu Mensch über den ganzen Erdball herstellt, oder daß der Wirkungsbereich des Menschen, innerhalb dessen er gibt und empfängt, nunmehr alle Menschen ungeachtet ihrer Nationalität, Rasse, Stellung und Örtlichkeit umfaßt. In zweiter Linie aber meinen wir damit, daß menschliche Probleme, die einstmals in kleinerem Rahmen gelöst werden konnten, nunmehr einen weltumfassenden Maßstab fordern. Wir meinen, daß menschliche Probleme, die früher für sich allein lösbar waren, nunmehr in Beziehung zum Ganzen gelöst werden müssen, und daß der Nutzen der Zusammenarbeit, der einstmals auf die Beziehungen zwischen einzelnen Menschen oder Gruppen innerhalb einer Menschengemeinschaft beschränkt war, nun auf die Beziehungen zwischen den verschiedenen Gemeinschaften selbst ausgedehnt werden muß. Die Welteinigung in diesem anderen, sittlichen Sinne ist nicht eine vollendete Tatsache, mit der gerechnet werden kann, sondern erst ein Plan, der verwirklicht werden muß — eine gebieterische Notwendigkeit und eine verheißungsvolle Möglichkeit, aber in jedem Falle eine ungeheuer schwere Aufgabe. Die Menschheit hat es zu einer „Einheit des Wohnortes" gebracht, wie Papst Pius XII. es nannte[11]. Aber friedlich und auskömmlich darin zu leben, das müssen wir erst lernen.

Die Einheit der Welt muß durchaus nicht etwas Gutes sein, mögen die Obertöne des gesegneten Wortes „Einheit" auch noch so angenehm klingen. Es ist eigenartig, daß die Menschen dem Einigungsgedanken im allgemeinen immer zugetan waren, während ihre Erfahrungen im einzelnen doch meist in schmerzlichem Gegensatz zu ihm standen. Im Gedränge entsteht Reibung. Nicht nur die Dichter haben manchmal empfunden, daß „wir zu viele sind auf dieser Erde". Da ist zum Beispiel der Haushaltungsvorstand, dessen nächste Sorge nach der Einrichtung des Telephons ist, jemand zu haben, der für ihn an den Apparat geht und sagt, er habe eine Besprechung oder er sei nicht zu Hause. Und da ist der unglückliche Inselbewohner, den Eroberer, Handelsleute oder Missionare aus der Fremde heimsuchen.

Oft wollen die Leute aus gutem Grund ihre Ruhe haben und wollen nichts von ihren Mitmenschen wissen. Einheit ist gewiß nicht immer nur Liebe, Kameradschaft und Ordnung; Einheit ist auch Eindrängen, Einmischung, Eifersucht, Verwirrung und Haß. „An jenem Tage, sagt der Herr der Heerscharen, werdet ihr jedermann euren Nachbarn nennen unter dem Weinstock und unter dem Feigenbaum." Aber Nachbarn können auch schlechte Nachbarn sein und Nachbarschaft an sich ist noch nicht gleichbedeutend mit einer „Politik der guten Nachbarschaft". „Heute", sagt ein moderner Schriftsteller, „wo jedes Land und jede Nation Mitglied einer großen Völkerfamilie ist, in einer Welt, die mehr und mehr zusammenschrumpft und in der die Menschen eng zusammengedrängt leben müssen, wobei jeder dem anderen in den Hinterhof schaut, manches billigt, was er dort sieht, manches auch mißbilligt und sich dadurch beunruhigt fühlt, und auf manches neidig ist, müssen wir uns wohl oder übel in unsere bisher rein persönlichen Angelegenheiten gegenseitig einmischen[12]. Das häusliche Dasein wird zu einer öffentlichen Angelegenheit. Auch ist die Abgeschlossenheit des häuslichen Lebens selbst keine Lösung der Probleme der menschlichen Beziehungen. Die Vorstellung, daß die Menschen im Begriffe sind, eine große Familie zu werden, mag füglich mit Besorgnis, wenn nicht mit Schrecken erfüllen. Es ist keineswegs sicher, daß der richtige Weg, mit seinen Familienangehörigen auszukommen, der ist, mit ihnen unter einem Dache zu leben. Und manchmal stimmt es schon: je weniger man von ihnen sieht, desto besser.

Wir holen uns auch oft Krankheiten aus der Nachbarschaft und in der Familie. Auf einer Versammlung der Amerikanischen Vereinigung für Volksgesundheit (American Public Health Association) wies kürzlich Raymond D. Fosdick auf eine Schattenseite der Welteinigung hin:

> Ob es Malaria, Cholera, Pest, Tuberkulose oder was sonst noch für eine Krankheit ist, die Völker der Erde stehen diesen Feinden der Menschheit nicht als abgesonderte Gruppen hinter ihren Grenzen gegenüber, sondern als Mitglieder der menschlichen Rasse, die plötzlich in eine schreckenerregende Nähe zueinander gerückt erscheinen. Wir haben das nicht gewollt und auch die Wissenschaft nicht. Ahnungslos sind wir in diese Lage hineingeraten. Aber nun ist es geschehen — alle Nationen und Rassen sind in einer einzigen Gemeinschaft zusammengepfercht, die durch unlösbare Bande verbunden ist. Es ist wahrlich e i n e Welt, e i n e Zukunft, e i n Schicksal[13].

Es ist zu beachten, daß Mr. Fosdick von einer „schreckenerregenden Nähe" redet. An anderer Stelle in der gleichen Ansprache hat er erläutert, daß diese Nähe das Problem der Volksgesundheit durchaus nicht löst, sondern es erst in weltumfassendem Maßstab schafft. Man kann die Volksgesundheit nicht mehr durch Absperrung erhalten. Das einzige Mittel ist, jede Krankheit aufs schärfste zu bekämpfen, wo immer sie in der Welt auftritt.

Alle technischen Entwicklungen, durch welche die Welt enger ineinander verknüpft ist, erhöhen die Gefahr und die zerstörende Kraft des Bösen. Wenn irgendein Teil der Welt „in Flammen steht, verbrennen alle". Beschimpfungen werden so pünktlich und weithin verbreitet wie Liebesbotschaften — die Technik macht keinen Unterschied. Man kann durch das Telephon, den Telegraph oder das Radio genau so gut lügen wie die Wahrheit sagen — Drähte und Wellen haben kein Unterscheidungsvermögen. Man kann grausam oder gütig sein durch jegliche technische Kunstfertigkeit, und sei sie noch so sehr vervollkommnet. Es ist wahr, daß niemand mehr hilflos ist, seit Hilfe so schnell und leicht geleistet werden kann. Aber Schaden kann einem nicht weniger rasch und reichlich zuteil werden als Hilfe. Man kann mit dem Flugzeug oder dem Auto leichtere und „bessere" Arbeit beim Stehlen oder Morden leisten als mit Pferd und Wagen. Die gleichen Hilfsmittel nützen dem Verbrecher wie der Polizei.

Armeen werden mit den gleichen Transportmitteln befördert wie wohltätige Missionen. Das moderne Nachrichten- und Transportwesen hat die Drohung des Krieges verschärft und in alle Winkel der Erde getragen. Die letzten Fortschritte im Antriebswesen tragen die Todesboten über Tausende von Meilen. Reichweite und Zerstörungskraft der Geschosse haben sich von Pfeil und Kugel bis zur Luftmine und Atombombe gesteigert, und das Zehntonnenprojektil, das eines Tages als Rakete von der europäischen Küste nach Neuyork geschleudert werden kann, ist, nach zuverlässigen Vorhersagen, jetzt in den Bereich der Tatsachen gerückt. Die gleiche Geschicklichkeit und Erfindungsgabe, die Wunden heilt, dient auch dazu, sie zu schlagen. Was Massenherstellung und Industrialisierung bedeuten, hat der totale Krieg höchst eindrucksvoll gezeigt. Jede brauchbare Form der Wissenschaft, die die Erdteile einander nähergebracht hat, mußte zur Stärkung einer rücksichtslosen und tückischen Gewaltherrschaft dienen, um über Arglose herfallen und die ganze Menschheit in einen verheerenden Krieg hineinziehen zu können. Sicherheit kann man nicht mehr dadurch erreichen, daß man sich in den äußersten Winkel zurückzieht oder hinter natürlichen Hindernissen, wie Meeren oder Gebirgen, verschanzt oder an den Grenzen das Land verwüstet.

Es ist und bleibt unbestreitbare Tatsache, daß die Menschen in einem von Grund auf neuen Sinne lernen müssen, zusammen zu leben, wenn sie nicht zusammen untergehen wollen. Sie können einander nicht entrinnen. Ihre Zusammengehörigkeit kann nicht rückgängig gemacht werden; also muß man das Beste aus ihr herausholen. Die von der Technik bereits erreichte einseitige Welteinigung stellt das Problem nur auf, sie löst es nicht. Sie gibt den Menschen die Mittel in die Hand, jedoch ohne Gewähr, ob sie auch zu guten Zwecken angewandt werden. Die Welt ist klein geworden und in sich abhängig, aber noch ist sie uneinig. Wenn man unter einer „einigen Welt" eine Welt der Harmonie, der Verständigung und Zusammenarbeit versteht, so wird das nicht einfach dadurch erreicht, daß man jenen Kräften freies Spiel läßt, die zur Gedrängtheit und Abhängigkeit der Welt beigetragen haben. Die Überwindung von Raum und Zeit ist ein fruchtloser Sieg, solange sie nicht von der Überwindung des Bösen begleitet ist.

Die bisher erreichte Welteinigung hilft den Kräften des Bösen. Sie könnte aber, wenn die Menschen wollten — aber auch nur dann —, ebenso die Kräfte des Guten stärken. Bis jetzt hat sie nur dazu beigetragen, die Menschen aus ihrer Selbstzufriedenheit aufzurütteln und ihnen den unerbittlichen Zwang zu Entscheidungen im grellsten Licht zu zeigen. Die neuen Machtmittel stellen die Menschen vor die Wahl, entweder sich gegenseitig zu vernichten, so daß bestenfalls ein erschöpfter Sieger übrigbleibt, oder sie so zu gebrauchen, daß aus all den Schäden und Ängsten eine Welt geschaffen wird, in der alle leben und gedeihen können.

Die höchste Vollendung der Welteinheit, die allein ihre durch Beziehungen und Abhängigkeiten schon erreichte Einigung zum Guten wenden kann, ist die s i t t l i c h e Einigung. Wir sind dabei, „eine neue Ordnung, die auf sittlichen Grundsätzen aufgebaut ist", zu schaffen[14]. Damit ist eine Erklärung des Ausdruckes „sittlich" notwendig geworden. Das Wort „sittlich" wird gern vermieden und durch andere, weniger anspruchsvolle Bezeichnungen ersetzt. Dieses Vorurteil entspringt der Unfähigkeit, das Wesen des Sittlichen zu verstehen. Wir sind gewohnt, das Sittliche mit Verboten oder unveränderlichen Regeln zu verbinden und es mit den Geboten eines höheren Wesens, sei es nun Gott, Herrscher, die Eltern oder das Gewissen, gleichzusetzen. Diese Vorstellung von der Sittlichkeit ist schuld an dem unberechtigten Gegensatz zwischen der strengen Sittlichkeit der Pflicht und den schmiegsameren Ratschlägen der Nützlichkeit und des Wohlergehens.

Das Wesen des Sittlichen kann am besten aus den Verhältnissen heraus begriffen werden, aus denen es entstanden ist und für die es Besserung bringen soll. Was wir auch von überirdischen Wesen annehmen mögen, die Wünsche und Triebe von Mensch und Tier, die beide in der gleichen Welt von Raum und Zeit leben, stimmen nicht mit ihnen überein. Der Vorteil des einen kann oft nur auf Kosten des anderen erreicht werden. Zwei Hungrige können nicht das gleiche Stück Brot essen; aber jeder wird es wollen und daher versuchen, es zu besitzen. Wenn zwei Menschen oder Tiere in diese Lage kommen, so werden sie darauf aus sein, sich gegenseitig auszuschalten oder sich den Besitz streitig zu machen. Aus ihrem Hunger erwächst Feindschaft, und sie verwenden die Tatkraft, die sie ursprünglich auf die Erlangung von Nahrung gerichtet hatten, nunmehr auf ihre gegenseitige Vernichtung. Einer von beiden oder gleich alle beide werden hungrig bleiben und vielleicht sogar zugrunde gehen.

Die Natur hat Menschen und Tiere für diesen täglichen Kampf ausgerüstet, indem sie ihnen räuberische und kämpferische Instinkte und gewisse Körperorgane gab, wie die Nebennieren, die ihre Kraft und Ausdauer erhöhen.

Der Grundsatz „Auge um Auge, Zahn um Zahn" scheint für eine bestimmte Stufe der biologischen Entwicklung ein Naturgesetz zu sein. Der Mensch hat diese Stufe eben hinter sich und kann auch wieder zu ihr zurückkehren. Aber mit ihm tritt etwas ganz Neues in Erscheinung: seine sogenannten höheren Fähigkeiten. Mitleid und Mitgefühl entwickeln sich als Dämpfung seiner kämpferischen Instinkte. Soziale Einrichtungen ermöglichen vernünftige und sittliche Lösungen von Streitfällen an Stelle der Gewalt. Seine Vernunft sieht ein, daß Zwistigkeiten dadurch vermieden werden können, daß die Wünsche und Bedürfnisse auf den richtigen Weg zurückgeführt und in Einklang mit der großen Linie gebracht werden. Weil er weiß, wie unvernünftig die gegenseitige Ablehnung ist, stellt er sich selbst die Aufgabe, eine Lebensform zu entwickeln, in der er seine Kräfte zum allseitigen Nutzen einsetzen kann. Durch Ordnung im großen vermeidet er nicht nur das Zerstörende der Zwistigkeiten, sondern erntet auch den Gewinn gemeinsamen Handelns, weil der Nutzen aus vereinten Anstrengungen größer ist als die Summe von Teilerfolgen aus vereinzelten Bemühungen.

Dies ist Sittlichkeit im grundlegenden Sinn: Zusammenarbeit und Vermeidung von Streit, beides erreicht durch allgemeine Ordnung, die ebenso Schaden verhüten wie Hilfe bringen kann. Das Wesen der Sittlichkeit bekundet sich nicht in Vorschriften und Verboten, sondern in guten Taten. Die Grundtugenden und Regeln betonen dies nachdrücklich: Wohlwollen — der Wille, Gutes zu tun; Gerechtigkeit — die Verteilung des Guten; Klugheit und Mäßigung — die Unterordnung niedriger unter höhere Güter; Tapferkeit — die Kraft des guten Willens angesichts von Hindernissen und Gefahren; die goldene Regel — die Anerkennung des Wohles anderer, als wäre es das eigene; Glück — die Freude am Guten.

Moralisten scheuen sich immer davor, vom Glück zu reden, außer in hochtrabenden Worten wie Glückseligkeit, Begnadung oder Wohlsein. Das Wort „Glück" ist in Verruf gekommen dadurch, daß es mehr an eigensüchtiges Glück erinnert als an das Glück anderer, und an niederes zum Unterschied von hohem Glück. Wenn Glück die

Erlangung des Gewünschten und dessen Besitz bedeutet, und zwar für alle Menschen auf jeder Tätigkeitsstufe, dann bezeichnet es das, was mit Allgemeinwohl im wahrsten Sinne des Wortes gemeint ist. Es gibt kein Recht, keine Freiheit und keine Pflicht, die nicht unmittelbar oder mittelbar zum Glück aller führt.

Sittlichkeit erfordert die Unterordnung des Wohles des einzelnen unter das Gemeinwohl. Das sittlich Gute liegt in jedem einzelnen; da es aber alle einzelnen umfaßt, setzt es auch jedem einzelnen Grenzen. Deshalb muß das Sittliche auch einmal „nein" sagen und verweigern. Es gehört zum Wesen der Sittlichkeit, daß das Glück des Einzelwesens mit dem Glück anderer vereinbar sei. Sie verleugnet den einzelnen aber nur insoweit, als es das Recht der vielen erfordert.

Das menschliche Leben ist in konzentrischen Kreisen von kleineren und größeren Durchmessern geordnet. Die Sittlichkeit berücksichtigt zuerst die größeren Kreise, wenn nötig auf Kosten der kleineren. Sie stellt die Gesamtperson über die Einzelwünsche, die Familie oder den nachbarlichen Kreis über den einzelnen Angehörigen, die Nation über die nächste Umgebung und die Gesamtheit aller Nationen über die einzelne oder über Gruppen von Nationen, die nicht alle umfassen.

Immer für den größeren Kreis sprechend, hat die Sittlichkeit verschiedene Organe, durch die sie sich äußert. Das kann durch die Bedenken des kleineren Kreises geschehen, die dessen Eigensucht im Zaume halten; oder durch das Gefühl der Menschlichkeit, das sich unterschiedslos auf jede Person oder Gruppe von Personen richtet, obwohl es in einer einzelnen Person oder einer Gruppe von Personen seinen Ursprung hat. Die Sittlichkeit kann auch durch das allgemeine Empfinden und die Meinung des größeren Kreises Ausdruck finden, indem sie den kleineren beschämt und dadurch zum Nachgeben bringt. Sie kann aus Personen oder Gruppen laut werden, die sich ausgeschlossen fühlen und der Meinung sind, daß sie nicht den ihnen gebührenden Anteil an den Gütern bekommen. Ebenso sind die großen sozialen Einrichtungen, deren Aufgabe es ist, in dem jeweils größeren Kreis für das Wohl aller seiner Mitglieder zu sorgen, Ausdruck der Sittlichkeit. Oder endlich mag sie durch die Stimme jener sprechen, die im Namen Gottes zu uns reden, dessen Wille das Wohl aller Geschöpfe im Auge hat.

Die sittliche Einigung der Welt steht und fällt mit der Ausdehnung eben dieser Sittlichkeitsbegriffe — der gleichen Maßstäbe, Vorschriften und Einrichtungen — auf die Wechselbeziehungen der Nationen und der ganzen Menschheit, damit alle leben und leben lassen und zusammenarbeiten können zum größeren Wohlstand der Allgemeinheit.

Die Einschaltung der Sittlichkeit an den Berührungspunkten der menschlichen Interessen wird ein schädliches Gegeneinander in ein fruchtbares Miteinander verwandeln und so zum höchsten Glück jedes einzelnen Menschen führen, das mit dem höchsten Glück aller Menschen vereinbar ist. Es ist einer der tragischen Widersprüche unseres Daseins, daß die von den Menschen um ihres Glückes willen geschaffenen Einrichtungen oft zum Gegenteil führen. Die Wirtschaft ist doch ganz selbstverständlich für das Wohl des Verbrauchers da, und Erzeugung und Verteilung sind nur Mittel dazu; aber über der zunehmenden Verwicklung der Wirtschaft ist der arme Verbraucher, in dem sich doch ihre einzige Daseinsberechtigung verkörpert, nahezu vergessen worden; oder er wird gar nur noch als Produktionsmittel betrachtet. Regierungen sind nicht um ihrer selbst, sondern um der Regierten willen da, deren Belange sie vertreten und fördern sollen. Das Gesetz besteht für die Freiheit und Sicherheit derer, die unter dem Gesetz leben, nicht aber für die Gesetzmäßigkeit als solche oder als Verdienstmöglichkeit der Juristen. Ganz ähnlich geht es in der Kunst, wenn die Technik oder die Gelehrsamkeit an die Stelle des ästhetischen Genusses treten möchte, oder in der Religion, wenn Klerikalismus oder kirchliches Interesse der Frömmigkeit ins Gehege kommt, oder auch in der Erziehung, wenn man mitunter Lehrer und Beamte daran erinnern muß, daß die Schule zum Wohle und Nutzen des Schülers da ist. Die Sittlichkeit ist die Freundin des letzten Verbrauchers auf allen Gebieten und aller Verbraucher. Sie ist die Freundin des Volkes, dessen Glück der erste und letzte Maßstab ist, nach welchem alle menschlichen Einrichtungen gemessen werden sollten — des Volkes, das leidet und sich freut, und das in dieser mechanisierten, organisierten und spezialisierten Welt so leicht und so unverzeihlich vergessen wird.

„Grundsätzlich sollte", schreibt Sumner Welles, „die Außenpolitik der Vereinigten Staaten, gleich der einer jeden anderen Nation, auf einem aufgeklärten Eigennutz aufgebaut sein[15]". Diese Behauptung enthält eine Unklarheit. Das erste Erfordernis für einen Grundsatz ist, daß er klar ausgedrückt wird. Aber was bedeutet hier das Wort „sollte"? Soll es ausdrücken, was sittlich ist? Sagt es, daß Sittlichkeit und Eigennutz dasselbe sind? Oder daß Nationen, im Gegensatz zu Personen, von sittlichen Verpflichtungen ausgenommen sind? Oder heißt es, daß Eigennutz aufgeklärt sein soll? Oder daß Eigennutz, der aufgeklärt ist, aufhört eigennützig zu sein? Oder bedeutet es, daß das uneigennützige Wohl aller Nationen dadurch am besten gefördert werden kann, daß man jeder einzelnen Nation nahelegt, sich ausschließlich um sich selbst zu kümmern? — Keine dieser Lesarten ist richtig, und der Verfasser selbst entscheidet sich auch für keine von ihnen im weiteren Verlauf seines berühmten Buches.

Die weithin anerkannte Gültigkeit des Grundsatzes des aufgeklärten Eigennutzes ist darauf zurückzuführen, daß er den Eindruck erweckt, als verlange er garnichts. Er scheint sich auf der Linie des geringsten Widerstandes zu bewegen. Ein Mensch möchte etwas haben und geht hin, es sich zu holen. Das ist sein Eigennutz. Er versucht dies und jenes, und der Grad seiner Aufgeklärtheit zeigt sich darin, in welchem Verhältnis die angewandten Mittel zu Ursache und Wirkung stehen.

Aber es gibt auch noch andere Leute mit ihren Bedürfnissen, und es gibt eine Moral, welche die Bedürfnisse aller Menschen anerkennt. Was ist nun die richtige Antwort darauf? Die eine Antwort lautet, daß für jeden Menschen der Weg, um zu bekommen, was er braucht, genau der gleiche ist, den a l l e Menschen zur Befriedigung a l l e r Bedürfnisse gehen müssen. Wäre das so, dann müßte es auch leicht sein, einen Menschen dazu zu bringen, daß er gerecht und menschlich sei, weil Gerechtigkeit und Menschlichkeit ja nur ein erfolgreicheres Streben nach all dem forderten, was er ohnehin schon haben will. Er könnte sich mit der Moral ein für allemal auseinandersetzen — und sie dann vergessen. Sein Eigennutz würde von seinem Gewissen gut geheißen werden. Nach Bezahlung einer Aufnahmegebühr könnte er lebenslängliches Mitglied der sittlichen Gesellschaft werden, ohne weitere Verpflichtungen.

Natürlich findet diese schmerzlose Sittlichkeit viel Anklang. Aber unglücklicherweise ist sie ebenso falsch wie gefährlich. Sie ist falsch, weil der Weg des Sittlichen und der des Eigennutzes durchaus nicht derselbe ist. Es ist etwas anderes, ob man nur die eigenen Bedürfnisse befriedigt, oder ob man damit zugleich auch die Wünsche seiner Nachbarn erfüllen will. Ein Mensch wird bei der Verfolgung seiner eigenen Vorteile, ohne Rücksicht auf andere, nicht so handeln, wie wenn er die Sorgen seiner Mitmenschen um ihr Wohl teilt. Man sagt manchmal, das Richtige sei die Haltung eines „unbeteiligten" Beobachters, wobei „unbeteiligt" eigentlich „allbeteiligt" heißen müßte, so wie ja auch der unbeteiligte Richter die Anliegen beider Streitteile, die Regierung die Belange aller Mitglieder und Teile der Gesellschaft, oder Gott das Wohl der ganzen Menschheit vertritt. Die Sittlichkeit deckt sich also weder mit dem Eigennutz, noch verstärkt sie ihn durch die Schaffung aufgeklärterer Mittel. Sie setzt dem Eigennutz im Gegenteil Grenzen. Die höhere Auffassung siegt über die niedrigere. Die Stimme der Moral, die für das Ganze spricht, übertönt die Einflüsterungen des Eigennutzes, die nur für einen beschränkten Teil sprechen können.

Das folgende Beispiel wird den Unterschied zwischen Selbstsucht und Sittlichkeit klarmachen: Im Februar 1944 haben die Vereinigten Staaten mit Mexiko über einen Vertrag wegen der Verteilung der Wasserkräfte der Flüsse Colorado, Rio Grande und Tijuana verhandelt. Die Unterzeichnung des Vertrages am 8. April 1945 war ein Triumph der Gerechtigkeit, oder doch einer annähernden Gerechtigkeit, über die allzu aufgeklärte Selbstsucht gewisser Kalifornier[16]. Der Colorado entspringt in Wyoming und fließt durch bzw. zwischen Arizona, Colorado, Nevada, Neumexiko, Texas, Utah und Wyoming. Während der letzten fünfzig Meilen fließt er durch Mexiko und mündet endlich in den Golf von Kalifornien. Zwei Nationen, sieben Staaten, Hunderte von Städten und Tausende von Einzelpersonen verfolgten aufmerksam das Für und Wider, das über die Zukunft dieses Flußlaufes entscheiden sollte. Unter den letzteren waren gewisse kalifornische Großfarmer, die nie genug Wasser bekommen können, und einige Teilhaber an Wasserkraftwerken: je weniger eigenes Wasser die Mexikaner haben, desto mehr Wasserkraft kann man ihnen aus Kalifornien verkaufen. Mexiko wiederum ist ein sehr trockenes Land, das sehr notwendig Wasser zur Bewässerung und damit zur Vermehrung der Nahrungsmittelerzeugung braucht. Der Vertrag teilt die jährliche Wassermenge des Flußbettes unter den Beteiligten auf. Er wird als angemessen, wenn auch nicht gerade als „großzügig" bezeichnet, obwohl es heißt, daß er Mexiko weniger zubilligt, als es von einem unparteiischen Schiedsgericht bekommen hätte.

Wenn wir zu den eigennützig beteiligten Stellen in Kalifornien zurückkehren, so ist es klar, daß der Vertrag ihnen nicht soviel Wasser zuspricht, wie sie bekommen hätten, wenn ihnen die völlige Außerachtlassung der mexikanischen Ansprüche durchgegangen wäre, und auch nicht soviel, wie sie tatsächlich nutzbringend gebrauchen könnten. Das wußten sie, und sie waren völlig darüber aufgeklärt, so aufgeklärt, sagt man, daß sie erhebliche Mittel aufwendeten zur Bekehrung der öffentlichen Meinung und der Beamten zu ihrer Ansicht. Es war unmöglich, sie davon zu überzeugen, daß es ihr persönlicher Vorteil wäre, großzügig oder doch anständig gegenüber Mexiko zu sein, aber auch gegen das übrige Kalifornien und die Vereinigten Staaten. Übrigens von ihrem Standpunkt aus hatten sie ganz recht. Wird der Vertrag Erfolg haben, dann nicht deshalb, weil er den aufgeklärtesten Weg darstellt, ihrem Eigennutz zu dienen, sondern weil genügend Leute von politischem Einfluß oder Ansehen da waren, die die Dinge unter einem höheren Gesichtspunkt gesehen und ihre Selbstsucht überstimmt haben.

Sittlichkeit mit aufgeklärtem Eigennutz gleichzusetzen, ist ebenso gefährlich wie falsch. Gefährlich ist es, weil es nur sehr bedingt richtig ist. Selbstsucht verlangt zwar bis zu einem gewissen Grad die Berücksichtigung anderer — sei es, um Kunden zu werben, Gegner zu versöhnen oder Verbündete zu gewinnen. Aber es ist genau so wahr, daß von einem gewissen Punkt ab die Wege des Eigennutzes und der Sittlichkeit sich trennen. Verständiger Eigennutz weiß, wo er diesen Punkt zu setzen hat, den Punkt, an welchem die Interessen anderer aufhören, den eigenen zu dienen, und wo sie eine Plage werden, die man bekämpfen, oder ein Hindernis, das man aus dem Weg räumen muß. Die Nazisten wußten, wie sie ihren Eigennutz mit Zugeständnissen und schönen Versprechungen verbrämen, wann sie bestechen und wann sie vernichten mußten.

Diejenigen, für welche Sittlichkeit und Eigennutz dasselbe sind, müßten imstande sein zu zeigen, daß die Naziführer hätten haben können, was sie wollten — rassische Vorherrschaft, Gebietseroberungen oder Sklavenarbeit — wenn sie den Juden, Tschechen und Polen gegeben hätten, was sie wollten, oder wenn sie das Wohl aller, Arier wie Nichtarier, Deutscher wie Nichtdeutscher erstrebt hätten. Der Nazi-Eigennutz war zu einseitig, um an so etwas Ausgefallenes zu denken. Die Naziführer wußten, daß sie ihren Weg nur auf Kosten anderer gehen konnten, und darin irrten sie nicht. Eine größere Aufgeklärtheit hätte daran nichts geändert, höchstens an den Vorbereitungen, am Zeitpunkt und an der Planung ihres Angriffs. So wie die Dinge gingen — und trotz ihres Scheiterns —, verstanden sie ihr Geschäft gut und waren im Verfolg ihres Eigennutzes aufgeklärter als ihre überraschten Opfer — aufgeklärter als das aufgestörte Gewissen der Menschheit, bis es beinahe zu spät geworden wäre.

Die falsche Gleichstellung von Sittlichkeit und aufgeklärtem Eigennutz ist gefährlich, weil sie dem sittlichen Problem ausweicht, das darin besteht, daß eine Änderung des Willens der Menschen und nicht ihrer Berechnungen, ihrer Herzen und nicht ihrer Gehirne, ihrer Ziele und nicht ihrer Mittel notwendig ist. Weiterhin ist sie gefährlich, weil sie verspricht, was sie nicht halten kann. Eine Moral, die allen alles verspricht, wird am Schlusse nichts halten können und durch ihren Fehlschlag in Verruf kommen, ganz so wie der gleisnerische Verschwörer in Verruf gerät, sobald er an die Macht gelangt. Wenn die Sittlichkeit es zuläßt, daß der Eigennutz ihre Kleider borgt, so unterstützt sie ihren einzigen unversöhnlichen Todfeind: die Unsittlichkeit. Denn Sittlichkeit ist gerade die Überwindung der Selbstsucht.

Wenn unter Eigennutz das Streben eines Menschen nach Forderung alles dessen zu verstehen ist, was er seine Vorteile nennt, ungeachtet der Art dieser Vorteile und ungeachtet des Wohles anderer, soweit es nicht auch ihm selber dient, und wenn man mit Aufgeklärtheit das Wissen um alles das meint, was jedem Eigennutz dienlich sein könnte, dann wird kein noch so großes Maß an Aufgeklärtheit jemals imstande sein, den Eigennutz mit dem allgemeinen Wohl in Übereinstimmung zu bringen. Manchmal wird aber „aufgeklärte Selbstsucht" als etwas ganz anderes aufgefaßt.

Es gibt verschiedene Arten des menschlichen „Selbst". Da ist zum Beispiel das Selbst des Berufssoldaten. Ihm würde es nicht genügen, wenn man ihm in einer friedlichen Welt Rang und Ehren verspräche. Oder da ist der Patrizier, zu dem Stand und Ansehen gehören. Von ihm wäre es nicht gerade aufgeklärt, wenn er sich mit den Verfechtern des Grundsatzes der sozialen Gleichheit verbände. Es gibt ein sinnliches, gieriges, machthungriges, anmaßendes Selbst — und es gibt ein vernünftiges, maßvolles, barmherziges und edelmütiges Selbst. Inwieweit die Selbstsucht eines Menschen mit der Sittlichkeit übereinstimmt, hängt also wohl von der Art seines Selbst ab. Wir können sagen, daß die Selbstsucht eines vernünftigen, maßvollen, barmherzigen Menschen auch sittlich sein wird. Aber das ist nur deshalb so, weil wir die Moral schon in sein Wesen hineingelegt haben. Die Selbstsucht eines moralischen Wesens stimmt mit dem Glück der Menschheit überein, aber nur weil es sich eben um ein moralisches Selbst handelt. Der sittliche Angelpunkt ist die Anteilnahme des Menschen an der Menschheit. Wenn sein Streben so gerichtet ist, dann hat es keine Bedeutung mehr, wieweit er das Wohl der Menschheit mit seinem eigenen gleichsetzt.

Für manche Menschen bezeichnet das Eigenschaftswort „aufgeklärt", wenn es dem Hauptwort „Selbstsucht" beigefügt ist, das sittliche Selbst. Möglichkeiten für das Vorhandensein eines solchen gibt es in jedem Menschen. Er besitzt die Gabe der Vernunft, die ihn zur Uneigennützigkeit ansporn, sowie die Gaben des Mitleids und der Einbildungskraft, durch die er mit dem Streben anderer übereinstimmen kann. Ein Mensch, in dem diese Gaben nicht voll entfaltet sind, genügt den Ansprüchen an einen wahrhaften Menschen nicht. Das Glücksgefühl, das der freien Entfaltung dieser Gaben entspringt, kann als ein nur dem Menschen geschenktes Glücksgefühl bezeichnet werden. Es bringt die Sittlichkeit zur menschlichen Natur in Beziehung, so daß sie eine Art der Selbstsucht wird, nicht eine fremde Tyrannei. Es rechtfertigt den Anspruch, von dem schon Kant gesprochen hat, daß die Persönlichkeit als ein Zweck an sich betrachtet werde und niemals nur als ein Mittel. Es gibt dem Menschen jene Würde, von der wir heute so viel hören — nicht nur als ein leeres Wort, sondern als eine wahrhafte Würde, die zum Menschen gehört kraft dessen, was er in sich trägt.

Aber dieses Ideal vollkommenen Menschentums darf nicht die Tatsache verwischen, daß der Mensch nur sehr selten vollkommen ist und sich nur gelegentlich von seinen höheren Fähigkeiten leiten läßt. Deshalb kann man die Sache der Sittlichkeit nicht der Willkür von Menschen anvertrauen, die noch keiner inneren Wiedergeburt teilhaftig geworden sind, am allerwenigsten dann, wenn sie scharfsinnig und berechnend sind. Man kann auch nicht den Menschen versprechen, daß die Sittlichkeit ihre Herzenswünsche erfüllen werde. Das Reich des Friedens, der Gerechtigkeit und der Menschlichkeit, welches das sittliche Ziel der Welt ist, kann jedem Menschen nur seinen gerechten Anteil an allem Guten geben. Einem harten, habsüchtigen und machtgierigen Menschen, dessen Befriedigung um so größer ist, je mehr andere dafür bezahlen müssen, kann eine solche Welt weder gefallen noch nützen, sondern nur einem Menschen, der ein Glück vorzieht, das von anderen geteilt wird, dem die Liebe über dem Haß, die Wahrheit über der Lüge und ein allgemeiner guter Wille über dem Mißtrauen und der Feindseligkeit steht.

Die Welteinheit, von der wir so gerne träumen, ist nicht für das ausschließliche Wohl eines einzelnen oder einer Gruppe da. Sie enthält keine gesonderten Räume für Herrschaften und Bediente. Sie hilft jedem, indem sie allen hilft. Auf dieser breitesten und allumfassenden Grundlage ruht sie und auf nichts Geringerem.

Sie ist kein eitler Traum, auch kein bloßes Gedankenspiel, sondern ein Vorhaben, das sich den Menschen durch seine Notwendigkeit aufgezwungen hat. Sie ist kein unerreichbares Ziel, sondern liegt innerhalb der Reichweite der höchsten und besten menschlichen Fähigkeiten.

Eitel ist also der Traum von der Welteinheit nicht, aber erregend. Welteinheit ist kein Mindestmaß an Übeln, sondern ein Höchstmaß an Gutem. Sie begeistert die ernsthaften Gemüter und reizt die Spottlust derer, die die eigene sittliche Lauheit verteidigen wollen. Professor Karl Becker sagt von dem Abbé de Saint-Pierre, er sei als der Mann bezeichnet worden, „den jedermann auslacht und der doch allein ernst zu nehmen ist". Und Becker fügt hinzu: „Gut, machen wir's auch so und lachen wir den Abbé aus . . . Wir wollen ihn gründlich auslachen; aber wir müssen uns bewußt sein: wenn wir es tun, dann lachen wir das achtzehnte Jahrhundert aus, seine Sorge für die menschliche Wohlfahrt und sein Grübeln[17]."

Der Abbé hat ein Buch geschrieben, das von seinem Freund Rousseau herausgegeben wurde und den Titel „Ein Plan für den ewigen Frieden" trägt. Es enthält die Worte:

> Kein größerer, bewunderungswürdiger oder nützlicherer Plan hat noch den menschlichen Geist beschäftigt als der für einen ewigen und allgemeinen Frieden unter allen europäischen Völkern. Und kein Urheber irgendeines Planes hat die Aufmerksamkeit der Öffentlichkeit mehr verdient als der, der die Möglichkeiten zur Verwirklichung dieses Gedankens fördert.

In der Tat kann ein solches Vorhaben keinen empfindsamen und tugendhaften Menschen ohne ein Mindestmaß von Begeisterung lassen — und vielleicht ist das Streben eines wahrhaft menschlichen Herzens, dessen edler Eifer alle Dinge leicht erscheinen läßt, der rauhen, verneinenden Verstandeskälte vorzuziehen, die stets in ihrer eigenen Gleichgültigkeit das erste Hindernis findet für alles, was das allgemeine Wohl fördern könnte[18].

Der Traum des Abbé reichte nicht weiter als bis zum Frieden Europas. Der Weltfriede, von dem andere geträumt haben und von dem wir heute träumen, verdient eine wahrhaft trunkene Begeisterung, aber auch eine völlige Nüchternheit in der Abwägung der Mittel, durch die der Traum verwirklicht werden kann. Die allgemeinen Erfordernisse sind bekannt und die Baustoffe sind vorhanden. Es bleibt die mühsame Arbeit des Bauens.

Was errichtet werden muß, ist eine allgemeine planmäßige Ordnung, die nicht nur die ganze Erde umfassen, sondern auch alle menschlichen Angelegenheiten vertreten soll. Diese brauchen und sollen in ihr keineswegs aufgehen, aber sie muß sie mittelbar oder unmittelbar alle berühren und für sie alle Raum schaffen. Die weite Spannung dieses Planes darf uns für die Einzigartigkeit seines sittlichen Zieles nicht blind machen. Winston Churchill, dieser große Mann, der manchmal so völlig unrecht und meist so völlig recht hat, und der treffliche Worte ebenso sagt, wie gelegentliche Ungereimtheiten, hat sich einmal so ausgedrückt: „Heute ist keine Zeit für ideologische Liebhabereien, und sicherlich haben wir, Seiner Majestät Regierung, uns in dieser Richtung nichts vorzuwerfen[19]."

Diese Feststellung Churchills strafte die Erklärungen seiner Verbündeten Lügen und setzte Seiner Majestät Regierung ins Unrecht. Denn ob es nun die Bezeichnung „Ideologie" verdient oder nicht, das derzeitige gemeinsame Streben der Vereinten Nationen beruht auf einer gemeinsamen Überzeugung — das heißt, auf einem gemeinsamen Gedanken, dem durch den zusammengefaßten Willen — freilich unvollkommen — ein gemeinsames Ziel gesetzt wird. Wenn der Premierminister das nicht Ideologie nennen will, so vielleicht deshalb, weil es ihm als zu selbstverständlich und instinktiv erscheint. Aber in den amtlichen Erklärungen und Abmachungen ihrer Staatsmänner und vor Tausenden und aber Tausenden von Bürgern als Zeugen haben die Vereinten Nationen in diesem Krieg nicht nur die gemeinsame Gefahr gesehen, sondern auch eine gemeinsame Sache, die man mit den vielgebrauchten Worten ausdrücken kann:

Vier Kräfte halten mit starker Hand
Der Zerstörung Gewalten fest gebannt:
Beharrung, Großmut, Weisheit und Tugend.
Sie haben das Böse für immer vernichtet;
Ein neues Reich wird aus ihnen errichtet[19].

So spricht die wahre Sittlichkeit, und sie wird verteidigt von den alliierten Mächten gegen ihre herausfordernde Ablehnung durch die freche und rücksichtslose Unsittlichkeit des Feindes. Sie „hat das Böse für immer vernichtet" durch die größere Gewalt des sittlichen Willens. Sie erstrebt einen „gerechten und dauerhaften Frieden", der darum dauerhaft zu sein verdient, weil er gerecht ist. Wir bekennen uns wiederum zu ihren alten und ewig gültigen Grundsätzen, wenn wir für neue ernste und schwierige Probleme eine neue Lösung suchen. Durch das Bekenntnis zu ihr wollen wir jene einseitig einige Welt, die bereits Tatsache geworden ist, — auf Gedeih und Verderb — zu jener anderen Welteinheit umformen, die daraus entsteht, daß man das Gute fördert und das Schlechte unterdrückt. Durch das Bekenntnis zu ihr haben wir die Hoffnung, den gordischen Knoten zu durchhauen, der durch Beiseitestehen nicht mehr gelöst werden kann. Die neue Kraft und die verständige Anwendung dieser Grundsätze läßt uns hoffen, daß wir den Vorsprung doch noch einholen, den die nach wie vor zerstörenden Einrichtungen unserer Gesellschaftsordnung vor den bereits aufbauenden Möglichkeiten unserer Technik voraus haben.

Man kann auf verschiedene Weise für diese große Sache arbeiten, und es gibt viele Wege, ihren eigentlichen sittlichen Gehalt wirksam werden zu lassen[21]. Zum Beispiel ist eine Arbeitsteilung möglich, die, weil jeder die gleichen sittlichen Grundsätze hat, jedem seine Neigungen und seine eigene Sprache lassen kann. Die politisch Denkenden hoffen, Reibungsflächen zwischen Staaten oder nationalen Bedürfnissen zu glätten, die sonst zu Gewalttaten führen würden. Sie wollen den Angreifer durch den zusammengefaßten Willen aller in Schach halten. Mögen sie auch mit guten Gründen den Gedanken eines Weltstaates zurückweisen; zumindest hoffen sie aber, durch feierliche vielseitige Abmachungen eine über allem stehende Lenkung der menschlichen Angelegenheiten und eine weltweite bürgerliche Ordnung zustande zu bringen, in der Art, wie es sie in kleinerem Maßstab in einzelnen Staaten schon gibt. Die Rechtsgelehrten wollen ein Gesetzbuch schaffen, durch das die Rechte der Völker gewahrt und das Verhalten zueinander im voraus ermessen werden kann. Sie hoffen, ihm Rechtskraft erwirken und einen Gerichtshof bilden zu können, der bevollmächtigt ist, diese Gesetze anzuwenden und weiterzuentwickeln.

Geschäftsleute und Männer der Wirtschaft hoffen, durch internationale Übereinkommen und eine überstaatliche Betrachtungsweise der Dinge unlauteren Wettbewerb auszuschalten und das Mißtrauen und die Hindernisse zu beseitigen, die der vollen Ausnützung der natürlichen Hilfsquellen der Erde und der menschlichen Erfindungsgabe und industriellen Organisation im Wege stehen. Das Ziel ist, daß alle und jeder in reichlicherem Ausmaße materielle Güter erhält, und zwar jeder so viel, wie es mit den Ansprüchen aller vereinbar ist.

Wissenschaftlern, Künstlern, Schriftstellern, den Gelehrten und Freunden der Heimatkunde bedeutet die höhere Welteinheit die Erhaltung der angestammten und die gegenseitige Befruchtung der nationalen Kulturen und eine Abstimmung des allgemein gültigen Wissens und Geschmacks und die lebhafteren, eigenartigeren Kundgebungen, in denen sich die Besonderheit und der Geist der einzelnen Entwicklungsabschnitte und Gesellschaftsformen ausdrückt. Die Erzieher jeder Art — Lehrer,. Journalisten und Schriftsteller — sind an der Förderung und Formung des menschlichen Geistes beteiligt. Sie fordern, daß die Menschen, wenn sie glücklich und zum allseitigen Nutzen einer einigen Welt leben wollen, auch etwas von ihr wissen und die Fähigkeiten erwerben müssen, die mit den Erfordernissen einer solchen Welt übereinstimmen. Die religiösen Führer endlich und die große Masse der wahrhaft Gläubigen halten sich an ihren Glauben oder an die Lehren und Prophezeiungen heiliger Bücher. Für sie liegt der Schlüssel zur Erlösung der Menschheit in der Erlösung des Einzelmenschen — in Gottes allumfassender Liebe oder in der kosmischen Bestimmung des Menschen oder im Wesen und Sinn des Lebens.

So sprechen die Vertreter der Politik, des Rechts, der Wirtschaft, Kultur, Erziehung und Religion zwar verschiedene Mundarten, aber doch die gleiche Sprache gemeinsamer sittlicher Begriffe, wenn sie von Universalität, Ordnung, Harmonie, von Zusammenarbeit, weltweitem Wohlergehen und menschlichem Fortschritt, von Liebe und Gerechtigkeit reden. Sie können auch voneinander lernen, indem sie die Mittel zur Erreichung ihrer Ziele einander nachahmen oder die Ziele selbst, die ihren Mitteln Sinn und Einheitlichkeit geben. Sie sind sittliche Verbündete, oder wenn Nebenbuhler, dann im Wetteifer, Gutes zu tun

Die gemeinsame Sache der Sittlichkeit wird immer wieder aus dem Auge verloren in der verwirrenden Unordnung des ganzen Vorhabens oder auch wegen des Übergewichts der Beschäftigung mit unmittelbaren Notwendigkeiten. Sie wurde aber wieder ins hellste Licht gestellt durch das dreiste Bekenntnis der Nazis zu ihrem Gegenteil und durch deren Gewalttätigkeiten. Aber die Schärfe der Trennungslinie und die Heftigkeit der Gefühle nehmen beide ab. Auch in der Sittlichkeit gibt es immer wieder Rückfällige, denen ihr Geschick, Lärm zu schlagen oder der Selbstsucht und der Faulheit zu Gefallen zu reden, weite Anerkennung verschafft.

Das sittliche Streben lebendig und klar zu erhalten, ist Sache eines jeden. Krieg ist jedermanns Schuld, und Friede ist jedermanns Pflicht. Manche Leute behaupten, die Ursachen von Kriegen lägen im Politischen oder Rechtlichen. Eine andere, ansehnliche Partei erklärt alle Kriege mit wirtschaftlichen Ursachen, und wieder andere möchten die letzte Verantwortung der Kultur, Erziehung oder Religion zuschieben[22]. Aber für dieses Übel gibt es keine einzelne Ursache und kein einzelnes Heilmittel. Für die Unordnung in der heutigen Welt ist jedermann verantwortlich, und es ist jedermanns Pflicht und jedermanns Hoffnung, sie in eine wohltätige Ordnung umzuwandeln.

Folgendes war kürzlich in einem deutlichen Brief im „Boston Herald" zu lesen:

> Der Öffentlichkeit müssen immer wieder die Augen geöffnet werden durch eindrucksvolle Aufrufe und Hinweise auf Tatsachen, damit die manchmal allzu verschlafene amerikanische Wählerschaft wach und hellhörig wird für den gefährlichen, schleichenden, heimtückischen Unflat von fauligem Idealismus, der wie die Termiten am Knochenbau dieses Volkes frißt[23].

Ähnliche Stinkbomben werden von Zeit zu Zeit auch in das Lager der Realisten geworfen. Dieser Schimpfkrieg, der Worte verwendet wie „Gespensterseher", „Phantast", „Wolkenkuckucksheimer", „Kompromißler", „Profitgeier", „Reaktionär", hat zwar seine komische Seite, darf aber nicht gar zu leicht genommen werden. Er schafft gegnerische Parteien durch zwei verschiedene Auslegungen der gleichen Sittlichkeit. Er hat ganz die lähmende Wirkung eines Bürgerkrieges.

Ideale sind nicht nur rosige Gedankenbilder oder Kindermärchen. Sie sind ferne Ziele, die von Menschen aus Fleisch und Blut aufgestellt wurden und in eine feste materielle und soziale Ordnung gebracht werden müssen. Mit anderen Worten: ein Ideal ist etwas, das nach Verwirklichung strebt. Mit dem Ideal ist die Verpflichtung verbunden, es in greifbaren Ergebnissen zu verwirklichen. Das allein heißt, ein Ideal h a b e n. Je anspruchsvoller es ist, desto mehr Tatsachen sind zu berücksichtigen und desto länger und verwickelter sind die Verschlingungen von Ursache und Wirkung, die zu überblicken sind. Wenn man unter einem Idealisten einen Menschen versteht, der nicht nur Ideale ersinnt, sondern sie auch zu erreichen strebt, dann ist er um so mehr Idealist, je nüchterner und geduldiger er die Mittel und die Umstände beachtet, von denen sein Erfolg abhängt. Mit anderen Worten: je idealistischer, desto realistischer.

Oder wir wollen es einmal andersherum betrachten. Realität ist nicht etwas, das einfach ruhig hingenommen werden will. Realität ist dazu da, daß man etwas mit ihr tut: der Boden muß bebaut, die Kräfte der Natur müssen genützt und die ewigen Schwächen und zerstörerischen Triebe des Menschen müssen überwunden werden. Der Kampf geht nicht nur um das nackte Leben, sondern um den Aufbau und den Schutz dessen, was wir Zivilisation nennen. Kampf und Siege sind sinnlos, solange die Ziele nicht über die bloßen Machtansprüche hinausgehen. Außer dem weit entfernten Endziel gibt es auch vorläufige Ziele, die man als erste erreichen, aber dann wieder hinter sich lassen muß. Realist ist derjenige, der seine Karte, seinen Kompaß und seinen Marschplan mit dem eingezeichneten Endziel oft zu Rate zieht, so daß jede Bewegung, selbst wenn sie ein vorübergehender Rückzug oder ein Umweg ist, zu einem Teil des Vorgehens wird. Der Realist wird sein Handeln stets dem Gelände und der Stärke und den Bewegungen des Gegners anpassen; aber er wird auch in die Zukunft blicken — mit beiden Füßen muß er auf dem Boden stehen, das Auge aber vorwärts in die Weite gerichtet haben. Mit anderen Worten: je realistischer, desto idealistischer.

Diese Verbindung von Tatbereitschaft und Weitblick, die das Nächstliegende immer unter einer höheren und weiterschauenden Einsicht tut, ist für alle großen menschlichen Anstrengungen unerläßlich, auch für die, welche die Menschheit jetzt auf sich genommen hat. Sittlichkeit ist die Verwirklichung eines Ideals. Echter Realismus und echter Idealismus passen also zusammen wie zwei sich ergänzende Teile eines Ganzen. Es ist ein falscher Realismus und ein falscher Idealismus, wenn einer allein die Arbeit von beiden tun will. Der falsche Realismus hält das Reale für das Ideal. Der falsche Idealismus hält das Ideal für das Reale. Der eine sieht Tatsachen, wo der andere nur Vorstellungen gelten läßt. Beide sind unbeweglich und selbstzufrieden. Der eine hat keinen Maßstab, womit er seine Leistung, und der andere keine Leistung, die er mit seinem Maßstab messen könnte.

Sittlichkeit ist eine Kunst und hat, wie jede Kunst, ihre Form, die verstofflicht, und ihren Stoff, der geformt werden muß. Im fertigen Kunstwerk ist beides vereinigt. Der künstlerische Schöpfungsakt ist das Formen des Stoffes und die Verkörperung der Form, aber es gibt, außer im Himmel, keine vollendete, endgültig entwickelte Sittlichkeit. In der Menschheitsgeschichte gibt es immer wieder neuen Stoff, welcher der Form bedarf, und alte Sittenbegriffe, die eine Umformung brauchen.

In der Sittlichkeit, wie in jeglicher Kunst, muß die Form zum Stoff und der Stoff zur Form passen. Der Rohstoff besteht aus der Natur und den Beziehungen des Menschen und der stofflichen Umwelt. Die Form besteht in Ordnung, Übereinstimmung und Zusammenarbeit. Es ist Aufgabe eines Künstlers der Sittlichkeit, Gleichklang und Zusammenarbeit dort anzubahnen, wo es sie noch nicht gibt, und sie dort, wo sie nur unvollkommen sind, zu vervollkommnen. In der Ausführung dieser Aufgabe muß der sittliche Mensch, sei er nun Staatsmann, Rechtsgelehrter, Wirtschaftler oder einfacher Staatsbürger, der die Obliegenheiten von allen dreien übernommen hat, auf den Stoff und auf die schon erzielten Teilergebnisse Rücksicht nehmen. Er hat an und mit ihnen zu arbeiten, und seine Errungenschaften werden immer ihren Stempel tragen. Er muß Schritt für Schritt vorgehen, so wie der Maler Pinselstrich neben Pinselstrich setzt und der Baumeister Block auf Block türmt. Wie jede andere Kunst reift die Sittlichkeit in geradezu hartnäckiger Langsamkeit. „Kunst hat ein langes Leben", und von allen Künsten lebt die Sittlichkeit am längsten.

In einer sittlichen Gesellschaftsordnung sind nicht die Teile für das Ganze da, sondern das Ganze für die Teile. Sie ist von Menschen für Menschen gemacht. Sie kann von einem einzelnen verfaßt, ausgedacht oder erwogen, aber nur durch die Teilnahme und gegenseitige Verbundenheit vieler Menschen verwirklicht werden. Zur Bildung einer sittlichen Gesellschaftsordnung müssen die Menschen zuerst einmal so genommen werden, wie sie sind, dann erst können sie beeinflußt, überzeugt, erzogen, überredet und, wenn nötig, bedroht und gezwungen werden, bis sie endlich so weit sind, daß sie ihre Rollen richtig spielen. Zur Schaffung des Rechts genügt es nicht, daß ein einzelner von Gerechtigkeit träumt, ja nicht einmal, daß ein einzelner gerecht ist. Einer allein *kann* gar nicht gerecht sein, so wenig wie er zusammen arbeiten, etwas erörtern oder sich der Freundschaft erfreuen kann.

Die Sittlichkeit muß auch Handlungen verantworten, die an sich gar nicht ideal sittlich sind, die aber den Zweck haben, den Zustand herbeizuführen, der die reine sittliche Haltung möglich macht. Es gibt ein sittliches Handeln, das nicht mehr teilhat am sittlichen Endergebnis, als der Strich des Pinsels Teil eines Bildes, das Aufeinandertürmen der Blöcke Bestandteil des Bauwerks oder das Tun des Spielleiters Bestandteil einer Theateraufführung ist.

Aber diese Vergleiche sind irreführend, wenn man sie zu weit treibt. Tatsache ist, daß das Wesen des Sittlichen verlangt, daß man zugleich Regisseur und Schauspieler ist. Es enthält die doppelte Pflicht, eine sittliche Ordnung herzustellen und zugleich sein Tun so einzurichten, wie diese Ordnung es vorschreibt. Diese beiden Pflichten müssen in Einklang gebracht werden, andernfalls entstünde die unhaltbare Lage, daß es manchmal recht ist, Unrecht zu tun. Wir können eine solche Verwirrung nur vermeiden, wenn wir das als richtig erklären, was mit den idealen Anforderungen übereinstimmt, aber diesen gleichzeitig dazu verhilft, daß sie im Leben oder in der Gesellschaftsordnung im ganzen verwirklicht werden können.

Wir billigen es dem Kommunismus und sogar dem Nazismus — wenn auch ungern — zu, daß sie dynamisch sind, während die Demokratie statisch ist. Wir wollen damit sagen, daß Kommunismus und Nazismus infolge ihres revolutionären Charakters mit einem Drang zum Handeln durchsetzt sind und nicht nur mit einem Gefühl des Seins. Wir, als die Träger der Demokratie, sind allzusehr geneigt, uns dessen zu brüsten, was wir sind. Wir sollten besser nicht sagen, daß wir eine Demokratie haben, sondern daß wir im Begriffe sind, eine Demokratie zu errichten, daß die Demokratie unser großes Vorhaben ist — zwar begonnen, aber noch nicht vollendet. Dank dem Fortschritt in Wissenschaft und Technik hat der Mensch es zu einer „Einheit des Wohnortes" gebracht, die Zimmer eingerichtet und durch Flure verbunden. Wir hoffen nun, in Frieden und Überfluß darin wohnen zu können. Vor der Größe und Schwierigkeit dieser Aufgabe brauchen die Amerikaner nicht zu erschrecken. Sie entspricht einer typisch amerikanischen Geisteshaltung, nämlich der Verbindung des Sittlichen mit dem Streben nach Erfolg und der Freude an ihm, sei er auch noch so schwer zu erringen[24]. Die Schaffung einer sittlichen Ordnung aus dem Rohstoff, die Berücksichtigung von Gegebenheiten, die Ausnützung vorhandener Mittel und die Erfindung besserer müßte eigentlich dieser Geisteshaltung völlig entsprechen. Es ist amerikanischer, ein Hirngespinst wahrzumachen, als von ihm zu träumen oder mit ihm zu leben. Es wäre echt amerikanisch, den Himmel lieber zu verbessern und zu modernisieren, als in ihm eine immer gleichbleibende Ewigkeit lang selig zu sein.

Es gehört zum Wesen des sittlichen Menschen, daß er immer unterwegs ist — irgendwo zwischen dem, was ist, und dem, was sein sollte. Es liegt im Wesen des sittlichen Handelns, vorwärtszugehen wie der Fußgänger, der infolge der Reibung und des Widerstandes des Bodens unter seinen Füßen fortschreitet, während er an ein Ziel jenseits der sinnlichen Wahrnehmbarkeit denkt. So ist das sittliche Tun eine geordnete Reihe von Schritten, in welcher sich jeder dem vorherigen anpaßt — von hier nach dort, einer um den andern. Eine Sittlichkeit dieser Art verzweifelt nicht, noch ist sie selbstzufrieden, sondern zuversichtlich, sie ist weder ausschließlich theoretisch noch ausschließlich praktisch, sondern weise.

Die soziale Ordnung, welche die Gründerväter* schufen und ihre Kinder ausbauten, trug überreiche Früchte der Wohlfahrt und der Entwicklung, und zwar für alle ihre Mitglieder unter deren eigener Aufsicht und Leitung. Wieder ist uns die Pflicht auferlegt, zu gründen und zu bauen, diesmal von einer größeren Gesellschaft, die aber zu ihren zahlreicheren Mitgliedern in einem ähnlichen Verhältnis stehen soll. Zu dieser umfangreichen, mühevollen Arbeit, zu diesem

* Die „Gründerväter" waren die Begründer der Verfassung der Vereinigten Staaten. (Anm. d. Übers.)

ungeheueren, langwierigen Unternehmen sind wir alle aufgerufen und sollen unser Teil an Geduld, Standhaftigkeit und einsichtsvoller Findigkeit beitragen. Es sind viele Baumeister dazu nötig, jeder mit seiner eigenen Fertigkeit und jeder mit seinem eigenen Arbeitsauftrag. Wir müssen eine Verfassung, eine Gesetzgebung, eine Wirtschaft, eine Kultur, eine Erziehung und eine Religion schaffen, die der Weiträumigkeit des neuen Baues angepaßt sind. Sein Plan ist sittlich — ein System von Gleichklang und Zusammenarbeit. Dieser großangelegte Bauplan, der mit der umfassenden Aufgabe des Gebäudes übereinstimmen und dem sich alles andere anpassen muß, ist jenem Ordner anvertraut, den man das Gewissen nennt. Dieses betreut das hohe sittliche Ziel, das dem Ganzen zugrunde liegt, und hält es lebendig. Es setzt sich zusammen aus Gefühlsregungen, Urteilsvermögen, Entschlußkraft und Gewöhnung, wobei das Wohl aller über das Wohl des einzelnen gestellt wird.

Wenn wir uns fragen, warum ein Staat zögert, einen Vertrag, den er mit einem anderen geschlossen hat, zu brechen, so finden wir als erstes die Furcht vor der Isolierung. Ein Staat, der einen Vertrag bricht, verliert nicht nur dessen Vorteile, sondern belastet sich auch mit dem Ruf der Unzuverlässigkeit und beeinträchtigt seine künftige Vertragsfähigkeit für den Partner oder für andere Staaten. Er verscherzt sich so die Vorteile von Übereinkommen und der Gemeinsamkeit des Handelns. Alle diese Beweggründe sind, weil es sich dabei um sittliche Vorteile handelt, ebenfalls sittlich, wenn auch auf der verhältnismäßig niederen Stufe der Vorsicht und Klugheit.

Dieser Staat fürchtet sich vor der Meinung der unbeteiligten Staaten, deren Freundschaft er einmal brauchen kann. Diese Meinung kann deren Selbstsucht oder auch deren Teilnahmslosigkeit erkennen lassen, die bis zu einem gewissen Grade bei allen Nationen besteht, und die besonders stark fühlbar wird, wenn sie nicht selbst in einen Streit verwickelt sind. Dieses „Menschheitsgewissen" ist nicht nur etwas Sittliches, sondern auch eine Kraft. Es enthält nicht nur eine gewisse feindselige Gesinnung und Drohung, die der Vertragsbrüchige fürchtet, sondern es weckt auch die höheren Kräfte, die in dem Vertragsbrüchigen ebenfalls leben. Die Achtung, die dem sittlichen Empfinden und der Meinung der Welt entgegengebracht wird, ist somit zugleich die Achtung des Vertragsbrechers vor sich selbst. Keine Nation kann gegen das sittliche Empfinden der Menschheit handeln, ohne bei sich selbst wie bei den anderen Schaden zu erleiden.

Das Gewissen, das in der Brust eines jeden Menschen und daher auch in allen Völkern spricht, ist die einzig sichere Grundlage für ein weltweites gemeinsames Handeln. Sollen diese Gewissenskräfte wirksam werden, dann müssen sie deutlich spürbar, tief verankert und alldurchdringend sein. Wenn z. B. die Vereinigten Staaten und die Sowjetunion zum Nutzen des Gemeinwohls zusammenarbeiten sollen, dann müssen Billigung und Mißbilligung in ihren Völkern weitgehend übereinstimmen. Das gilt für die Vereinigten Staaten wie für das Britische Commonwealth und für alle anderen. Wo ein solches gemeinsames Gewissen fehlt, muß es geschaffen werden, indem man Wesentliches von Unwesentlichem trennt und unter oberflächlichen Verschiedenheiten eine tiefere gemeinsame Grundlage sucht. Ist diese einmal gefunden, dann muß sie ständig gekräftigt und gepflegt werden, bis die Völker sich von einem starken Gefühl sittlicher Teilhaberschaft leiten lassen, als engverbundene Freunde der Gerechtigkeit und Menschlichkeit.

Das Gewissen ist ein Ausdruck des Sittlichen, doch muß es immer wieder aufgefrischt und verfeinert werden. Es kann einmal seine sittliche Aufgabe nur unvollkommen erfüllen und bei einem gewissen Grad von Unvollkommenheit verhärten und gefühllos werden. Die innere sittliche Kraft kann sterben und nur die äußere Schale zurücklassen. Die kritische, erneuernde sittliche Fähigkeit, die in dem Vermögen, über das eigene Gewissen zu urteilen, liegt, heißt Vernunft, oder in ihrer besonderen sittlichen Bedeutung praktische Vernunft. Kraft dieser Fähigkeit kann man beurteilen, welcher Zweck gut ist und welche Mittel zu seiner Erreichung die richtigen sind. Im Haushalt des Sittlichen hat die Vernunft die Aufgabe, die Rechnungsbücher zu prüfen, Verbesserungen einzuführen, aufzufrischen oder auszuweiten — wenn z. B. zu den nationalen Belangen die internationalen hinzukommen. Mag auch die Stimme des Gewissens im großen Haufen untergehen, an den wichtigen Punkten wird sie schon hörbar, sowohl für die Ohren der verantwortlichen Staatsmänner und religiösen und sittlichen Führerpersönlichkeiten als auch in den erleuchteten Stunden aller derer, die selbständig denken können.

Diese so ausführlich aufgezählten Forderungen sind sittlich begründet — in dem Anreiz, den sie der freien Wahl geben und durch den sie den Menschen nötigen, dem Gesetz zu gehorchen. Ein weltumspannendes Gewissen ist die grundlegende Errungenschaft, die — zwar noch Stückwerk, aber doch in ihren Umrissen schon erkennbar — den festen Boden schafft für alle anderen Errungenschaften, die politischen, gesetzlichen, kulturellen, erzieherischen und religiösen. Diese wiederum werden in ihrer Summe die Bausteine sein, die jene sittliche Einigung der Menschenwelt erbauen helfen sollen, für welche „die Einheit des Wohnortes" den Weg bereitet hat.

DRITTES KAPITEL

Das politische Gerüst der Weltordnung

Die Menschen haben Organisationsformen geschaffen, durch welche die menschlichen Angelegenheiten in harmonische und fruchtbare Beziehungen gebracht werden. Keine dieser Einrichtungen kommt um das Sittliche herum, weil sie alle das Verhalten des einzelnen und die sich daraus ergebenden Folgen für andere bestimmen, und weil das oberste Gesetz für alles, was den Menschen und seine Angelegenheiten betrifft, um wen und um was es sich auch immer handelt, stets das Sittliche ist. Alles ist mehr oder weniger an einen tiefsittlichen Zweck gebunden. Es ist klar, daß das Sittliche als solches nicht von den Einrichtungen abgeleitet werden kann, denn dann müßte man einer jeden die Daseinsberechtigung absprechen. Es gäbe keinen Grund für irgendwelche Einrichtungen, wenn diese selbst die Gründe dafür liefern müßten.

Ein Staat oder sonst ein Gemeinwesen ist eine Gesellschaftsform, die — außer durch zahlreiche andere — durch das Band einer gemeinsamen Regierung zusammengehalten wird. Die Kunst des Regierens heißt Politik, ihr Studium ist daher die politische Wissenschaft. Das Wort „Politik" wird leider mehr für allerlei Kniffe des Geschäftslebens und für die Schattenseiten der Regierungsgeschäfte gebraucht als für seinen eigentlichen, sittlichen Gehalt; aber in des Wortes klassischer Bedeutung ist Politik so eng mit dem Sittlichen verbunden, daß beide — wie bei manchen großen Philosophen, etwa Plato und Aristoteles — so gut wie eins werden.

Die sogenannte Vertragstheorie besagt, daß die Regierung, woher sie auch gekommen sein mag, kein naturgewordenes oder geschichtliches Übel ist, in welchem die Menschen wie in einer Falle gefangen sind, sondern ein Werkzeug, das von den Menschen beibehalten wird, weil sie es nützlich und wünschenswert finden. Wenn sie es nicht behalten wollen, so können sie es jederzeit wieder abschaffen. Sie können sich die Frage vorlegen, ob sie sich, wenn sie nicht schon eine Regierung hätten, entschließen würden, eine zu bilden, und wenn ja, warum?

Regierung und Rechtswesen sind so eng miteinander verknüpft, daß viele Rechtsgelehrte sich bei politischen Begriffsbestimmungen gerne juristischer Wendungen bedienen, während politische Schriftsteller häufig Rechtsfragen mit Fachausdrücken aus der Politik darlegen. Aber diese Übereinstimmung verwischt den Unterschied zwischen den Beiträgen, die jede dieser beiden Einrichtungen zu einer wohldurchdachten Gesellschaftsordnung leistet. Wenn Regierung und Gesetz dasselbe wären, hätte es keinen Sinn, zwischen einer Regierung durch Gesetze und einer Regierung durch Menschen zu unterscheiden. Eine gute Regierung wird Gesetze machen, Gesetze halten und Gesetze vollstrecken. Eine willkürliche Regierung steht nicht auf der gleichen Stufe wie eine Regierung durch Gesetze, aber, was sie auch wert sein mag, sie ist immerhin eine Regierung.

Der praktische Grund für irgendeine Regierung liegt in der Notwendigkeit einer *zentralen Leitung* der Angelegenheiten des Menschen, wenn sie mit einem Mindestmaß an Reibung und einem Höchstmaß an Nutzen geführt werden sollen. Wenn man verhindern will, daß die Menschen einander schaden oder vernichten, so muß es zwischen ihnen noch eine andere von den Beteiligten anerkannte Entscheidung als die Gewalt geben. Auch wenn die Menschen *gemeinsam* das vollbringen sollen, was der einzelne nicht zu vollbringen vermag, brauchen sie eine zentrale Leitung, deren Anweisungen dann aber auch befolgt werden müssen. Eine gemeinsame Politik ist notwendig, die alle Einzelinteressen vertritt und der diese sich anpassen müssen. Im Augenblick des Handelns muß es eine Stimme geben, die im Namen aller spricht, von allen gehört wird und der alle gehorchen. Weil das Wort Regierung allgemein für jede Art der Herrschaft gebraucht wird, so daß wir von der Herrschaft der Vernunft und des Gewissens oder der Beherrschung der Triebe durch den Willen sprechen, muß der Begriff Politik im engeren Sinne näher bestimmt werden. Die höchste Gewalt muß einer besonderen Behörde übertragen sein, die eigens für diesen Zweck unterhalten wird und ihr eigenes Personal hat. Wenn schon regiert werden soll, dann muß es *eine* Regierung geben. Die Führung liegt bei einer Person oder auch bei mehreren Personen, denen daneben noch andere Verwaltungsorgane zur Verfügung stehen, während die Regierten auch eine Meinung haben. Auf einer vor- oder unpolitischen Entwicklungsstufe des Menschen, die man Naturzustand nennt, gab es eine Regierung nur im weiteren Sinne von Aufsicht, an der aber jedermann beteiligt war und die nicht von einem einzelnen hauptberuflich ausgeübt wurde. Eine Regierungstätigkeit läßt sich nur vereinheitlichen unter der Annahme, daß alle Menschen die gleichen Entscheidungen treffen, weil alle die gleiche Vernunft und das gleiche Gewissen haben. Eine ähnliche Regierungsform ist den Insektengesellschaften durch ihre gleichen oder sich ergänzenden Instinkte gegeben worden.

Wenn die Aufgabe des Regierens von einer besonderen Person oder Personengruppe übernommen wird, besteht zwischen dem Herrscher und den Beherrschten nur eine äußerliche Beziehung. Deshalb sind die Beherrschten voll Mißtrauen gegen die Herrschenden und wollen Sicherheiten dafür haben, daß diese ihre Macht nicht in erster Linie für ihre eigenen Zwecke gebrauchen statt für das allgemeine Wohl. Und dies ist es, was die Beherrschten, die selbst ja auch ihren Kopf haben, dazu bestimmt, die letzte Entscheidung nicht aus der Hand zu geben.

Es sei darauf hingewiesen, daß diese Bestimmung des Begriffes Regierung für bessere und für schlechtere Regierungen gilt sowie für alle möglichen Vorkehrungen, durch welche die Ziele einer Regierung erreicht werden sollen. Man sagt, eine Regierung, der nicht gehorcht wird, sei keine Regierung — und das ist wahr. Aber gehorchen kann man einem frei gewählten Beauftragten, einem Erbmonarchen — oder sogar einem Tyrannen. Die obersten Regierungsentscheidungen mögen durch eine parlamentarische Volksvertretung, durch einen Gerichtshof, durch einen Erbkönig oder eine feudale Oberschicht getroffen werden — jede Regierung beruht auf Führung und Einheit des Handelns; aber ein solches Führertum kann sich sowohl durch Furcht als auch durch Überzeugen durchsetzen. Eine Regierung verdient diesen Namen nicht, wenn sie nicht unter denen, über die sie herrscht, Frieden halten und sie zu gemeinsamem Handeln bringen kann; aber die Maßnahmen, mit denen das erreicht werden soll, können hart und beschränkend sein oder liberal, reaktionär, fortschrittlich, parteiisch oder unparteiisch.

In die Bestimmung des Begriffs Regierung müssen die einzelnen Regierungsformen eingeschlossen sein wie auch das politische Ideal, nach dem bestehende Regierungen beurteilt werden können. Dem Präsidenten Lincoln bedeutete der Krieg gegen die Südstaaten mehr als nur eine Behauptung der Macht durch die damalige Regierung, noch mehr sogar als die Erhaltung der Union. In seiner Botschaft an den Kongreß vom 4. Juli 1861 sagte er:

Auf seiten der Union ist es ein Kampf um die Erhaltung von Wesen und Sinn derjenigen Regierungsform, deren Hauptziel es ist, die Lebensbedingungen der Menschen zu heben und künstliche Bürden von den Schultern aller zu nehmen, die Wege lobenswerten Strebens für alle zu ebnen, allen einen gleichmäßigen Start und die gleich guten Aussichten im Rennen des Lebens zu geben. Von unvermeidlichen teilweisen und zeitweiligen Abweichungen abgesehen, ist dies das Hauptziel der Regierung, um deren Bestand wir kämpfen[25].

Lincoln glaubte natürlich daran, daß die Regierung, deren Leiter er war, nicht nur über das gesamte Gebiet der Vereinigten Staaten Macht hatte und Gehorsam fordern konnte, sondern auch in ihrer „Form" in hohem Grade jenen sittlichen Zweck verwirklichte, welcher der Sinn des Regierens ist, so daß diejenigen, die ihr zu Gehorsam verpflichtet waren, nach seiner Meinung keinen vernünftigen Grund hatten, diesen Gehorsam zu verweigern. Die Südstaaten hatten keine berechtigten Klagen gegen die Vereinigten Staaten vorzubringen, da diese ihnen gaben, was eine Regierung zu geben verpflichtet ist.

Die Sittlichkeit kann zu Hause beginnen, aber sie endet nicht dort. Sie ist durch die Beziehungen von Mensch zu Mensch entstanden, gleich wer es ist und um was es sich handelt. Ihre Forderungen beziehen sich auf das Verhalten der Menschen untereinander, ungeachtet der Unterschiede der Nation, der Rasse oder der Regierung, ungeachtet überhaupt aller Unterschiede — die einzige Grundbedingung ist, daß sie eben Menschen sind. Für die Sittlichkeit ist der Mord, den ein Staatsbürger an einem Ausländer verübt, nicht weniger ein Mord als ein gleiches Verbrechen unter gleichen Staatsangehörigen; der Diebstahl an einem Fremden ist nicht weniger verwerflich als der Diebstahl an einem Mitbürger; das gleiche gilt für jedes andere Verbrechen und Laster. So weit die menschlichen Beziehungen sich erstrecken, so weit reicht auch die Gerichtsbarkeit der Moral, und es ist somit angebracht, ihr durch geeignete Einrichtungen den entsprechenden Nachdruck zu verschaffen.

Diese Wahrheit ist einfach und unerschütterlich. Warum muß man dann noch darüber sprechen? Wie ist es möglich, daß das offensichtlich unsittliche Verhalten zweier politisch organisierter Gemeinschaften zueinander von der Menschheit so nachsichtig beurteilt oder sogar ohne besondere Gewissenszweifel hingenommen werden konnte? Die Gründe dafür sind zwar nicht stichhaltig, aber doch aufschlußreich.

Zum ersten wird das Verhalten des einzelnen zu einem anderen in der Regel von einer durch seine Gesellschaftszugehörigkeit bedingten Auffassung bestimmt. Wenn ein Mensch, der diesseits einer politischen Grenze lebt, einen anderen jenseits lebenden Menschen ermordet oder beraubt, ist seine sittliche Verurteilung eine Selbstverständlichkeit. Man nennt ihn dann einen Mörder, Räuber oder Banditen. Wenn jedoch die gleichen mörderischen oder diebischen Handlungen gleichsam von Amts wegen durch eine organisierte Gemeinschaft vorgenommen werden, bezeichnet man sie mit viel zweideutigeren Ausdrücken, wie „Krieg" oder „Kampf um Lebensraum". Das ist nicht darauf zurückzuführen, daß Schlechtigkeit im großen weniger schlecht erscheint als Schlechtigkeit im kleinen, sondern weil man nicht recht weiß, wer eigentlich verantwortlich ist. Ferner ist der einzelne in seinem Tun als Mitglied einer organisierten Gemeinschaft, so blutrünstig und hinterhältig er gegenüber dem Fremden sein mag, meist aufrichtig, hilfsbereit, ja sogar selbstlos gegen seine Landsleute. Seine Unmoral im großen wird ihm um seiner Moral im kleinen willen verziehen. Und außerdem setzt sich das Gericht, vor dem seine Sache verhandelt wird, meist aus denen zusammen, denen seine Redlichkeit daheim zugute kommt, und nicht aus denen, die unter seinen Vergehen außerhalb seines Landes zu leiden haben.

Das ist eine Erklärung, aber keine Entschuldigung. Sonst müßte jede Diebsbande entlastet werden, oder ein guter Familienvater, der seine Nachbarn mißhandelt, oder ein braver Beamter, der seine Amtsgenossen hintergeht, oder ein Separatist, der das Wohl der Nation gefährdet. Die durch diese konzentrischen Abgrenzungen geschaffenen Schwierigkeiten mit ihren engeren oder weiteren Sittlichkeitsbegriffen sind überall die gleichen, und für alle gilt der gleiche Grundsatz: daß das Sittliche an keiner Grenze aufhört, soweit das Erdenrund reicht. Und wenn Menschen oder etwas Ähnliches auf dem Planeten Mars entdeckt werden sollten — Wesen mit Interessen, die auf dem Spiele stehen, und die fähig wären, darüber mit den Erdbewohnern zu einem Übereinkommen zu gelangen —, dann würde das Sittliche mit seinen Begriffen von Gut und Böse durch den Weltraum eine Brücke schlagen. Glücklicherweise ist dies ein Problem, mit dem wir uns noch nicht zu befassen brauchen.

Ein zweiter Grund für die Annahme, daß die Sittlichkeit an den politischen Grenzen haltmacht, ist die Angewohnheit, Fremde als unversöhnliche Feinde zu betrachten. Selbst die häusliche Ordnung sieht für den äußersten Fall der Selbstbehauptung die Notwehr, die Anwendung von Gewalt vor. Es ist nicht verwunderlich, daß das frühere Verhalten organisierter Gemeinschaften untereinander die Vorstellung erzeugt hat, jede von ihnen sei einem Angriff durch die übrigen ausgesetzt. So konnte es dahin kommen, daß das sogenannte Recht der Selbstverteidigung nicht nur in gelegentlichen Notfällen angerufen, sondern zur Grundlage einer ständigen Politik gemacht wurde.

Den unglückseligen Zustand, daß Gemeinschaften, die sich zum größten Teil aus anständigen und friedlichen Einzelwesen zusammensetzen, sich gegenseitig wie wilde Tiere behandeln und ständig von gegenseitigen Ängsten und Verdächtigungen wie behext sind, diesen Zustand haben wir in den letzten Jahrzehnten genügend kennengelernt, als daß er hier noch einer näheren Beschreibung bedürfte. Daraus darf aber nicht die Lehre gezogen werden, dies sei als etwas Endgültiges hinzunehmen, und es sei besser, dem Nachbarn den Hals abzuschneiden, bevor er einem das Messer an die Gurgel setzt, sondern man muß daraus die Notwendigkeit einer Ordnung der gegenseitigen Beziehungen erkennen, um gegenseitiges Vertrauen zu erzeugen. Die Tatsache, daß immer noch organisierte Gemeinschaften in Verstocktheit und ohne die Segnungen der Sittlichkeit dahinleben, darf nicht als eine Rechtfertigung ordnungswidrigen Verhaltens angesehen werden, sondern als eine Erscheinung, die — in weltweitem Maßstab und mit üblen Folgen von entsprechendem Ausmaß — das eigentliche Problem vor Augen führt, dessen Lösung die Aufgabe der Sittlichkeit ist.

Es gibt aber auch eine Philosophie, die im Namen der Sittlichkeit selbst ausdrücklich verneint, daß die Beziehungen zwischen politisch organisierten Gemeinschaften den Sittengesetzen unterliegen. Es wird behauptet, Staaten seien der Sittlichkeit nicht unterworfen, sondern stünden über ihr. Der Staat ist wie Gott in der theologischen Ethik — er macht die Dinge recht, indem er sie will. Die einzige sittliche Verpflichtung des einzelnen ist Gehorsam gegen den Staat. Er hat keinerlei Pflichten gegen irgend jemand außerhalb seines Staates, es sei denn auf dessen Befehl. Der Staat ist Wächter seines Gewissens und Träger der vollen Verantwortung für die Folgen seines Gehorsams.

Diese sonderbare Philosophie spielt in der modernen Staatslehre eine große Rolle. Sie ist die letzte Übersteigerung des Nationalismus. Hier mag die Feststellung genügen, daß sie — gleich anderen Gewaltlehren — unvertretbar ist, weil sie Macht für Recht setzt und Willkür für Vernunft. Und es ist dies die schlimmste aller Gewaltlehren, weil sie ein Wesen zur Vergottung aus der Menge heraushebt, das dieser Rolle ganz besonders unwürdig ist.

Wenn das Sittliche seinem ganzen Wesen nach alles umfaßt, wenn seine Begriffe für Recht und Unrecht, seine Gebote und Verbote auf jede Handlung anwendbar sind, die irgendeine menschliche Angelegenheit unmittelbar oder mittelbar berührt, dann spricht der gleiche sittliche Grund, der für eine Verfassung in einer einzelnen Gemeinschaft spricht, auch für eine alle Gemeinschaften umfassende Verfassung. Die verheerenden Kämpfe zwischen Mensch und Mensch sowie die Möglichkeit, durch gemeinsame Anstrengungen zu einem guten Ende zu kommen, geben ebenso die Grundlage für begrenzte Gemeinwesen wie auch die sittliche Voraussetzung für eine unbegrenzte Gemeinschaft. Die Nachbarschaft und die gegenseitige Abhängigkeit aller Menschen wirft das gleiche Problem auf wie die Nachbarschaft und Abhängigkeit einiger weniger Menschen: gleiche Fragen, gleiche Antworten. Die Voraussetzungen, das Ziel, die Mittel sind weitgehend dieselben.

Der Gedanke selbst ist alt — neu ist nur die Dringlichkeit seiner Verwirklichung. Zu seinen großen Trägern gehört Kant, der im achtzehnten Jahrhundert, in das auch die Geburtsstunde der demokratischen Einrichtungen Amerikas fällt, darüber folgendes gesagt hat:

> . . . daß ein jedes Gemeinwesen . . . von dem anderen eben die Übel erwarten muß, die die einzelnen Menschen drückten und zwangen, in einen gesetzmäßigen bürgerlichen Zustand zu treten. Die Natur hat also die Unvertragsamkeit der Menschen, selbst der großen Gesellschaften und Staatskörper dieser Art Geschöpfe, wieder zu einem Mittel gebraucht, um

in dem unvermeidlichen Antagonismus derselben einen Zustand der Ruhe und Sicherheit einzufinden . . .

Und sie treibt endlich nach vielen Verwüstungen, Umkippungen und selbst durchgängiger innerer Erschöpfung ihrer Kräfte zu dem, was ihnen die Vernunft auch ohne so viele traurige Erfahrungen hätte sagen können, nämlich: aus dem gesetzlosen Zustande der Wilden hinauszugehen und in einen Völkerbund zu treten . . .

So schwärmerisch diese Idee auch zu sein scheint . . . so ist es doch der unvermeidliche Ausgang der Not, worein Menschen einander versetzen, die die Staaten zu eben der Entschließung (so schwer sie ihnen auch scheint) zwingen muß, wozu der wilde Mensch ebenso ungern gezwungen wird, nämlich: seine brutale Freiheit aufzugeben und in einer gesetzmäßigen Verfassung Ruhe und Sicherheit zu suchen[26].

So wird der Mensch — nach Kant — von seiner „sozialen Geselligkeit" zuerst zu der bürgerlichen Ordnung getrieben, durch welche die Freiheit des einzelnen beschränkt wird, „auf daß sie neben der Freiheit anderer bestehen könne", — und dann zu einer „kosmopolitischen" Ordnung, in welcher der gleiche Grundsatz auf die Beziehungen zwischen den Nationen ausgedehnt wird[27]. Zweifellos war Kant in seinem Denken von Grund auf individualistisch. Die „kosmopolitische" Ordnung ist eine Ordnung unter bürgerlichen Gemeinwesen, deren jedes eine Ordnung der persönlichen Freiheitsrechte darstellt.

Dies ist ein wesentlicher Punkt. Das verwünschte Wort „international" hat seine großen Gefahren. Es ist seit dem Entstehen des modernen Nationalstaates in Gebrauch gekommen und verrät im Grunde eine nationalistische Einstellung. Es will den Nationalstaat als den höchsten Ausdruck der internationalen Gemeinschaft verstanden wissen, so wie das menschliche Einzelwesen höchster Ausdruck der bürgerlichen Gemeinschaft ist.

In Wahrheit hat der Nationalstaat keinerlei sittlichen Anspruch, außer insoweit, als er die Ansprüche seiner einzelnen Angehörigen vertritt. Ein moderner Schriftsteller hat folgende persönlichen Freiheitsrechte aufgestellt, deren Verwirklichung Aufgabe der Vereinten Nationen ist:

Freiheit der Rede und der Meinungsäußerung
Freiheit des Glaubens und des Gottesdienstes
Freiheit der Meere
Freiheit des Handels
Freiheit zur Selbstbestimmung der Staatsangehörigkeit
Freiheit der Regierungsbildung

Freiheit von Furcht, einschließlich Freiheit von Krieg und Invasion, von übertriebenen Rüstungslasten und von Gewaltherrschaft

Freiheit von Not, daher bessere Arbeitsbedingungen, wirtschaftlicher Fortschritt und soziale Sicherheit[28].

Es ist klar, daß diese Freiheitsrechte nicht den Herrschern oder den Nationalstaaten in ihrer behördlichen Eigenschaft, sondern den einzelnen Menschen zustehen sollen. Das gleiche gilt von allen Wohltaten, die durch eine Weltgemeinschaft gesichert werden sollen. Wenn sie Angehörigen eines Nationalstaates oder wenigstens einer großen Anzahl zugute kommen, dann mögen sie der Einfachheit halber dem Nationalstaat im ganzen als Verdienst angerechnet werden. Aber wenn wir eine Weltgemeinschaft durch das Gute, das sie stiftet, rechtfertigen wollen, und wenn wir es für richtig halten, eine solche Gemeinschaft zu schaffen, dann müssen wir immer die Nöte, Bedürfnisse, Hoffnungen und Bestrebungen der einzigen Wesen im Auge haben, die Glück erleben und Unglück erleiden können, nämlich des einzelnen Mannes und der einzelnen Frau.

Die gleichen Wesen, denen eine internationale Gemeinschaft ihre Wohltaten erweisen soll, sind auch die Quellen ihrer rechtmäßigen Macht. Es muß vermerkt werden, daß die Vertragstheorie als einzige für die Sache der internationalen Gemeinschaft keine natürliche oder geschichtliche Notwendigkeit ist, welche die Menschen weitervererben, sondern eine freiwillige Regelung zur Sicherung gewisser Vorteile. Wir sind eben dabei, eine solche Regelung auszuarbeiten, und wir hoffen, einen Nutzen davon zu haben, für uns, für unsere Kinder und Kindeskinder

Leider muß das Wort „international" für die allumfassende menschliche Gemeinschaft gebraucht werden; zum Glück liegt die Betonung aber jetzt mehr auf „inter" als auf „national" Die sittliche Berechtigung für die Weltgemeinschaft beruht auf zwei Grundsätzen: Persönlichkeit und Allgemeinheit, d. h. der Anerkennung der Ansprüche des einzelnen Menschen und der gleichen Ansprüche aller Menschen. Vom Standpunkt der Sittlichkeit aus ist der Nationalstaat ein geschichtlicher Zufall. Der wesentliche Sinn und Zweck des Staatswesens — Übereinkommen und Zusammenarbeit durch gemeinsame Politik — verlangt nicht, daß die Menschen unter jener beschränkten Staatsform leben, die ungefähr in der Mitte zwischen der einzelnen Persönlichkeit und der Gemeinschaft aller Menschen steht. Es ist durchaus anzunehmen, daß die Geschichte der Menschheit mit einem einzigen allesumfassenden Gemeinwesen begonnen hat, das infolge seines Wachstums und seiner Verwickeltheit aufgelockert und in Untergemeinwesen aufgeteilt wurde, wobei jedes einzelne durch seine inneren Besonderheiten wieder eine Einigung erfuhr. Die Geschichte hat manchmal in dieser Richtung gearbeitet, wie etwa bei der Auflösung großer Reiche. Sie hat sich mitunter aber auch in entgegengesetzter Richtung bewegt, zum Beispiel bei der Schaffung der neuzeitlichen europäischen Staaten aus kleineren völkischen oder feudalen Einheiten. Diese Richtung wollen wir nun beibehalten, vom Nationalstaat zu einer weltumspannenden Gemeinschaft, die deshalb international heißt, weil sie mit nationalen Gemeinschaften anfängt und unter ihnen Einigkeit herstellen will.

Mit der Feststellung, daß das nationale Staatswesen lediglich ein geschichtlicher Zufall ist, dringt man gleichzeitig zum Kern des ganzen Problems vor. Durch sie wird die praktische Bedeutung des Nationalstaates in keiner Weise herabgesetzt. Es kann wohl sein, daß der Nationalstaat den bedeutendsten Schritt in der politischen Entwicklungsgeschichte des Menschen darstellt, und deshalb verdient er auch eine entsprechende Würdigung. Es kann auch sein, daß eine Weltgemeinschaft unmöglich wäre, wenn nicht der Nationalstaat schon den Hauptteil an politischer Organisation geleistet hätte. Es kann sich aber auch herausstellen, daß die Rolle des Nationalstaates überschätzt worden ist, und daß manches von dem, was er getan hat, wieder rückgängig gemacht werden muß.

Ob die Weltgemeinschaft die Form einer stark zentralisierten obersten Leitung — etwa eines Überstaates oder eines Weltbundesstaates — annehmen, ob sie als eine Art Weltgemeinschaft enger Interessenverflechtungen oder als Gemeinschaftsunternehmen nationaler Regierungen aufgebaut werden soll, ist keine grundsätzliche Frage, sondern eine Frage der Arbeitsweise und des Grades. Grundsatz ist, daß eine einheitliche Weltpolitik festgelegt, verkündet und befolgt wird, und daß diese Politik so viele der menschlichen Angelegenheiten umfassen soll, als notwendig ist, um Streitigkeiten zu vermeiden und überall da Erleichterungen in der weltweiten Zusammenarbeit zu schaffen, wo eine solche fruchtbarer ist als vereinzelte Anstrengungen oder als Zusammenarbeit in kleinerem Rahmen.

Eine Gemeinschaft von internationalen Ausmaßen ist nach den

gleichen Maßstäben zu beurteilen wie ein kleineres Staatswesen, weil sie die gleichen Ziele hat und den gleichen Fehlschlägen und Mißbräuchen ausgesetzt ist. Sie soll ihren Mitgliedern eine einheitliche Politik vorschreiben, die ihren verschiedenen Interessen entspricht und dienlich ist. Eine Regierung kann in der Erfüllung ihrer Aufgaben durch Nachlässigkeit oder Unfähigkeit versagen wie durch Willkür oder Übertreibung der Fürsorge. Sie kann ihre obrigkeitliche Gewalt dazu mißbrauchen, das allgemeine Wohl den persönlichen Angelegenheiten des Herrschers unterzuordnen. Eine internationale Regierung kann genau so schlecht sein wie irgendeine andere Regierung, und sie ist nicht deshalb weniger schlecht, weil sie international ist.

Eine internationale Führung hat ihre besonderen politischen Gefahren, weil sie den Einzelmenschen, welche die rechtmäßigen Quellen ihrer Macht und die rechtmäßigen Empfänger ihrer Wohltaten sind, so sehr entrückt ist. Weitere besondere Gefahren entstehen aus der Tatsache, daß eine internationale Regierung es wiederum mit Regierungen zu tun hat. Sie wird geneigt sein, die Macht einer Nationalregierung über deren Volk ohne weiteres als gegeben anzunehmen und mehr darauf zu achten, ob diese fest und stark, als vielmehr darauf, ob sie frei gewählt ist. Eine internationale Regierung kann durch ihre Unterstützung eine Nationalregierung *gegen* das eigene Volk stärken, wie wenn reaktionäre Herrscher zur Unterdrückung von Revolutionen sich verschwören. Oder es kann vorkommen, daß eine internationale Regierung, die ihre Wohltaten durch die nationalen Regierungen verteilen läßt, sich gar nicht darum kümmert, ob diese Wohltaten auch wirklich den Völkern zugute kommen oder nur den Regierungsmitgliedern oder Profitjägern, mit denen diese unter einer Decke stecken.

Die einzige Form einer internationalen Regierung, die sittlich gerechtfertigt ist, kann nur derart sein, daß die Nationalregierung als ein Kanal dient, durch den die Macht aus dem Volke aufsteigt und die Wohltaten der Gemeinschaft zum Volke hinabgeleitet werden.

Die neuesten Erörterungen einer Weltgemeinschaft haben die Anwendung von Gewalt in den Brennpunkt der Aufmerksamkeit gestellt, aber dabei die Tatsache im Dunkeln gelassen, daß die Gewalt zwar manchmal — wie eben jetzt — eine gebieterische Notwendigkeit sein kann, an sich aber immer eher ein Beweis für das Versagen als für den Erfolg einer Politik ist. Seinen sittlichen Zielen nach stellt ein Gemeinwesen eine Organisationsform dar, in deren Bereich die Anwendung von Gewalt nicht mehr notwendig sein müßte. Das ist von allen politischen Denkern anerkannt worden, mit Ausnahme derer, die den Gebrauch der Gewalt als Ziel an sich betrachten. Im christlichen Denken wird die Verhängung von Strafen durch einen göttlichen Herrscher mit dem Sündenfall erklärt. Hätte der Mensch sich nicht von Gott abgewandt, dann hätte es keiner Zwangsmaßnahmen bedurft, und das Reich Gottes wäre immer vollkommener geworden. Ähnlich hätte auch das Reich des Menschen ohne das Hilfsmittel der Drohung vollendet werden können, wenn die menschliche Vernunft und das menschliche Gewissen stark genug gewesen wären.

Es ist für alle beteiligten Parteien richtig und vernünftig, zu einem Übereinkommen zu gelangen, um so den Nachteilen der Streitigkeiten zu entgehen und die Früchte der Zusammenarbeit reifen zu lassen. Leider gibt es aber Menschen, die das nicht einsehen oder doch nicht danach handeln. Diese müssen dann durch andere niedrigere Mittel, etwa durch Strafen, gefügig gemacht werden. Andernfalls werden sie jene berauben, die sich über die Vorzüge ihres Übereinkommens einig sind, und werden über jene herfallen, die auf Grund ihres Übereinkommens auf die Anwendung von Gewalt verzichtet und die Waffen abgelegt haben.

Wenn dieser Grundsatz innerhalb irgendeiner bürgerlichen Ordnung angewandt wird, gilt die private Gewaltanwendung nur noch als ein letztes, selten angewandtes Mittel. Die Regierung, die auf die geballte Volkskraft gleichsam Schecks ausschreiben darf und unbeschränkten Kredit hat, wird gegen die vorgehen, die sich an keine Abmachungen halten wollen, sei es durch offene Auflehnung oder geheimen Widerstand; sie wird dagegen diejenigen schützen, die sich dem Übereinkommen aus Freude über seine Vorteile willig fügen. Aber die geballte Kraft des Volkes ist so überwältigend, daß sie nur selten gebraucht wird. In den meisten Fällen genügt schon die Drohung mit ihr. Gegen die Widerspenstigen wirkt sie als Abschreckungsmittel; denen aber, die mit der Regierung übereinstimmen und ihr willig gehorchen, gibt sie die notwendige Sicherheit gegen den Ungehorsam der anderen.

Die Anwendung von Gewalt durch eine Weltgemeinschaft erfolgt nach den gleichen Grundsätzen wie in bürgerlichen Gemeinwesen. Die Nationen treffen ein Abkommen, um bewaffnete Konflikte zu vermeiden und die Vorteile der Zusammenarbeit zu genießen. Keine Nation kann auf das Hilfsmittel der Gewaltanwendung verzichten, solange sie nicht die Gewähr hat, daß die anderen Nationen dasselbe tun. Sie kann sich nicht auf die Gutwilligkeit und Gutgläubigkeit anderer Nationen verlassen und hat deshalb die Pflicht, eine Streitmacht zu schaffen als Sicherung gegen die, die dem Übereinkommen nicht beitreten oder es nicht einhalten wollen. Mit anderen Worten: die „friedliebenden Nationen", die auf den Gebrauch von Gewalt verzichten, brauchen einen Schutz gegen „Angreifernationen", die noch nicht zur Friedensliebe bekehrt worden sind oder die nach ihrer Bekehrung wieder rückfällig werden können. Die internationale Streitmacht, zu der alle Nationen ihren Beitrag zu leisten hätten, müßte dann so überwältigend sein, daß die bloße Drohung ihres Einsatzes für gewöhnlich jeden etwaigen Angreifer abschreckt. Die Aussichtslosigkeit eines Angriffs würde mit der Zeit zur Gewöhnung an Friedfertigkeit führen, und man würde der internationalen Gemeinschaft — wie dem bürgerlichen Staat auch — aus einer Mischung von Vorsicht, Gewohnheit und Vernunft gehorchen. In einer vollendet aufgebauten internationalen Ordnung würden die Nationen miteinander auskommen, weil sie ihre Richtigkeit und Vernünftigkeit einsehen oder weil in ihnen das Gewissen und die Vernunft der Menschheit lebendig ist.

An den Gebrauch der Gewalt wird sowohl in der Praxis wie in der Theorie erst in zweiter Linie gedacht. Es muß ein Übereinkommen getroffen werden, daß es zur Gewaltanwendung gar nicht erst kommt, es sei denn in einem gemeinsamen Vorgehen für die gemeinschaftlichen Ziele des Friedens und der Zusammenarbeit; ein weiteres Übereinkommen ist notwendig über die Beilegung von Streitfällen durch Gesetze, Verhandlungen und Schiedsgerichte. Keine derartige Abmachung kann erzwungen werden. Gewalt wird aber gegen den als Angreifer erkannten Feind angewendet, und zwar so lange, wie er sich einem Übereinkommen verweigert. Nun kann Gewalt ihn zwar unschädlich machen, aber nicht innerlich ändern, noch seine Selbstsucht in Gutwilligkeit verwandeln. Das kann einzig und allein die Überzeugung. Inzwischen sind die Anhänger einer friedlichen und fruchtbaren Weltordnung eifrig bemüht, durch Nachdenken, durch Schriften, Reden, Aussprachen und Zusammenkünfte ihre eigene und die Überzeugung anderer zu festigen und zu klären und so eine starke Willenseinheit zu bilden. Nur soweit dieser Wille geweckt und erhalten wird, kann sein Ziel — eine friedliche, fruchtbare Weltordnung — in die Tat umgesetzt werden.

Eine internationale Gemeinschaft darf nicht vom Standpunkt des nationalen Eigennutzes — und sei er noch so aufgeklärt — beurteilt werden. Ein kürzlich an die Presse gerichteter Brief von einem Beamten des State Department und Mitglied des Rates der Vereinigung für Außenpolitik (Council of the Foreign Policy Association) klärt die Öffentlichkeit dahingehend auf, daß „selbstloses Wohlwollen ... obgleich es zweifellos eine edle menschliche Eigenschaft ist ... offensichtlich niemals in der Außenpolitik einer Nationalregierung Platz finden kann", und er bekräftigt diese erschreckende Feststellung, indem er eine Nationalregierung mit den Direktoren eines Geschäftsunternehmens vergleicht, deren Aufgabe es ist, „für die Aktionäre, deren Treuhänder sie sind, möglichst große Gewinne zu erzielen, indem sie sich in solche gesetzlich zulässige und saubere Unternehmungen einlassen, mit denen nach ihrer Meinung sich dies erreichen läßt[29]. Aber nach dem eigenen Zugeständnis des Schreibers steht der Direktor unter der Kontrolle der Begriffe „gesetzlich zulässig" und „sauber". Damit hat er die Katze aus dem Sack gelassen! Mit „gesetzlich zulässig und sauber" wird das bezeichnet, was für das Land als Ganzes gut ist, im Gegensatz zum persönlichen Eigennutz. Soweit die Direktoren diese Einschränkung willig hinnehmen und mit ihrer allgemeinen Forderung übereinstimmen, sind sie uneigennützig wohlwollend, so sehr sie es auch ablehnen, als „edel" bezeichnet zu werden. Genau so muß die Regierung einer Nation den nationalen Eigennutz dem unterordnen, was international „gesetzlich zulässig und sauber" ist.

Der Krieg ist es und nicht der Friede, der einem nationalen Interesse — ohne Rücksicht auf das, was andere Nationen dafür zahlen müssen — dienen soll. Die Weltordnung kann nicht jeder Nation alles geben, was sie haben will, noch sollte sie es ihr versprechen. Weil sie allen etwas geben will, muß sie ihre Gaben einteilen. Nehmen wir das einfachste Beispiel: eine Nation verlangt gebietsmäßige Ausdehnung — eine Nation, deren Nationalismus nicht so sehr „Liebe zum Vaterland" ist, als vielmehr „Liebe zu m e h r Land[30]". Es ist bekannt, daß es solche Nationen gibt. Die Erde ist aber nun einmal aufgeteilt. Neuerwerbungen können also nur auf Kosten anderer gehen. Eine nach Land lüsterne Nation kann daher ihre Ziele n i c h t durch eine Weltordnung erreichen, welche die gerechten Ansprüche aller derzeitigen Besitzer achtet und Gerechtigkeit zwischen ihnen walten läßt.

Sicher werden manche nationalen Interessen durch eine internationale Ordnung gefördert. So werden mindestens Teile einer nationalen Wirtschaft durch die Hebung der Lebenshaltung im Ausland günstig beeinflußt. Eine gerechte Weltordnung gibt jeder Nation Freiheit von Furcht, und die friedliche Arbeit jeder einzelnen wird daraus Nutzen ziehen. Der Mahnruf an den nationalen Eigennutz kann durch diese Begründungen noch betont werden, aber eben nur, soweit sie ausreichen; denn es gibt auch Gegengründe. Eine Nation, der Eroberungen mehr bedeuten als friedlicher Handel und militärischer Ruhm mehr als alle anderen Werte des Lebens, wird aus einer Weltordnung k e i n e n Nutzen ziehen und, wenn sie von aufgeklärtem Eigennutz geleitet wird, ihre Schaffung deshalb zu vereiteln suchen.

Ob das Eigeninteresse einer Nation durch eine gerechte Weltordnung gefördert wird oder nicht, hängt von dem Charakter der einzelnen Nationen ab oder davon, was sie jeweils als ihre Interessen ansehen. Das wahre Problem ist, eine Nation dahin zu bringen, daß sie sich jene Bestrebungen zu eigen macht, die eher durch Übereinstimmung als durch Streit und eher durch Zusammenarbeit als durch Absonderung gewinnen.

Was diejenigen, die immer so eifrig davon reden, unter „nationalem Interesse" verstehen, ist meist eine höchst unklare und gestaltlose Sache. Ist es das Interesse der Regierung oder der Regierten? Ist es das Interesse aller Staatsbürger oder nur einiger weniger? Oder ist es das Interesse der Nation in ihrer Gesamtheit zum Unterschied von den Interessen ihrer einzelnen Mitglieder? Das ist jedesmal etwas ganz anderes. Eine Nation als Ganzes kann einen Kontinent umfassen, ohne daß der einzelne Staatsbürger auch nur einen Morgen Land besitzt; sie kann reich sein an natürlichen Hilfsquellen, während die meisten ihrer Angehörigen in Armut leben; sie kann die Macht haben, ihren Willen anderen Nationen aufzuzwingen, während ihre einzelnen Untertanen versklavt sind.

Wir hören in unseren Tagen viel von „Macht" als einem nationalen Interesse reden. In der Tat spricht man von politisch organisierten Gemeinschaften mehr von „Mächten" als von Staaten oder Nationen. So werden Staaten in „kleine Mächte", „Großmächte" und „Weltmächte" eingeteilt. Diese Vorstellungen müssen abgebaut werden. Sie messen alle Staatswesen nach ihrer Fähigkeit, Krieg zu führen und Furcht einzuflößen. Es stimmt zwar, daß eine solche Fähigkeit sowohl industriellen Fortschritt als auch Reichtum an Arbeitskräften und militärische Begabung verrät. Es ist auch richtig, daß sie Einigkeit und Disziplin erfordert. Aber große Macht nach außen kann durchaus verbunden sein mit wirtschaftlicher Ausbeutung oder politischer Tyrannei zu Hause; Einigkeit kann durch falsche Propaganda und Disziplin durch Einschüchterung erreicht werden. Eine Nation kann im Kriege groß sein, ohne im Frieden oder in den Herzen ihrer Bürger groß zu sein. Während also Größe an militärischer Macht als eine Voraussetzung zum Handeln nüchtern anerkannt werden muß, darf sie doch nicht mit Größe als Maßstab der inneren Werte verwechselt werden. In den wahllos gebrauchten Ausdrücken „Macht" und „Größe" schwingen meist gefühlsmäßige Obertöne der Hochachtung mit. Diese Worte sollten niemals ohne nähere Bestimmung gebraucht werden. Größe w o r i n ? Macht w o z u ? Größe an Quantität und Größe an Qualität ist beileibe nicht das gleiche. Größe der Seele hat mit Größe des Körpers gar nichts zu tun. Kriegsmacht ist etwas grundlegend anderes als Stärke im Frieden. Größe ist nur gut, wenn sie in der Güte groß, Macht nur gut, wenn sie zum Guten mächtig ist. Größe und Macht an sich stellen noch keinerlei Werte dar.

Der verstorbene Professor Spykman hat tatsächlich gesagt, daß sich eine Nation in ihren Beziehungen zu anderen Nationen ausschließlich durch das Machtmotiv leiten lassen soll:

> Für den Staatsmann, der die Außenpolitik leitet, können Werte wie Gerechtigkeit, Anständigkeit und Duldsamkeit nur in dem Maß gelten, als sie zur Erreichung der Machtziele beitragen oder ihr doch wenigstens nicht im Wege stehen. Sie können zur moralischen Rechtfertigung des Machtstrebens dienen, müssen jedoch in dem Augenblick ausgeschaltet werden, wo ihre Anwendung als Schwäche ausgelegt werden könnte. Der Wille zur Macht ist nicht für die Erlangung sittlicher Werte da, sondern die sittlichen Werte müssen die Erlangung der Macht erleichtern[31].

Was versteht dieser Mann unter „Machtziel"? Offenbar militärische Macht. Er stellt sie über „Gerechtigkeit, Anständigkeit und Duldsamkeit". Nach welchem Maßstab also bewertet er militärische Macht? Anscheinend nach gar keinem, wobei er an der Tatsache vorbeigeht, daß die sittlichen Maßstäbe infolge ihres inneren Wesens unbedingt für jegliches menschliche Verhalten gelten. Eine Nation, die sich nicht gerecht, anständig und duldsam verhält, verurteilt sich selbst als ungerecht, unanständig und unduldsam. Was will er mit „können" und „müssen" sagen? Will er damit zeigen, wie die Außenpolitik einer Nation geführt w i r d ? In diesem Falle besteht eine sittliche Verpflichtung, einen besseren Weg zu finden. Oder will er zeigen, wie sie geführt werden s o l l ? Dann stellt seine Lehre einen bösen Irrtum dar. Aller Wahrscheinlichkeit nach will Professor Spykman beides und möchte uns glauben machen, daß in politischen Dingen das, wie etwas ist, auch zugleich so ist, wie es sein sollte, in welchem Falle er wiederum gröblich irrt.

Es gibt Nationen, die im Kriege groß sind und die diese Größe über alles andere stellen. Andere Mächte wieder, wie Frankreich, Polen und Italien, möchten gern im Kriege groß sein und leiden unter einer gewissen Enttäuschung, daß sie diese Art von Größe entweder verloren oder noch nicht erreicht haben. Um der Gerechtigkeit willen muß man wohl sagen, daß alle Nationen bis zu einem gewissen Grade von diesem falschen Stolz erfüllt sind und sich nach militärischer Macht sehnen oder fürchten, sie zu verlieren. Nationen mit solchem Ehrgeiz nennt man kriegerisch oder militaristisch. Ihr Stolz ist falsch, weil er mit ihren echten Werten nichts zu tun hat, auf die sie mit Recht stolz sein können.

Andererseits gibt es Nationen, die im Kriege schwach sind und dennoch keinen Grund haben, sich zu schämen. Athen, nachdem es aufgehört hatte, ein Reich zu sein, und Deutschland, ehe es ein Reich geworden war, sind Beispiele dafür, ebenso die Schweiz und die skandinavischen Länder. Solche Nationen können m i t R e c h t stolz sein, denn dieser Stolz beruht auf ihrem Beitrag zum Glück und zur Zivilisation der Menschheit. Schließlich gibt es noch Nationen, die — wenngleich groß im Kriege — diese Art von Größe nur als ein Werkzeug des Guten oder als bedauerliche Notwendigkeit in unruhigen Zeiten ansehen. Solche Nationen können Kriege führen und dennoch friedliebend sein. Und es muß zugegeben werden, daß etwas von dieser Friedensliebe bei allen Nationen zu finden ist.

Die Selbstsucht einer kriegerischen oder militaristischen Nation würde durch eine gerechte, friedliche Welt zunichte gemacht, nicht unterstützt. Ihre Gewaltmethoden kämen dann aus der Mode und ihre militärische Begabung in Verruf, ihr Stolz wäre nur noch Aufgeblasenheit, ihre Hoffnungen auf Eroberung und Unterjochung würden für immer aussichtslos, und ihre Art von Größe fände weder Achtung mehr noch Beifall. Sie gliche einem Raubtier im Käfig oder einem abgewirtschafteten Preisboxer. Aus aufgeklärter Selbstsucht müßte eine solche Nation mit allen Mitteln das Entstehen einer Welt zu verhindern suchen, in der für *ihre* Art von Staatsauffassung kein Platz mehr wäre.

Wenn aber eine Nation in den Künsten des Friedens erfahren ist und in gerechtem Maß die Wohlfahrt ihres Volkes will, die sich nur im Frieden verwirklichen läßt, dann wird sie den Frieden fördern und sein Kommen begrüßen. Wenn ein Volk Menschenwürde und Freundschaft hochhält und das Allgemeinwohl über die Sonderwünsche stellt, dann wird es eine weltumspannende Zusammenarbeit unterstützen und willkommen heißen. Eine mächtige friedliebende Nation wird damit einverstanden sein, daß ihre militärischen Führer, die man in Zeiten der Gefahr verhimmelt, ihres Heldenglanzes ein wenig entkleidet werden, und daß ihre Macht weniger nach dem Ruhm als nach der Verantwortlichkeit eingeschätzt wird. Eine solche Nation kann auf Gewaltanwendung zur Erreichung ihrer Ziele verzichten, weil sie weder die Anwendung noch die Früchte der Gewalt erstrebenswert findet. Man hat gesagt, Hitler habe mit Gewalt erreicht, was die Weimarer Republik durch Verhandlungen nicht erreichen konnte. Es ist aber unmöglich, mit Gewalt das gleiche zu erzwingen, was mit versöhnlichen Mitteln erreichbar ist; denn erstere führt nur zu Hartherzigkeit, Furcht und Gegnerschaft, letztere hingegen zu Verständnis und Zustimmung.

Kurzum, wenn Nationen für die Unterstützung und Förderung einer sittlichen Welteinigung gewonnen werden sollen, dann muß ein Anruf ihrer Selbstsucht eine neue und höhere Selbstsucht erzeugen und nicht nur der alten ein neues Werkzeug liefern. Das Ziel eines solchen Appells müßte sein, jene Art von Selbstsucht zu wecken, deren wohlbedachte Verwirklichung zum allgemeinen Nutzen führt oder die in eine auf Gerechtigkeit und Menschlichkeit aufgebaute Welt paßt. Bei friedliebenden Nationen wird Aufgeklärtheit genügen; kriegerische und militaristische dagegen müssen zuerst friedliebend gemacht werden. Der Nazismus zum Beispiel entstand nicht aus einem Mangel an Aufgeklärtheit, sondern aus einem Gemisch von falsch verstandenen Werten. Die Demokratie hingegen kann ihr Heil durch die besser durchdachte Wahl der Mittel finden, und zwar nur, weil ihre Ziele gut sind.

Nach allgemeiner Ansicht umfaßt das nationale Interesse auch die politische Autonomie oder das sogenannte Selbstbestimmungsrecht. Diese Streitfrage entsteht zwangsläufig aus der allgemeinen politischen Unsicherheit, der Unbeständigkeit der Grenzen, dem Wiedererwachen alter Übel, wie sie von unterdrückten Minderheiten und enttäuschtem Patriotismus empfunden werden, dem Erstehen neuer Unabhängigkeitsbestrebungen innerhalb alter Reiche und der Besetzung befreiter oder feindlicher Gebiete durch die Sieger Abgesehen von diesen ungelösten Problemen besteht die grundsätzliche Frage, ob die geplante internationale Gemeinschaft nationale Staatswesen vermehren und fördern oder ihre Zahl im Hinblick auf ihre wachsende gegenseitige Abhängigkeit herabsetzen soll.

Oberflächliches Denken verwechselt den Anspruch eines Volkes auf eine eigene Regierung mit dem Anspruch einer Regierung auf ein eigenes Volk — das sind sehr verschiedene Dinge. So befinden sich zur Zeit gewisse Regierungen in London oder Kairo, während ihre Völker auf dem europäischen Kontinent leben. Nun, da die Zeit gekommen ist, Regierungen und Völker zusammenzubringen, muß entschieden werden, wo das Besitzrecht wirklich liegt. Über die Antwort kann kaum ein Zweifel bestehen. Eine Regierung ohne Regierungsgeschäfte hat auch keinen gültigen Anspruch darauf, zu regieren. Aber wie ein moderner Schriftsteller es ausgedrückt hat, „ein gesunder Internationalismus und ein echter Humanismus werden sich der kleinen Völker, also der menschlichen Wesen annehmen und nicht der kleinen Staatengebilde[32]"

Es gibt einen Rechtsanspruch einer Regierung weder auf das Volk einer anderen Regierung noch auf das eigene. Das Recht liegt auf der anderen Seite. Das Volk hat ein Recht auf seine eigene Regierung, das heißt auf eine Regierung seiner Wahl. Wann allerdings eine Regierung von sich sagen kann, sie sei von ihrem Volk gewählt — ob durch freie Wahl oder durch eine weniger förmliche Willenskundgebung des Volkes — ist nicht leicht zu entscheiden. Aber auf jeden Fall kann man nicht sagen, ein Volk habe eine Regierung nur deshalb, weil es sie früher einmal gewählt hat, oder weil sie in seinem Namen sprechen könne oder weil sie einen rein technisch begründeten Anspruch auf „Gesetzmäßigkeit" habe. Eine Regierung kann nur so lange als die Regierung ihres Volkes gelten, als dieses sie immer wieder wählen würde, das heißt, solange ihr Auftrag immer wieder erneuert wird, so daß sie tatsächlich eine Selbstregierung genannt werden kann, durch welche die Bürger ihre Fähigkeit zum Regieren verwirklichen und gleichzeitig Treuhänder und Hüter ihrer eigenen Angelegenheiten bleiben.

Diese Feststellung läßt allerdings eine weitere, noch heiklere Frage offen. Der Grundsatz der Selbstbestimmung wird meist von einer Minderheit in Anspruch genommen, die zwar eine Regierung hat, diese aber mit anderen teilen muß und deshalb ihre eigene Regierung haben möchte. Wenn man von der bestehenden Regierung sagen kann, daß sie aus der Wahl des ganzen Volkes ohne Benachteiligung eines Volksteiles hervorgegangen ist, dann kann die Minderheit keinen rechtmäßigen Einspruch erheben; ihr ein Recht zur Absonderung einräumen, bedeutete das Ende jeglicher Volksregierung, zu deren Wesen es gehört, daß eine überstimmte Minderheit sich zufrieden gibt, vorausgesetzt, daß sie bei der Wahl die gleichen Rechte wie die anderen Gruppen hatte. Die Regierung als die Stimme aller ist sogar auch dann ihre Regierung, wenn sie gegen die Minderheit regiert. Dies ist genau der Standpunkt, den Lincoln gegenüber den Südstaaten vertrat, denen er auf Grund ihrer Teilnahme an der Wahl der bestehenden Regierung das Recht absprach, sich auf den Grundsatz der Selbstregierung zur Verteidigung ihrer Aufsässigkeit zu berufen. Sie verfolgten einen Kurs, der zu fortschreitendem Zerfall führen, den ganzen Fortgang des politischen Aufbaues stören und seine segensreichen Wirkungen zunichte machen mußte:

> Selbstbestimmung, die mit Selbstregierung nichts zu tun hat, sondern lediglich mit dieser verwechselt wird, ist barbarisch und reaktionär: indem sie Absonderungsbestrebungen Vorschub leistet, verführt sie Mehrheiten und Minderheiten zu Starrköpfigkeit und Unversöhnlichkeit. Nach dieser Auslegung der Selbstbestimmung bräuchten sie gar nicht erst Landsleute zu werden, weil sie ja doch bald „Ausländer" sein werden. So nimmt die Zersplitterung der Menschheit kein Ende. Innerhalb der Minderheiten, die sich abgesondert haben, werden neue Minderheiten entstehen, die sich ebenfalls wieder absondern wollen[33].

Wenn dagegen eine Minderheit mit gutem Grund behauptet, daß die bestehende Regierung wegen ihrer örtlichen Entferntheit, ihrer rassischen oder kulturellen Verschiedenheit oder auch wegen ihrer Tyrannei nicht eigentlich ihre Regierung zu nennen sei und daß sie ihr eine Selbstregierung verweigere, dann kann diesem Mißstand abgeholfen werden entweder durch Regierungsumbildung oder durch Bildung einer neuen Regierung.

Welche dieser Maßnahmen soll nun ergriffen werden? Angenommen, es handle sich stets um Volksregierungen, deren freie Einrichtungen für alle Bürger da sind: soll es dann mehr oder weniger Nationalregierungen geben? Man hat gesagt, die Friedensverträge nach dem ersten Weltkrieg hätten das Entstehen neuer Nationalstaaten gefördert, ohne aber ein internationales System zu schaffen, in dem sie hätten bestehen und gedeihen können. Aber es bleibt die grundsätzliche Frage, ob die Entwicklung in Richtung des Zusammenschlusses oder weiterer Aufteilung gehen soll. Oder soll man durch ein föderalistisches System mit seiner Trennung zwischen den Aufgaben einer Zentralregierung und denen der ihr unterstellten Teilregierungen versuchen, es allen recht zu machen? Darauf gibt es keine unbedingt richtige Antwort. Wegen der örtlich und geschichtlich verschiedenen Voraussetzungen ist es nicht beide Male die gleiche Frage. Immerhin müßte man sich an bestimmte Grundforderungen halten, die die Schwere der Frage häufig vermindern könnten, auch wenn sie noch nicht die eigentliche Antwort geben.

Erstens: Man befreie die Gemüter von den abergläubischen und trügerischen Vorstellungen, die aus einem fanatischen Nationalismus entstehen, und man zeige den Menschen, wo ihre wahren Vorteile liegen.

Zweitens: Man trete der völlig unhaltbaren Meinung entgegen, daß jede beliebige Gruppe auf eine eigene Regierung Anspruch erheben könne, wenn sie nur bereit sei, dafür zu kämpfen.

Drittens: Man sei sich der Tatsache bewußt, daß eine Vermehrung der Nationalstaaten auch die Reibungsflächen vermehrt, zum Schaden der Übereinstimmung und Zusammenarbeit.

Viertens: Man beachte aber auch, daß eine gemeinsame Regierung ihren Zweck nur erfüllen kann, wenn auch eine kulturelle Gemeinschaft besteht und wenn die Regierung geistig und räumlich eng mit ihrem Volke verbunden ist.

Letztlich: Man prüfe die möglichen Abstufungen der Selbstbestimmung, die eine teilweise und eine völlige Selbständigkeit zulassen und es erlauben, eine für bestimmte zuständige Aufgaben lokale Selbstregierung mit einer Zentralregierung, die andere Aufgaben zu erfüllen hat, zu verbinden.

Wenn ein Teil der Staatsbevölkerung sich an Stelle einer Regierung, die er mit anderen teilen muß, eine eigene wünscht, so spricht man von Selbstbestimmung. Wenn er zwar eine eigene Regierung hat, aber zugleich befürchtet, es könne ihm von oben her noch eine Überregierung aufgezwungen werden, so beruft er sich auf den Grundsatz der Souveränität. Nun gibt es eine Souveränität nach innen und eine Souveränität nach außen[34]. Wenn die Regierung — wie im Falle einer Volksregierung — eine ihr von den Regierten übertragene Herrschaft ausübt, spricht man von der inneren, der Souveränität des Volkes. Eine Regierung, die selbst wieder überwacht wird, ist nicht souverän. Sie sitzt zwar auf dem Platz des Führers, gehorcht aber den Weisungen der Fahrgäste. Das Volk ist nur innerhalb des Staatswesens souverän. Unter einer „souveränen Nation" dagegen verstehen wir die Nation als Gesamtheit, also Regierung und Regierte, und meinen ihre Souveränität nach außen. Diese Auslegung des durch Mißbrauch befleckten und mit Gefühlen aller Art beladenen Begriffs bildet das Haupthindernis einer internationalen politischen Ordnung. Souveränität kann entweder besagen, daß die von außen ausgeübte politische Überwachung von der eigenen Regierung dem Volk übertragen wird, oder daß jede Überwachung von außerhalb fehlt.

Die Frage der nationalen Souveränität nach außen teilt sich wieder in die Frage nach den tatsächlichen und in die Frage nach den rechtlichen Verhältnissen. In beiden Fällen ist das Wesentliche der Streitfrage gerade das Gegenteil von dem, was allgemein angenommen wird.

Tatsächlich ist keine Nation ohne Überwachung von außerhalb, kann es auch gar nicht sein. Von anderen Nationen umgeben, muß sie diesen Zugeständnisse machen, ganz so wie sie auch ihrer natürlichen Umwelt Zugeständnisse machen muß. Wenn aber schon eine Überwachung von außen bis zu einem gewissen Grad unvermeidlich ist — wie kann sie nun für alle Nationen auf ein Mindestmaß beschränkt werden? Durch internationale Ordnung, das ist die Antwort.

Wie die Selbständigkeit des einzelnen durch die bürgerliche Ordnung vermehrt und nicht vermindert wird, so ist es auch mit der Selbständigkeit des Nationalstaates unter einer internationalen Ordnung. Das Ergebnis ist das gleiche — daß nämlich die Freiheit in einer allgemeinen Ordnung größer ist als in der Unordnung, ob es sich nun um einzelne Wesen handelt oder um Völker und Staaten.

Das Recht einer Nation auf Souveränität wird zuweilen mit ihrer angeblichen „Persönlichkeit" begründet. Das beruht aber auf einer irreführenden Gleichsetzung. Der einzelne Mensch ist eine natürliche oder wirkliche Persönlichkeit — diese unanfechtbare Tatsache besteht von dem Augenblick an, in dem die Nabelschnur durchtrennt ist. Die Einzelperson erhebt kraft ihrer Fähigkeit des Glücklichseins, der Selbstlenkung und des sittlichen Urteils bestimmte unabdingbare Ansprüche, die der Urquell aller menschlichen Rechte sind. Der Nationalstaat dagegen hat höchstens eine wesenlose oder ihm zugeschriebene Persönlichkeit. Wie ein Geschäftsunternehmen ist er nur so weit Person, als er in den Augen des Gesetzes als solche behandelt oder angesehen wird. Ob er so behandelt werden soll oder nicht, ist eine offene Frage, die nach den Ansprüchen seiner Angehörigen — also der natürlichen oder wirklichen Personen, aus denen er sich zusammensetzt — zu entscheiden ist. Auf jeden Fall aber kann er nur abgeleitete und zweitrangige Rechte haben.

Aber ob es nun erst- oder zweitrangig ist, das Recht der nationalen Souveränität ist beschränkt. Ein unbeschränktes Recht gibt es weder im Persönlichen noch im Nationalen. Die Rechtskraft eines Rechts liegt darin, daß es zu einem System von Rechten gehört, in dem die Freiheit des einzelnen durch die Freiheit aller beschränkt ist. Infolgedessen nimmt eine internationale Ordnung den Nationen keineswegs ihre rechtmäßige Souveränität, im Gegenteil, sie gibt sie ihnen.

Der Ausdruck „nationale Souveränität" im gebräuchlichen Sinne bezeichnet weder einen eindeutig bestimmten Tatbestand noch ein klar abgegrenztes Recht, sondern den mehr oder weniger berechtigten Widerstand eines Volkes gegen eine übergeordnete Überwachung. Er drückt etwas gebieterisch und übertrieben das aus, was nur zum Teil erreicht werden kann und soll. Jedes Übereinkommen, jeder Vertrag zwischen zwei Gemeinschaften stellt — auch bei begrenztem Rahmen und zweifelhafter Dauerhaftigkeit — eine gegenseitige Überwachung dar. Ein freiwilliger Vertragsabschluß bedeutet, daß jeder Vertragschließende eine gewisse Aufsicht durch den anderen für wünschenswert hält, und das jedem vorbehaltene Recht, von einem Vertrag zurückzutreten, hat lediglich den Sinn, daß eine Nation ihre Meinung ändern und eine andere Form der Überwachung vorziehen kann, ohne sich eines Vertragsbruches schuldig zu machen. Wenn es eine Weltgemeinschaft geben soll, dann muß sie auch tatsächlich das überwachen, was sie zu überwachen vorgibt, und diese Zuständigkeiten werden dann den sonst selbständigen Teilregierungen entzogen. Eine Weltgemeinschaft ist sachlich oder rechtlich unvereinbar mit der unbedingten Souveränität des Nationalstaates, sofern darunter uneingeschränkte und ausschließliche Selbstüberwachung verstanden wird; aber die Aufsicht durch die Weltgemeinschaft kann so geringfügig sein, daß das, was dem Nationalstaat bleibt, ausreicht zur Befriedigung des Gefühls für die eigene Unabhängigkeit, für die das Wort „Souveränität" zum Inbegriff geworden ist. Es ist also gar nicht notwendig, daß die Überwachung die scharfe Trennungslinie zwischen unverletzlicher nationaler Souveränität und deren Verletzung überschreitet.

Die Grundsätze der Selbstbestimmung und der Souveränität treten bisweilen in der Zusicherung an befreite Länder in Erscheinung, wonach keine Einmischung in ihre „inneren Angelegenheiten" erfolgen wird. Auch hier bedient sich die Politik einer verschwommenen Formel, die nicht nur den Tatsachen, sondern sogar der klar ausgesprochenen Absicht der Befreier widerspricht. Die Ereignisse haben gezeigt, was man hätte im voraus schon wissen können, nämlich daß es nicht möglich ist, ein Gebiet zu besetzen und zu überwachen, ohne Partei zu ergreifen. Die Ordnung kann nicht wiederhergestellt werden, ohne daß die Gruppe von Menschen mit Namen genannt und bekämpft wird, die als Feind der Ordnung erkannt ist, und diese Brandmarkung wird unweigerlich als ein politisches Vorurteil der neuen Staatsaufsicht ausgelegt werden. Sowjetrußland hat in seiner Einstellung zu dieser Frage keine Unklarheit aufkommen lassen. Großbritannien und die Vereinigten Staaten dagegen haben einen mehr schwankenden Kurs eingeschlagen, der weder mit ihren Verlautbarungen noch mit den Tatsachen übereinstimmt und deshalb sowohl wegen seiner Folgewidrigkeit im Grundsätzlichen als auch wegen seiner Unwirksamkeit in der Praxis bekrittelt wird.

Bei der Befreiung Italiens erklärten die Alliierten, es könne sie „nichts von den grundlegenden, unbehinderten Rechten des italienischen Volkes abbringen, mit verfassungsmäßigen Mitteln über die demokratische Regierungsform zu entscheiden, die jetzt verwirklicht werden könne[35]". Als man diese Erklärung zum ersten Male zu Gesicht bekam, rieb man sich die Augen — sie war ein so krasser Widerspruch in sich, daß man an einen Schreibfehler oder eine Teufelei des Setzers glauben wollte. Aber nein — am 24. Mai 1944 wiederholte Premierminister Churchill vor dem Unterhaus in feierlicher Rede den gleichen Rätselspruch:

Man erwartet in ganz Italien — und es ist dies die feste Absicht der Vereinten Nationen — daß ihm, gleich allen anderen Ländern, die nunmehr mit uns verbunden sind, nach der Vertreibung der Deutschen und der Wiederherstellung von Ruhe und Ordnung eine faire und freie Möglichkeit geboten wird, zu entscheiden, was für eine demokratische Regierungsform, ob monarchistisch oder republikanisch, es wünscht[36].

Diese Erklärung hat die unbehinderte Entscheidung noch mehr eingeengt. Sie versprach dem italienischen Volk, sofern es „Ruhe" halten würde, die freie Wahl zwischen dem britischen und dem amerikanischen System, während Rußland aus dem Spiele blieb, weil es mit der Sache der Befreiung in diesem Fall nichts zu tun hatte. Ähnliche Äußerungen wurden auch weiterhin von den amerikanischen Behörden im Zusammenhang mit anderen befreiten Gebieten gemacht und so oft wiederholt, daß ihr Widersinn darüber vergessen wurde.

Mit anderen Worten, wir hatten die feste Absicht, das Sinnlose und Unmögliche zu tun. Wir erklärten gleichzeitig, jede Einmischung zu unterlassen, uns aber um der Ruhe und Ordnung willen einzumischen, wir erklärten, den befreiten Völkern ihren freien Willen zu lassen, ihnen aber kraft unserer Befehlsgewalt bestimmte politische Einrichtungen aufzuzwingen.

Das Nebeneinander von Einmischung und Nichteinmischung in die inneren Angelegenheiten einer Nation spiegelt eine noch tiefere Verwirrung wider in der Beziehung zwischen Innen- und Außenpolitik im allgemeinen. Diese Trennung in der Politik gehört zu den falschen Begriffsbildungen, die berichtigt werden müssen, weil sie nur verwirren und unsicher machen. Außenpolitik ist schließlich und endlich auch Innenpolitik. Es ist unmöglich, daß eine Nation mit einer anderen Nation in irgendeine Beziehung tritt — gleichgültig ob durch Eroberung, zeitweilige Besetzung, Verhandlung, Vertrag oder Vereinigung in einer internationalen Gemeinschaft —, ohne deren innere Angelegenheiten zu beeinflussen; und die Art dieses Einflusses läßt einen Rückschluß zu auf das Benehmen im eigenen Hause.

Diese Tatsache bleibt auch dann bestehen, wenn der zwischenstaatliche Verkehr hauptsächlich die Änderung des zwischenstaatlichen Verfahrens selbst zum Ziel hätte. Fs sind immer die Nationen, die miteinander verkehren und mit denen verkehrt wird, und die Art ihres zwischenstaatlichen Verkehrs wird — sowohl im Handeln wie in den Auswirkungen — immer ein Teil ihres innerstaatlichen Benehmens sein. Die Annahme, zwischenstaatliche Angelegenheiten könnten von innerstaatlichen getrennt werden, ist widersinnig wie die Annahme, der Verkehrston zweier Personen könne von ihrer Wesensart oder das Verhalten eines Menschen zu Hause von seinem Verhältnis zu seinen Nachbarn getrennt werden.

In der Art der internationalen politischen Ordnung werden die politischen Ideale ihrer Schöpfer zum Ausdruck kommen und entsprechend werden die politischen Einrichtungen ihrer Mitglieder eingefügt. Wo immer die Alliierten die Verantwortung tragen, haben sie die Pflicht, darauf zu achten, daß ihr Handeln stets mit ihrer politischen Überzeugung übereinstimmt, und ebenso müssen sie auf das Entstehen ähnlicher Überzeugungen in jenen hinwirken, mit denen sie künftig zusammenleben und -arbeiten wollen. Sie haben ihre eigene Vorstellung von einer „Völkerfamilie" wie sie es nennen, und sie wollen ihre Angehörigen nach deren Eigenschaften auswählen. Das Ziel mag in weiterem oder in engerem Sinne aufgefaßt, es mag rasch oder allmählich erreicht werden aber in der Zielsetzung selbst kann und darf es keine Unsicherheit geben.

Darin liegt die Bedeutung der Demokratie in der internationalen Gemeinschaft. Die Atlantik-Charta, die Vier Freiheiten und alle ähnlichen Erklärungen der Vereinten Nationen sind in ihrem Wesen demokratisch. Sie sind in den demokratischen Überlieferungen der Staaten verwurzelt, die sie aufgesetzt haben. In erweiterter Form wenden sie in der Fremde jene politischen Grundsätze an, zu denen sie sich in der Heimat bekennen und die dort — wenigstens bis zu einem gewissen Grade — angewendet werden.

Die geplante internationale Gemeinschaft ist in ihrem Grundgedanken demokratisch. Wenn sie geschaffen ist, dann wird sie in ihrem Verfahren weitgehend demokratisch sein, und wenn sie Erfolg hat, dann werden auch die Auswirkungen demokratisch sein. Wer sich ihr anschließt und ihre Verpflichtungen übernimmt, muß seine eigenen demokratischen Einrichtungen erhalten, entwickeln und vervollkommnen. Seine Regierung muß dem in freiem Meinungs- und Gedankenaustausch gebildeten Willen des Volkes entsprechen. Dieser muß im eigenen Land die bürgerlichen Freiheitsrechte gelten lassen, wenn er vor der Meinung der Weltöffentlichkeit bestehen und an ihrer Bildung teilhaben will. Er kann sich nicht mit allen Rassen der Erde zusammenschließen und ihre Gleichberechtigung anerkennen, während er in den eigenen Grenzen Rassenvorurteile und Rassenächtung duldet. Er kann sich nicht an der Erleichterung von Beschwernissen und der Beseitigung von Unzulänglichkeiten auf der ganzen Welt beteiligen und dabei nichts tun gegen Armut, Ausbeutung, Unbildung, Unterernährung und Krankheit im eigenen Volk. Es kann Nationen geben, die sich derartiger Folgewidrigkeiten und Unaufrichtigkeiten schuldig machen; aber sie werden selbst darunter zu leiden haben, sowohl in ihrer internationalen Nützlichkeit als auch in ihrem nationalen Bestand.

In dem Maße, in dem eine internationale Ordnung sittlich gerechtfertigt ist, wird sie eine demokratische Organisation von Demokratien sein. Die Demokratie ist die einzige Form eines Staatswesens, die eine internationale Ordnung als Abschnitt ihrer Entwicklung schon in sich trägt. Sie ist im Grundsatz auf alle Menschen anwendbar. Nur sie ist die Staatsform, die sich für einen internationalen Rahmen eignet, weil sie den Völkern nichts nimmt, sondern ihnen etwas gibt, oder wenn sie etwas nimmt, dann nur, um desto reichlicher zu geben, und zwar allen, auch dem Volke, dem sie zugunsten aller etwas nehmen mußte. Allein ihre Art von Internationalität ist mit den nationalen Bestrebungen aller Völker vereinbar. In allem aber denkt sie zuerst und zuletzt immer nur an den Menschen und nimmt auf Nationen nur so weit Rücksicht, als sie den Menschen dienen, aus denen sie zusammengesetzt sind. Es ist das wesentliche Ziel der Demokratie, jeden Menschen und jede Gruppe von Menschen in ihrem tatsächlichen Besitz und Genuß der Freiheit zu stärken und zu schützen. Sie ist dazu da, das Höchstmaß an Verschiedenheit und Selbständigkeit zu ermöglichen, das mit der allgemeinen Ordnung vereinbar ist. Darum braucht man auch ihre größeren Einheiten, ja sogar ihre weltumfassende Einheit nicht zu fürchten. Ihre Gesamtheit ist Ausdruck und Diener ihrer Teile.

Die internationale Gemeinschaft ist eingeleitet, aber nicht vollendet. Ihr größerer Teil ist erst im Werden. Sie besteht in den Herzen und Hirnen der Menschen als hohes Gut, das irgendeinmal in der Zukunft errungen werden wird. Soll sie nicht für immer ein Zukunftsbild bleiben als etwas Erhofftes und Erträumtes, aber immer wieder Hinausgeschobenes, dann muß zum Hoffen und Träumen die Tat kommen. Was wir aber tun, muß darin idealistisch sein, daß es auf jenes hohe Gut gerichtet ist, und darin realistisch, daß es mit den gegebenen Voraussetzungen rechnet und sich vorhandener Hilfsmittel bedient. Es wäre verhängnisvoll, ließe man es zu Streitigkeiten zwischen den Baumeistern und den Bauarbeitern kommen, oder zu einer solchen Trennung, daß die Baumeister nur Pläne zeichnen und ausstellen, während die Bauarbeiter nur Blöcke tragen und aufeinandersetzen.

Der Bau einer gesunden, arbeitsfähigen und dauerhaften internationalen Gemeinschaft wird viel Zeit brauchen. Er ist das anspruchsvollste Unternehmen, das die Menschen sich je vorgenommen haben. Er wird jede Art menschlicher Begabung und die Arbeitskraft der ganzen Menschheit erfordern. Es braucht Zeit, Gewohnheiten herauszubilden, die Menschen in eine neue Ordnung überzuführen und sie zur Annahme neuer Ideen zu bewegen. Der Vergleich mit den Blöcken und den Bauarbeitern ist aber irreführend. Die internationale Gemeinschaft besteht aus Menschen, und Menschen müssen — im Gegensatz zu Blöcken — selbst ihre Plätze einnehmen, man kann sie nicht mit einem Kran an ihren Platz hinsetzen und dort festmauern. Sie müssen sich am Bauplan beteiligen wie der Baumeister und die Bauarbeiter.

Man kann den Menschen mit Recht den Vorwurf machen, daß sie zu wenig und das Wenige zu spät tun. Aber man muß sie auch davor warnen, allzu vieles zu früh zu verlangen. Wenn sie eine internationale Gemeinschaft schon für morgen erwarten, dann werden sie schon morgen den Mut verlieren und die Sache aufgeben oder es werden ihre Herzen leichtfertig auf das Ziel losgehen und die Zwischenstufen, die erst bewältigt werden müssen, vernachlässigen.

Sie werden das Dach aufsetzen wollen, ehe die Grundmauern fertig oder die Wände aufgerichtet sind. Sie werden versäumen, den jeweils nächsten Schritt zu tun, für den die vorherigen Schritte die Bahn geebnet haben und der für künftige den Weg bereiten soll. Aber es ist andererseits verständlich, daß man keinen Menschen dazu bewegen kann, einen Schritt zu tun, wenn er dabei nicht das Gefühl des Vorwärtskommens hat und wenn er nicht sieht, wie das Gebäude allmählich der Vollendung entgegenwächst.

Für die internationale Gemeinschaft, die wir errichten wollen, sind bereits einige greifbare Voraussetzungen geschaffen. Vor allem wird ihre Notwendigkeit deutlich empfunden, weil die Schrecken des Krieges noch in allen Gemütern lebendig sind und jedermann eine Wiederholung fürchtet. Wir haben nationale politische Einrichtungen, und jede Nation hat ihre politischen Erfahrungen. Wir haben das von den politischen Denkern der Vergangenheit auf uns gekommene Vermächtnis an Gedankengut. Wir haben die erst jüngst empfangenen Lehren einer gescheiterten internationalen Gemeinschaft — des Völkerbundes. Wir haben die Gewißheit des militärischen Sieges über die derzeitigen Feinde einer internationalen Gemeinschaft. Wir haben eine Einheit von Völkern, zusammengeschmiedet im Feuer des Krieges und verschworen dem Werke des Friedens. Im Bereich des praktischen Handelns ist dies unser größter Besitzwert. Die mächtigen Nationen, die — nach dem Siege — in den nächsten Jahren den größten Einfluß ausüben und die größte Verantwortung zu tragen haben werden, sind in einer günstigen Lage, denn ihr Eigeninteresse, wie sie es sehen, bedarf glücklicherweise keiner grundsätzlichen Änderung, um mit den Interessen aller Nationen in Einklang gebracht zu werden.

Diese Guthaben dürfen nicht leichtsinnig vertan werden. Sie sind es, womit wir arbeiten müssen, und sie sind alles, womit wir arbeiten können. Sie müssen genützt und zugleich für künftigen Gebrauch wohl behütet werden. Die bereits hergestellte Einigkeit zwischen Sowjetrußland, dem Britischen Commonwealth, Frankreich, China und den Vereinigten Staaten — ihre Fähigkeit zusammenzuarbeiten und ihre Politik miteinander abzustimmen, ihre gleichen Ansichten über die Notwendigkeit, so viel als möglich einig zu sein und Lösungen für bestehende Uneinigkeiten zu finden — ist eine äußerst kostbare Errungenschaft und zugleich die schönste Hoffnung für die Zukunft. Völker wie Regierungen sollten dies allem anderen voranstellen und es durch kein vorschnelles Wort und keine unüberlegte Tat gefährden.

Während Menschen und Völker sich um das Zustandekommen einer internationalen Gemeinschaft bemühen, müssen sie in den alten Staatswesen weiterleben, also in nationalen Gemeinschaften mit halbfertigen oder behelfsmäßigen Bindungen. Jede Nationalregierung muß die Angelegenheiten ihres Volkes schützen, auch wenn es durch Methoden geschehen muß, die bei einem Vergleich mit denen, die man von einer besseren Zukunft erhofft, noch so schlecht abschneiden. Die Nationen können ihr Leben, ihre Regierungen oder ihre Verantwortlichkeit gegen ihre Völker nicht vorläufig unterbrechen, bis das neue internationale Gebäude bezugsfertig ist.

Man kann nicht erwarten, daß die Nationen, die nunmehr die Macht besitzen, sich zu verteidigen und die diese Macht in der blutigen Feuerprobe des Krieges erwiesen haben, sich dieser Macht jetzt entäußern. Es kann ihnen nicht zugemutet werden, ihre Angelegenheiten und ihre Sicherheit Obrigkeiten anzuvertrauen, die noch gar nicht bestehen und vielleicht in den kommenden Jahren ihren Aufgaben noch nicht gewachsen sein werden[37]. Man sollte es als etwas Selbstverständliches hinnehmen, daß es weiterhin Diplomatie, Bündnisse, Einflußgebiete, Machtpolitik und nationale Rüstung geben wird, bis das Bessere da ist und sich als solches erwiesen hat. Das sollte als allgemein gültige Tatsache von jeder Nation für sich selbst ehrlich zugegeben und nicht heuchlerisch und selbstgerecht anderen Nationen vorgeworfen werden.

Aber die vorsichtige Fortführung alter Praktiken, die zwar im Denken bereits aus der Mode kommen, aber doch immer noch unentbehrlich sind, sollte allmählich dem besseren neuen Verfahren der Zukunft angepaßt werden. Ihr Realismus sollte durch Idealismus zugleich gemildert und gelenkt werden. Zu arbeiten mit dem, was man hat, und zugleich für das, was man erhofft, das ist der Leitgedanke des politischen Fortschritts. Und im Bewußtsein der Größe der Aufgabe müssen wir jeden Schritt nach vorwärts begrüßen; denn wenn wir unseren Beifall für den höchsten Triumph aufsparen, wird der Sieg niemals errungen, weil dann Anfeuerung und Auftrieb zu einem so langen Kampf fehlen. Schon ein kleiner Schritt zu einem großen Ziel trägt etwas von dessen Größe in sich.

VIERTES KAPITEL

Die weltumspannende Herrschaft von Gesetz und Recht

Gesetz und Recht ist nicht das gleiche wie Regierung, obwohl die beiden gerne gleichgesetzt werden, weil Staatswissenschaftler über Rechtsfragen und Juristen über Regierungsprobleme schreiben. Wenn es sich nicht um verschiedene Dinge handelte, wäre es sinnlos, von Gesetz und Recht ohne Regierung und einer Regierung ohne Gesetz und Recht zu sprechen, oder auch von jenem doppelt gesegneten Zustand, in welchem die beiden sich zusammengefunden haben — einer verfassungsmäßigen Regierung, die auf dem Boden des Rechts steht und deren einzelne Ministerien Gesetze erlassen, vollstrecken und auslegen.

Obgleich der Ausdruck Gesetz und Recht vielerlei Auslegungen zuläßt, die auseinandergehalten werden müssen, schließt er doch auch einen Grundbegriff ein, der den verschiedenen Bedeutungen gemeinsam ist und auch die gemeinsame Bezeichnung rechtfertigt. Gesetz und Recht in dieser Grundbedeutung reicht bis an die letzten Wurzeln des Seins und der Erkenntnis. Das „Sein" teilt sich in einen Allgemeinbegriff und in Einzelbegriffe, und deshalb kann man das Einzelne aus dem Allgemeinen erkennen. Die Bedeutung der Unterscheidung zwischen Allgemein- und Einzelbegriffen geht nur den Philosophen an, der seinen Lesern diesen Kummer glücklicherweise ersparen kann. Für unseren Zweck genügt es zu wissen, daß ein Unterschied besteht zwischen dem Mond im besonderen und einem Körper im allgemeinen, zwischen Sokrates und irgendeinem anderen Menschen, zwischen dem Triangel, der gelegentlich von einem bestimmten Mitglied eines Sinfonie-Orchesters geschlagen wird, und dem geometrischen Dreieck (engl.: triangle), mit dem sich Euklid beschäftigt hat.

Wir haben zunächst festzuhalten, daß mehrere Einzelbegriffe — so viele es auch geben mag — unter einem Allgemeinbegriff zusammengefaßt werden können: die Erde ist ebenfalls ein Körper, Sokrates ist ebenfalls ein Mensch, und im Neuyorker Philharmonischen Orchester wird ebenfalls ein Triangel verwendet.

Aber jeder Einzelbegriff kann auch wieder unter zwei oder mehr Allgemeinbegriffe fallen. Der Mond ist sowohl eine Kugel als auch ein Körper, Sokrates war sowohl ein Bürger von Athen als auch ein Mensch, und das erwähnte Musikinstrument ist sowohl ein Metallgegenstand als auch ein Dreieck (triangle). Oder, wenn wir es erkenntnismäßig ausdrücken wollen, der Mond kann nicht nur als Einzelding w a h r g e n o m m e n werden, sondern man kann ihn sich auch auf verschiedene Weise v o r s t e l l e n — als Körper und als Kugel. Ähnlich kann man sich Sokrates als Menschen und als Bürger vorstellen oder das Musikinstrument als Dreieck oder als Gegenstand aus Metall. Die Körpereigenschaft des Mondes schließt seine Kugeleigenschaft nicht aus, so wenig wie das Menschsein des Sokrates sein Bürgertum ausschließt oder die Dreiecksform des Musikinstrumentes seine metallische Zusammensetzung. Mit anderen Worten, die Allgemeinbegriffe stehen zueinander in logischen oder mathematischen Beziehungen — in Beziehungen der Übereinstimmung oder einer ursächlichen Zusammengehörigkeit. Infolge dieser Beziehungen wird ein Einzelbegriff, der unter den einen Allgemeinbegriff fällt, auch unter bestimmte andere Allgemeinbegriffe fallen können oder müssen.

Schließlich haben wir festzuhalten, daß im Allgemeinen die Art des Einzelnen festgelegt ist. Wie das Allgemeine, so das Einzelne. Wenn man den Allgemeinbegriff oder Verbindungen von Allgemeinbegriffen kennt, unter die ein Einzelbegriff fällt, kann man auf dessen Art schließen. Man sagt dann, daß das Allgemeine das Gesetz bestimmt, und wenn das Einzelne mit seinem Allgemeinen übereinstimmt, spricht man von seinem Gehorsam gegen dieses Gesetz.

Nunmehr sind wir für jene Unterscheidung vorbereitet, die uns hier zuvörderst angeht, nämlich die Unterscheidung zwischen den Gesetzen, welche die Physiker lehren, wie etwa das Gesetz der Schwerkraft, und den Gesetzen, welche die Rechtswissenschaft lehrt und die von den Rechtsgelehrten angewandt werden, z. B. das Gesetz gegen den Menschenmord. Die ersteren nennt man gemeinhin „naturwissenschaftliche Gesetze", weil die Bezeichnungen „Naturgesetze" und

„natürliche Gesetze" anderem vorbehalten sind. Das ist sehr bedauerlich, weil man daraus schließen könnte, diese Gesetze gälten mehr in der Wissenschaft als in der Natur, die von der Wissenschaft erforscht werden soll. Das Grundlegende ist, daß das Geschehen in der Natur nach gewissen Gesetzen abläuft, und nicht, daß die Wissenschaftler Gesetze dafür finden. Dies gilt für jedes Gesetz, vorausgesetzt, daß es befolgt wird. Denn wenn es nur gedacht, gewünscht oder sonstwie lediglich im Bereich des Gedanklichen gehalten wird, bleibt es eine Vorstellung. Aber wir wollen dieses mögliche Mißverständnis außer Betracht lassen und die Gesetze der Physiker, Chemiker oder Mathematiker „naturwissenschaftliche Gesetze" und die der Rechtswissenschaftler „juristische Gesetze" nennen. Worin besteht dann der Unterschied?

Zum ersten wird das juristische Gesetz kraft einer freien Willensentschließung befolgt, während dem naturwissenschaftlichen Gesetz meist unfreiwillig gehorcht wird. So gehorcht der Bombenschütze militärischen Gesetzen freiwillig, während die Bombe dem Zwang chemischer Gesetze unterliegt. Juristische Gesetze werden von Personen befolgt, denen auch die Nichtbefolgung freisteht. Soweit juristische Gesetze gewohnheitsgemäß befolgt werden, gleichen sie naturwissenschaftlichen Gesetzen. Wenn die Sonne zwischen Bewegung und Stillstand wählen könnte, würde der Unterschied zwischen naturwissenschaftlichen und juristischen Gesetzen aufgehoben.

Zum anderen ist es die Absicht der naturwissenschaftlichen Gesetze, zu beschreiben, die der juristischen, zu befehlen. Das naturwissenschaftliche Gesetz gebraucht die Worte „sein" und „tun", das juristische das Wort „müssen". Dem Physiker liegt daran, die Gesetze zu finden, denen irgendwelche Wesen gehorchen. Der Jurist dagegen will die Menschen dahin bringen, daß sie den erlassenen Gesetzen folgen. Wird ein Gesetz übertreten, dann sagt der Naturwissenschaftler: „um so schlimmer für das Gesetz" — oder er spricht von einem Wunder. Der Jurist sagt in diesem Fall: „um so schlimmer für den Menschen" — und nennt es ein Verbrechen. Bei einer Gesetzwidrigkeit ändert der Naturwissenschaftler das Gesetz, der Jurist den Menschen. Würde etwa der Mond dem Gesetz der zentripetalen Schwerkraft nicht mehr gehorchen, so kämen die Physiker von diesem Gesetz ab zugunsten einer neuen Zentrifugalkraft. Übertritt ein Mensch das Gesetz gegen den Menschenmord, dann versucht der Jurist, ihm seine Mordgelüste auszutreiben.

In diesen Beispielen hat notgedrungen das naturwissenschaftliche Gesetz eine positive, das juristische eine negative Richtung. Ein Unterschied grundsätzlicher oder logischer Art besteht aber nicht, Die Natur könnte auch damit beschrieben werden, was die Dinge nicht tun, und die Menschen könnten so dargestellt werden, was sie tun sollen. Aber es hat sich so ergeben, daß man in der Gesellschaftsordnung bisher besonders darauf geachtet hat, was gewisse Leute nicht tun dürfen, um dadurch andere Menschen von Belästigungen zu befreien. Aber viele juristische Gesetze sind auch positiv, so zum Beispiel Gesetze, die bestimmte Menschen zum Steuerzahlen oder zum Heeresdienst zwingen.

Es wird bisweilen behauptet, daß naturwissenschaftliche Gesetze unabänderlich befolgt werden, während dies bei juristischen Gesetzen, die sich an die freie Willensentschließung wenden, nicht so sehr der Fall sei. Aber diese Unterscheidung trifft nicht immer zu. Nichts in der Natur ist jemals genau so, wie die Wissenschaft es sieht. Es besteht immer eine kleine Abweichung zwischen dem Gesetz und seiner Befolgung — und sowohl der Naturwissenschaftler wie der Jurist versuchen, diese Abweichung auf ein Mindestmaß zu beschränken. Der Naturwissenschaftler sucht nach einem Gesetz, das so genau wie nur möglich auf die Erscheinungen zutrifft. Der Jurist sucht den Menschen dahin zu bringen, daß er das Gesetz so genau wie möglich befolgt. Der Unterschied liegt im Grad der Gesetzestreue, wobei für den Juristen einzelne Abweichungen weniger störend sind. Keiner kann etwas Sicheres vorhersagen; aber der Naturwissenschaftler erwartet eine größere Wahrscheinlichkeit.

Weil das juristische Gesetz auf Grund einer freien Willensentschließung befolgt wird, gebraucht der Jurist bestimmte Mittel, um den Willen dahin zu bringen: die Strafandrohung. Er will die Menschen zum Gehorsam gegen das Gesetz veranlassen, und deshalb erzieht er sie um, legt ihnen seine Absichten dar, überredet sie oder versucht es mit Drohungen und Versprechungen. Er ruft die Hilfe von Wesen an, denen die Menschen lieber gehorchen.

Das juristische Gesetz ist somit für die Menschen gefühlsmäßig mit der Vorstellung eines Gesetzgebers verknüpft. Es schlägt einen gebieterischen Ton an. Selbst wenn der Inhalt eines Gesetzes in seinen eigenen Redewendungen erklärt wird, kann man immer noch das Echo der Stimme einer besonders geachteten Macht heraushören, sei es nun Gott, ein Herrscher, Vater oder Mutter, ein Träger der Überlieferung oder der öffentlichen Meinung oder der nächstbeste Polizist mit Gummiknüppel und Dienstmütze. Wenn wir auch das Gesetz als solches von dem Wesen loslösen, das es „erlassen" hat, so bleibt doch die Tatsache bestehen, daß Gesetze befohlen werden oder daß die Verbindung des Gesetzes mit dem Ansehen oder der Macht eines Gesetzgebers die Menschen zum Gehorsam veranlaßt. Aber Sinn und Wesen von Recht und Gesetz sind von derartigen Gedankenverbindungen unabhängig und können durch sie eher verschleiert werden. Die „Zehn Gebote" könnten Gesetze sein, auch wenn sie nicht erlassen worden wären, und Gott hätte Gebote erlassen können, ohne damit Gesetze zu schaffen.

Nur ein Gesetz, das befolgt wird, besteht wirklich, im Gegensatz zu einem Gesetz, das lediglich auf dem Papier steht. Ein Recht, das durch solche rechtskräftigen Gesetze geschaffen wird, bezeichnet man gemeinhin als „positives Recht". Es wird nicht immer richtig erkannt, daß das lebendige rechtskräftige Gesetz im positiven Recht fußen muß. Ein Gesetz, das seine Wirksamkeit verloren hat, ist tot, es sind „tote Buchstaben". Damit soll aber nichts gegen den Wert der lebendigen Gesetze gesagt werden. Sie werden in Kraft gesetzt — das heißt, sie erhalten Leben —, weil sie Werte in sich tragen, und gerade deshalb werden sie leicht kritisiert, aufgehoben oder abgeändert, wenn sie in der Verwirklichung dieser Werte versagen.

Zwei Werte sind in der Natur der juristischen Gesetze beschlossen. Beide sind sozial, das heißt, sie kommen auch anderen zugute und nicht nur denen, die den Gesetzen gehorchen. Der erste dieser Werte ist die Regelmäßigkeit. Sie ist den juristischen und den naturwissenschaftlichen Gesetzen gemeinsam. Es ist ein Segen für den Menschen, daß seine physische Umwelt sich an Gesetze hält, denn dadurch kann er Naturereignisse voraussagen und sein Leben entsprechend einrichten. Und ebensogut ist es für ihn, wenn seine soziale Umwelt nach Regeln lebt. So weiß er, wie sich seine Mitmenschen verhalten werden und kann seine Pläne darauf abstimmen oder auch gemeinsam planen.

Aber Gesetze haben, zusammen mit Staatswesen und Wirtschaft, auch sittlichen Wert. Diese Erkenntnis drückt sich in der gedanklichen Verbindung von Gesetz einerseits und Recht und Gerechtigkeit andererseits aus. So eng sind diese drei Begriffe miteinander verbunden, daß ihre Bezeichnungen l e x, j u s, d r o i t, R e c h t in vielen europäischen Sprachen gewöhnlich eine für die andere gebraucht werden.

Zweck der Gesetze ist nicht nur Regelmäßigkeit schlechthin, sondern eine wohltätige Regelmäßigkeit, das heißt eine solche, die Streitigkeiten vermeidet und die Zusammenarbeit fördert. Ein Gesetz, das diesem Zweck von vornherein hätte nicht dienen sollen, wäre gar nicht erst erlassen worden. Der Jurist hätte gar keine Veranlassung zu seiner Schaffung gehabt. Aber bestehende Gesetze können diesem Zweck besser oder schlechter dienen oder gar nicht mehr, weil die Verhältnisse anders geworden sind, oder sie mögen eben doch nicht alle Möglichkeiten berücksichtigt haben. Wenn die Juristen nun n e u e Gesetze vorschlagen und sie auf ihren Nutzen hin prüfen, so gehen sie immer von dem Grundgedanken aus: Werden sie allen Betroffenen so gerecht, daß diese mit dem höchsten Nutzen für alle nebeneinander leben und arbeiten können?

Weil juristische Gesetze auf sittlichen Voraussetzungen beruhen, teilen sie mit dem Sittlichen eine gewisse Unabhängigkeit vom tatsächlichen Dasein. Man spricht von einem Gesetz, etwa der goldenen Regel, als einem „Sittengesetz", ungeachtet des Ausmaßes, in dem es befolgt wird. Was gemeint ist, kann nur durch eine Umschreibung richtig ausgedrückt werden. Ein Sittengesetz ist eine Verallgemeinerung des Verhaltens, das wohltätig wäre, wenn es jedermann annähme. Das heißt, es würde Streit vermeiden und die Zusammenarbeit fördern. Es ist ein Gesetz, das in einer vollkommenen Gesellschaft befolgt würde. Die Vorstellung, daß das, was sein sollte, in der Erden- und Menschenwelt voll vorhanden ist — daß die Dinge an sich schon so sind, wie sie zu ihrem Besten sein sollten —, ist in den Lehren von der Schöpfung, von der Vorsehung und vom „Naturgesetz" enthalten. Aber diese vorbestimmte Verbindung des Guten mit dem Wirklichen tut dem Sittengesetz keinen Abbruch. Das ewige Wenn, Würde und Sollte des Lebens, die Ziele, die man nicht erreicht hat, die Maßstäbe, denen man nicht gerecht geworden ist, und die Wegweiser zur Vollkommenheit behalten dennoch ihre Gültigkeit. Wäre das nicht so, dann hätte es keinen Sinn, neue internationale Gesetze zu entwerfen und zu beraten, bevor sie allgemein wirksam werden und überall Gehorsam finden können.

Man sehe eine beliebige grundlegende Veröffentlichung zu diesem Thema durch, und man wird darin das gesamte derzeitige internationale Recht aufgezeichnet finden. Es setzt sich zusammen aus allgemeinen Regeln, die das Verhalten zwischen Regierungen oder zwischen Menschen, die unter verschiedenen Regierungen leben, bestimmen. Diese Gesetze bestehen, weil ihre Befolgung mit Zuversicht erwartet werden kann. Sie umfassen unter anderem folgendes: Politische Unabhängigkeit und Vermittlung; Naturalisierung und Behandlung von Ausländern; die Freiheit der Meere, Fischereirechte und das Kauffahrteigesetz; Auslieferung von Verbrechern; Landerwerb und Grenzfestlegung; Abschluß, Auslegung und Ablauf von Verträgen; Immunität von Staatsoberhäuptern oder diplomatischen Vertretern; Schieds- und andere Gerichtshöfe der internationalen Rechtsprechung; Handelsverbote und Blockaden; Kriegserklärung und Einstellung der Feindseligkeiten; Kampfmittel und Methoden der Kriegführung zu Wasser und zu Lande, einschließlich Waffentypen und Gebrauch der Täuschung; Kaperei, Prisengerichte; Behandlung Gefangener, Kranker und Verwundeter; Behandlung von Zivilisten im Kriegsgebiet; Konterbande; Handels- und Verkehrsrecht und die Rechte des Privateigentums in Kriegszeiten; Besetzung von Feindgebiet; das Verhalten der Neutralen[38].

Überblickt man diese Gesetzessammlung, so treten ihre Mängel klar zutage. Wenigstens die Hälfte behandelt den Krieg oder Verhältnisse, die sich aus kriegerischen Handlungen ergeben. Diese Hälfte des internationalen Rechts unternimmt nicht einmal den Versuch, Kriege zu verhüten, sondern begnügt sich damit, Kriegsregeln aufzustellen und die Übel des Krieges zu mildern. Die andere Hälfte schlichtet geringfügigere Streitigkeiten und schiebt gewichtigere hinaus; aber solange sie nicht eine Lösung des Kriegsproblems selbst zu finden vermag, wird ihr Versagen darin alle Erfolge überschatten. Sie erleichtert die menschlichen Beziehungen über die Grenzen hinweg, ist aber weit davon entfernt, den Frieden oder ein Höchstmaß an Zusammenarbeit zu erreichen.

Das internationale Recht ist auch nach dem Grade seiner Verwirklichung unvollkommen. Manches an ihm ist wenig mehr als der Ausdruck frommer Wünsche. Vieles an ihm wird zu ungleichmäßig oder nur zeitweilig befolgt, als daß es Vertrauen und ein Gefühl der Sicherheit hervorrufen könnte. Selbst das Kriegsrecht ist in den letzten Jahren in empörender Weise verletzt worden. Die Rechtsbrecher haben eine Macht entfaltet, der es nur um Haaresbreite nicht gelungen ist, die Welt in schlimmere Anarchie zu stürzen, als sie die Geschichte je verzeichnet hat.

In seinem berühmten Traktat „Zum ewigen Frieden" bemerkt Kant, daß es Staaten gibt, die dem internationalen Recht wohl mit hohlen Worten dienen, trotz der Tatsache, daß „ihr Kodex, philosophisch oder diplomatisch abgefaßt, nicht die mindeste gesetzliche Kraft hat oder auch nur haben kann (weil Staaten als solche nicht unter einem gemeinschaftlichen äußeren Zwange stehen)..." und fährt dann fort:

„Diese Huldigung, die jeder Staat dem Rechtsbegriffe (wenigstens den Worten nach) leistet, beweist doch, daß eine noch größere, obzwar zur Zeit schlummernde, moralische Anlage im Menschen anzutreffen sei, über das böse Prinzip in ihm (was er nicht ableugnen kann) doch einmal Meister zu werden...[39]"

Andere haben — gleich Kant — an dem Bestand eines internationalen Rechts gezweifelt, weil ihnen das Fehlen eines Zwanges Bedenken einflößte, denn viele von ihnen haben nicht gesehen, was Kant gesehen hat, nämlich daß der Gehalt des internationalen Rechts sittlich ist und daß der erforderliche Zwang die sittliche Meisterung des Bösen sein muß. Es gibt zahlreiche Formen solchen Zwanges und solcher Meisterung, und unter ihnen ist jene physische Macht, die heutzutage über Gebühr gefeiert wird, gerade am allerwenigsten geeignet, den grundlegenden Zweck von Recht und Gesetz zu offenbaren.

Wenn wir solche internationalen Rechtsformulierungen wie den Kellogg-Briand-Pakt belächeln, wollen wir damit nicht sagen, daß sie keine physische Macht hinter sich hatten, sondern vielmehr, daß sie *nichts* hinter sich hatten als ein paar Federstriche. Internationale Gesetze werden in der Tat nicht durch ihre Niederschrift wirksam, auch nicht durch die Unterschriften von Staatsoberhäuptern. Immerhin gibt es in diesem Zusammenhang noch vielerlei zwingende Kräfte außer der physischen Gewalt.

Ein Staat wird sich vor einer Verletzung des internationalen Rechts aus eigennützigen Gründen, in erster Linie durch die Furcht abschrecken lassen — durch die Furcht nämlich, allgemein geächtet zu werden. Wie der Vertragsbrecher verliert er nicht nur die besonderen Vorteile der betreffenden rechtlichen Abmachung, sondern gerät allgemein in den Ruf der Unverläßlichkeit, der ihn für künftige Verträge mit der gleichen und mit anderen Nationen ungeeignet erscheinen läßt. Er verwirkt die gute Meinung neutraler Staaten, mit denen er vielleicht später einmal Rechtsbeziehungen eingehen muß. Die rechtsbrecherische Nation steht nicht nur allein, sondern ist auch gefürchtet, denn man weiß nie, was sie tun wird. Wegen ihrer Rücksichtslosigkeit gegenüber Abmachungen, die den Rechten anderer Rechnung tragen, ist die internationale Gemeinschaft mißtrauisch gegen sie als einen etwaigen Friedensstörer, dessen Rechtsbruch die harmlosen Nachbarn jederzeit zu befürchten haben und den man deshalb nicht ohne Aufsicht lassen kann. Er setzt sich dem Haß und der Verurteilung aller aus, geht seiner Standesehre verlustig — gleich dem Verbrecher innerhalb der nationalen Gemeinschaft — und wird mit den gleichen Schmähworten bedacht.

Diese Verurteilung durch die Weltöffentlichkeit ist wohl nicht nur der Ausdruck von Furcht und Vorsicht, sondern auch von jener selbstverständlichen Achtung vor sittlichen Grundsätzen, die bis zu einem gewissen Grade bei allen Völkern besteht und die sie auch dann haben, wenn sie selbst von der Sache gar nicht berührt werden. Dieses „Weltgewissen" ist nicht nur etwas Sittliches, sondern auch etwas sehr Mächtiges. Es wirkt als Drohung auf alle, die es verletzen. Darum scheuen sich die Völker, ihm offen zuwiderzuhandeln, und bemühen sich, dem Wolf in ihren Absichten einen gesetzlichen Schafspelz umzuhängen. Die Nationen können gar nicht anders, als sich selbst unter die Herrschaft des Weltgewissens zu stellen, und sie können es nicht ohne Schuldbewußtsein verletzen.

Wie wir schon hervorgehoben haben, braucht das Gewissen die ständige Kritik und Überwachung durch die Vernunft, damit es stets seinem sittlichen Ziele dienen kann. Die Vernunft zeigt uns die Rechtmäßigkeit eines Gesetzes, das auf Übereinstimmung und Zusammenarbeit abzielt, und bringt den Willen dazu, das Gesetz zu befolgen, eben weil es „recht" ist.

Die bereits erwähnten Strafandrohungen des internationalen Rechts verraten durch die Mittel, die sie zur Wahl stellen und durch die sie den Menschen zum Gehorsam zwingen, mehr oder minder offenkundig die sittliche Aufgabe dieses Rechts. Es gibt aber auch noch andere, tief in der menschlichen Natur verwurzelte Beweggründe, die, wenn auch an sich nicht sittlich, doch unentbehrliche Helfer des Gesetzes sind. Da ist zuerst die Gewohnheit, die die Menschen wiederholen läßt, was sie schon früher getan haben. Dann der Nachahmungstrieb, der die Menschen veranlaßt, nachzumachen, was andere getan haben. Gewohnheit und Nachahmung ergeben zusammen den Brauch. Und der Brauch verleiht einer Lehre oder einer Kunst, die man einmal gelernt hat, Dauer. Er erspart den Menschen die Mühe, jede Verrichtung eigens neu durchzudenken, und gibt ihnen die Möglichkeit, ihre Aufmerksamkeit immer neuen Problemen zuzuwenden.

Der Brauch führt die Menschen von sich aus zur Regelmäßigkeit und duldet keine Unregelmäßigkeit lediglich deshalb, weil sie eben unregelmäßig ist. Er ist die stärkste und gleichmäßigste der im Menschen lebendigen Kräfte, die ihm die Segnungen der Regelmäßigkeit bringen, und er ist daher der treueste Freund des Gesetzes. Dem Brauch vor allem verdanken die Menschen die Berechenbarkeit und Verläßlichkeit der menschlichen Umwelt. Eine Gesellschaftsordnung und menschliche Einrichtungen sind ohne ihn unvorstellbar. Aber der Brauch ist etwas anderes als das Gewissen, mit dem er oft verwechselt wird, und kümmert sich nicht um die Moral. Es gibt schlechte und althergebrachte Bräuche, die mit Sittlichkeit nicht das geringste zu tun haben. Wie es gute Bräuche gibt, so gibt es auch schlechte, die Aberglauben, Ungerechtigkeit und Unmenschlichkeit stärken, und deshalb ist es manchmal wichtiger, mit einem Brauch zu brechen, als ihn zu halten.

Es ist klar, daß man sich zur Verbesserung und Ausweitung des internationalen Rechts noch nicht auf Bräuche berufen kann. Zwar fußt manches echte internationale Gesetz im Brauch, und sicher muß jedes internationale Recht, wenn es allgemein befolgt werden soll, zum Brauch werden. Aber das jetzt gebräuchliche internationale Recht ist vorwiegend ein Kriegsrecht, und soweit das der Fall ist, muß mit dem Brauch gebrochen werden. Das neue internationale Recht, welches das alte ersetzen oder ergänzen soll, muß vor allem noch durch andere Strafandrohungen gestützt werden, ehe es verkündet und zu einem n e u e n alten Brauch werden kann.

Daher ist für das internationale Recht die Strafandrohung durch physische Gewalt so wichtig. Diese Sühnemaßnahme ist nicht etwa der erste Rechtsgrundsatz, sondern die letzte Möglichkeit. Ihre Anwendung ist der Beweis für einen gesetzlosen Zustand, nicht für einen gesetzlichen. Weil aber das Recht die Gesetze an die Stelle der Gesetzlosigkeit treten lassen will, mag die Unterdrückung der Gesetzlosigkeit zeitlich zuerst an die Reihe kommen, obwohl sie der Logik nach das letzte sein müßte.

Die Vorteile, um deretwillen der vernünftige Mensch den Gesetzen gehorcht, kommen weder ihm noch irgendeinem anderen Menschen zugute, wenn das Gesetz nicht allgemein befolgt wird. Aber wenn er auch einsieht, daß die allgemeine Befolgung der Gesetze eine gute Sache ist, weil sie Frieden für Krieg und Zusammenarbeit für Isolierung setzen — die Befolgung der Gesetze wird nicht dadurch allgemein, daß er selbst es tut. Schließlich und zuletzt wird eine einseitige Befolgung nur die Selbstsucht der weniger gewissenhaften Menschen anstacheln. Auch kann er nicht damit rechnen, daß andere Menschen dem Gesetz gehorchen, weil sie wie er das Gute darin erkennen. Die Gabe zu dieser Erkenntnis haben alle Menschen; aber unglückseligerweise ist sie — durch die Erbsünde oder durch ungenügende Erziehung — oftmals durch Unwissenheit getrübt oder durch Leidenschaft unterdrückt. Der Anruf der Vernunft hat zwar seine Bedeutung; aber er reicht nicht aus. Auch das Weltgewissen reicht nicht aus, weil es Nationen gibt, die so gewissen- und bedenkenlos sind wie manche Einzelwesen auch. Ebensowenig genügt der Brauch, weil er Ausnahmen zuläßt, die erst recht gefährlich sein können, weil sie nur ausnahmsweise vorkommen.

Vernunft, öffentliche Meinung, Gewissen und Brauch lassen einen Bodensatz von Gesetzlosigkeit übrig — und mit diesem muß man fertigwerden, weil er sonst Unsicherheit hervorruft über das Verhalten eines jeden Menschen außerhalb des engsten Freundeskreises. Man muß mit ihm fertigwerden; denn auch der nur *gelegentlich* gesetzlose Mensch (oder die nur gelegentlich gesetzlose Tat) zwingt alle Menschen, dauernd auf der Hut zu sein, und beraubt sie so der Wohltaten des Gesetzes. Er führt zur Wiedervergeltung und wird zum Ansteckungsherd, durch den eine ganze Gesellschaftsordnung zur Anarchie herabsinken kann.

Wenn der Mensch den Gesetzen gehorchen soll, wird er also vernünftigerweise für ihre allgemeine Befolgung höchste Sicherheit fordern; keine unbedingte, die es gar nicht geben kann, aber doch eine bessere, als sie durch die erwähnten Strafandrohungen erreicht würde. Die Sühnemaßnahmen müssen sich gegen jeden Menschen richten und von dem kleinsten gemeinsamen Nenner aller Beweggründe menschlichen Handelns ausgehen. Damit ist ein Zusammenschluß zur Schaffung und Erhaltung eines politischen Werkzeuges von überwältigender Kraft möglich, das den Querköpfen die Flausen austreiben und sie da strafen kann, wo alle Menschen am empfindlichsten sind, an Besitz, Freiheit und Leben. Diese Sprache des Gesetzes versteht dann jeder, gleichgültig wie weit seine sittlichen und geistigen Fähigkeiten entwickelt sind.

Eine Neuyorker Zeitung brachte kürzlich einen Bericht mit folgenden Schlagzeilen: „GASTSTÄTTEN LEHNEN DREI FLEISCHLOSE TAGE WÖCHENTLICH AB! Trotz Aufruf des Bürgermeisters zum Sparmontag werden Fleischgerichte abgegeben. Wachsende Verärgerung der Gutgesinnten! Forderung: Allgemeine Einhaltung oder Aufgabe des Plans"[40]. Hier haben wir ein praktisches Beispiel für das, was zuvor dargelegt wurde. Der Erlaß des Bürgermeisters hat nur einen Wert, wenn alle ihn befolgen, denn sonst schädigen sich die Einsichtigen selbst. Wer ihn also nicht aus Rücksicht auf das allgemeine Wohl freiwillig einhält, muß durch niedrigere Mittel, nämlich die vom Bürgermeister angedrohten Strafen, dazu gezwungen werden. Dem Erlaß wird aber dann aus Furcht gehorcht und nicht aus Einsicht in seinen Zweck.

Das meinen wir, wenn wir sagen, daß jede Organisation, die der Sicherheit dienen soll, „Zähne" haben muß. Wir meinen, daß es gesetzlose Nationen gibt, von denen man nicht erwarten kann, daß sie sich dem Zwang der Vernunft, des Gewissens oder des rechten Brauches beugen, und die man daher in einer etwas verständlicheren Sprache anreden muß, indem man ihnen die Zähne zeigt. Man kann von einer Nation nicht verlangen, daß sie sich dem internationalen Recht unterordnet, so lange auf ihre Kosten gesetzlose Nationen durch die eigene Gesetzlosigkeit profitieren dürfen. Wir geben zu, daß in jeder Nation — uns selbst eingeschlossen — ein gewisser Hang zur Gesetzlosigkeit steckt, der irgendeinmal in der Zukunft zu wirklicher Gesetzlosigkeit ausarten kann. Daher auch die Forderung nach einer Macht, die, wenn nötig, jegliche Gesetzlosigkeit mit Leid, Schwächung, Verlust des Lebens, des Besitzes oder der Freiheit ahndet, wann und wo sie sich zeigt. Hoffentlich schrecken diese Strafen von der Gesetzlosigkeit genügend ab, so daß sie nie verhängt werden müssen — ein Wort an die Vernunft sollte genügen.

Von den verschiedenen Zwangsmaßnahmen, durch welche die Menschen zum Gehorsam gegen das Gesetz gebracht werden, weist nur der Zwang der Vernunft und des Gewissens auf die wahre Bedeutung des Gesetzes hin. Nur wenn der Mensch durch diesen Zwang dem Gesetz gehorcht, stimmt er mit dem Zweck des Gesetzes innerlich überein.

Mit Vernunft und Gewissen ist durchaus nichts Geheimnisvolles, Übersinnliches oder auch nur Seltenes gemeint. Sie treten ja bei jeder Entscheidung des Alltags in Erscheinung. Ein Beispiel: Nach dem Verkehrsgesetz dürfen Autofahrer eine Kreuzung nur bei grünem Licht überqueren. Ein Verkehrsteilnehmer kann es aus Gewohnheit befolgen, aus Furcht vor Geld- oder Gefängnisstrafe, aus Rücksicht auf die Fußgänger, aus Furcht vor einem Zusammenstoß oder aber aus V e r n u n f t und G e w i s s e n h a f t i g k e i t, weil er nämlich einsieht, daß die Verkehrsregeln Zusammenstöße verhindern und den Verkehr erleichtern und deshalb für alle Beteiligten gut und vorteilhaft sind, das heißt, er hat das Wohl aller im Auge und achtet daher darauf, daß die Verkehrsregelung auch tatsächlich ihren Zweck erfülle. Der Befolger der Gesetze weiß, wofür diese im allgemeinen da sind und wofür ein bestimmtes Gesetz da ist, und er will das gleiche wie das Gesetz.

Manche Juristen freilich sind anderer Meinung und behaupten, der Sinn des Gesetzes liege in der Strafe, die es androht, und eher in dem Nachteil, den seine Übertretung mit sich bringt, als in dem Vorteil, der mit seiner Befolgung verbunden ist. Das ist genau so, als wollte man sagen, es gäbe keine Gesetze, wenn sie nicht gebrochen würden, während doch genau das Gegenteil zutrifft; denn wo ein Gesetz übertreten wird, da hat es eben noch keine Wirksamkeit oder es hat versagt und damit zu bestehen aufgehört. Zu sagen, die Bestrafung des Übertretens eines Gesetzes sei das Wesen des Gesetzes wäre eine Verhöhnung, genau so, wie wenn man sagen wollte, Erziehung sei das Nachsitzen in der Schule.

Die vorsichtige Klugheit in der Umgehung von Strafen hat mit dem tieferen Sinn von Recht und Gesetz nicht das geringste zu tun. Wäre die Befolgung der Gesetze nicht allgemeinnützlich, so gäbe es auch keine Begründung für die Strafen. Diese wären dann nichts als ein Werkzeug der Tyrannei und ein Ausdruck sinnloser Gewalttätigkeit. Wenn alle Gesetze Strafgesetze wären, dann gäbe es keine Verbrechen. Man stelle sich vor, eine Regierung erlasse eine willkürliche Verordnung und bedrohe und bestrafe nun ständig alle, die ihr nicht gehorchen, oder ein wohltätiges Gesetz würde ohne jegliche Strafandrohung allgemein befolgt. Im ersteren Falle läge ein Mindestmaß, im letzteren ein Höchstmaß an Gesetzmäßigkeit vor. In dem Maße, in welchem das internationale Recht seinem eigentlichen Zweck auch wirklich dient, wird man sich um besonders scharfe Zähne keine Sorgen zu machen brauchen, es sei denn für die Einverleibung seiner nahrhaften Wohltaten.

Die Menschen und Nationen, die sich heute mit der internationalen Gesetzgebung befassen, tun so, als gäbe es noch gar kein internationales Recht. Tatsächlich bestehen aber schon Teile davon; aber wir schlagen vor, vieles davon abzuschaffen und durch neue Gesetze zu ersetzen. Wir stellen an den Anfang die Sittenlehre, also eine Annahme, deren Befolgung nach unserer Meinung wohltuend w ä r e. Der erste Schritt ist der Entwurf eines solchen gedachten Gesetzes und die Erörterung seines sittlichen Nutzens. Wir besprechen mit aller Gründlichkeit das Für und Wider dieser Fragen in jedem Land im privaten Kreis und in der Öffentlichkeit. So wird am besten die Aufmerksamkeit auf jene Werte gelenkt, in deren Genuß wir durch die Befolgung der Gesetze zu gelangen hoffen.

Weil wir uns über das Übel des Krieges und das Unrecht eines Angriffskrieges durchaus im klaren sind, weil wir wissen, daß dieses Unrecht so leicht alles andere Unrecht nach sich zieht, und weil wir die ernste und dringende Notwendigkeit internationalen Friedens und internationaler Sicherheit fühlen, drängt es uns zu jener letzten, gründlichen Maßnahme, die wir die Strafe der Gewalt nennen. Wir greifen zu den Waffen oder wirtschaftlichen Blockaden, weil man damit alle Nationen treffen kann, einschließlich der rechtsbrecherischen. Wir wollen diese Gewaltmittel so mächtig machen, daß die Furcht vor ihnen schon genügt. Wir wollen so deutlich werden, daß jede Nation unseren Wink versteht.

Wir beginnen mit den mächtigen Werkzeugen, die wir bereits haben, nämlich mit den Nationen, die den Krieg gewinnen werden. Wir rechtfertigen ihren Einsatz damit, daß wir bei ihnen Absichten annehmen, die mit den Zielen des internationalen Rechts weitgehend übereinstimmen. Und wir machen jetzt schon den Vorschlag, eine Art von internationaler Vollzugsbehörde zu schaffen, in der die Trennung zwischen dem allgemeinen Interesse aller Nationen und dem Einzelinteresse der Nationen unmißverständlich vollzogen wird und in welcher der Name keiner einzelnen Nation genannt werden soll, nicht einmal unter der Tarnung eines „ständigen Mitglieds".

Die Zwangsanwendung betrachten wir als Bestandteil einer geplanten Weltverfassung. Wir betonen, daß diese Maßnahme selbst gesetzmäßig ergriffen werden soll, woraus sich ein neuerlicher Beweis dafür ergibt, daß sie niemals die äußerste Möglichkeit eines Gesetzes sein kann. Die Aussicht auf Strafe kann Gehorsam zur Folge haben, aber wie wird die Vollstreckung in Gang gebracht? Hier müssen wir uns auf die tiefer wurzelnden Gründe der Vernunft und des Gewissens berufen. Wir bauen die Vollstreckungsgewalt auf jenen Dingen auf, die uns durch Vernunft und Gewissen schon gegeben sind, und während wir sie anwenden, sorgen wir gleichzeitig für ihre Erweiterung und Festigung. Wir wissen, daß wir es uns nicht leisten können, irgendeine Sicherung zu vernachlässigen, daß wir neue Bräuche schaffen und Aufgeklärtheit und Bereitwilligkeit vertiefen müssen. Internationale Gesetze verlangen allseitige Befolgung und daher in der ganzen Welt die gleichen Bräuche, die gleiche Aufgeklärtheit und Bereitwilligkeit. Wegen diesen erhöhten Anforderungen braucht die Schaffung von tieferen grundlegenden und weiter reichenden Sicherheiten längere Zeit, und deshalb müssen die begrenzteren jetzigen Sicherungen stärkere Belastungen aushalten. Diese vorläufigen Möglichkeiten werden die Hauptlast im Kampf gegen den derzeitigen Feind tragen müssen, solange er sich nicht eines Besseren besonnen hat. Während wir eine Erneuerung des menschlichen Fühlens und Denkens auf der ganzen Welt anstreben, müssen wir es vorerst so in Rechnung stellen, wie es ist — hochgemut oder niedrig, gut, schlecht oder gleichgültig —, denn wir können nicht warten, wenn uns die Gelegenheit zur Erneuerung nicht wieder verlorengehen soll. Auch wird die Drohung des Zwanges, wenn sie auch ursprünglich nur zur Herbeiführung eines augenblicklichen Gehorsams bestimmt ist, zu dieser Erneuerung beitragen; denn sie wird eine Gewohnheit an den Gehorsam mit sich bringen, und Nationen wie Einzelmenschen werden lernen ihn zu preisen, der anfänglich nur durch die Furcht vor Schlimmerem erreicht werden konnte.

Was sind nun die Vorzüge, um deretwillen das internationale Recht von denen gepriesen werden wird, die unter ihm leben müssen und für die es geschaffen und, wenn nötig, unter Zwang vollstreckt werden soll? Es sind weitgehend die gleichen, wie sie jedes Gesetz mit sich bringt, nur in erweitertem Maßstab. Das Recht folgt der Sittlichkeit über alle nationalen Grenzen und noch so weite Entfernungen, weil es das Leben aller Menschen umfassen und behüten will. Ein nazistisch denkender Jurist namens Schmitt soll gesagt haben: „Recht ist, was dem deutschen Volke nützt. Recht ist, was der Führer sagt[41]." Internationales Recht ist zum Nutzen a l l e r Menschen da. Es ist nicht das, was irgendeiner sagt, sondern eine allesumfassende Ordnung, deren sich jedermann erfreut.

Wiederum ist es Kant, der uns das klarste Verständnis für diese Sache — sowohl für das Übel wie für seine Bekämpfung — vermittelt:

> Die menschliche Natur erscheint nirgends weniger liebenswürdig als im Verhältnisse ganzer Völker gegeneinander. Kein Staat ist gegen den anderen wegen seiner Selbständigkeit oder seines Eigentums einen Augenblick gesichert. Der Wille, einander zu unterjochen oder an dem Seinen zu schmälern, ist jederzeit da; und die Rüstung zur Verteidigung, die den Frieden oft noch drückender und für die innere Wohlfahrt zerstörender macht, als selbst den Krieg, darf nie nachlassen. Nun ist hier wieder kein anderes Mittel, als ein auf öffentliche, mit Macht begleitete Gesetze, denen sich jeder Staat unterwerfen müßte, gegründetes Völkerrecht (nach der Analogie eines bürgerlichen oder Staatsrechts einzelner Menschen) möglich; — denn ein dauernder allgemeiner Friede durch die sogenannte B a l a n c e d e r M ä c h t e i n E u r o p a ist, wie S w i f t s Haus, welches von einem Baumeister so vollkommen nach allen Gesetzen des Gleichgewichts erbaut war, daß, als sich ein Sperling darauf setzte, es sofort einfiel, ein bloßes Hirngespinst[42].

Das beste Mittel, um verstehen zu lernen, warum es Gesetze gibt, ist, eine Anarchie zu erleben; auch die Vorstellung kann schon genügen. Anarchie ist jener Zustand, in dem man nicht weiß, was im nächsten Augenblick geschieht, und wo man immer mit dem Schlimmsten rechnen muß; man muß also d a u e r n d a u f d a s S c h l i m m s t e g e f a ß t s e i n, und das ist nicht viel besser als das Schlimmste selbst. Das internationale Recht bringt also in erster Linie den Vorteil der Regelmäßigkeit, die es jeder Nation ermöglicht, das Verhalten anderer Nationen vorauszusagen und ihre eigenen Pläne dementsprechend einzurichten. Es festigt jene weltumspannende soziale Umwelt, in die sich der Mensch jetzt eingewöhnen muß. Der größere Teil des Lebens wird von den Regelungen frei bleiben, weil es sich dabei um Dinge handelt, die durch die heimischen Bräuche oder die nationale Gesetzgebung geregelt werden, oder um Dinge, die in ihrer Ursprünglichkeit und Einmaligkeit überhaupt nicht gesetzlich geregelt werden können und sollen. So wird in dem weiteren Rahmen der Regelmäßigkeit auch die Unregelmäßigkeit blühen und gedeihen können.

Aber welcher Art von Regelmäßigkeit? Was soll — zum Unterschied von der Form — der Inhalt des internationalen Rechts sein? Zum ersten wird es Streitigkeiten ausschalten, wie sie sich bisher in größtem Ausmaß und mit den schlimmsten Folgen immer wieder ergeben haben. Es soll den Krieg nicht — wie in der Vergangenheit — gesetzlich regeln, gleichsam zum gesetzlichen Mittel machen. sondern ihn als etwas Ungesetzliches brandmarken[43]. Die Anwendung von Gewalt für die Beilegung von Streitigkeiten bleibt dann das letzte Mittel, das aber den streitenden Parteien entzogen und einer neutralen Weltbehörde übertragen ist. Alle anderen Arten von Gewaltanwendung, sei es durch militärische oder wirtschaftliche Druckmittel, gelten als gesetzwidrig und werden entsprechend mit Strafen belegt. Die totalitären Angreifer werden die ersten Verbrecher nach dieser neuen Auffassung sein und sie werden so behandelt werden, daß zu hoffen ist, daß sie auch die letzten sein werden. Gleichzeitig werden brauchbare Verfahren zur Abstimmung internationaler Interessen, also Vermittlung, Schiedsgerichtsbarkeit und Rechtsspruch oder internationale Überwachung, in Gesetzesform gekleidet werden und ihr „Muß" wird das positive Gegenstück zu dem gegen den Krieg gerichteten „Du darfst nicht" bilden.

Zweitens: Zusammenarbeit! Das Verbot des Kriegführens und der Zwang zu anderen Arten der Austragung von Streitigkeiten wird die Menschheit instand setzen, miteinander zu leben. Sie kann dann auch zusammenarbeiten, und jeder einzelne kann sich der Güter erfreuen, die nur mit vereinten Kräften und unter Heranziehung aller verfügbaren Hilfsmittel erworben werden können, oder die doch jedenfalls leichter und billiger durch Zusammenwirken als durch einzelne Bemühungen erreichbar sind. Öffentliches Gesundheits- sowie Post- und Telegraphenwesen, Vermessung und kartographische Aufnahme von Land und Meer, allgemeine Regeln für Schiffahrt und Luftverkehr, Wertbeständigkeit des Geldes, Welthandel und allgemeiner Austausch kultureller Errungenschaften können nur in gemeinsamem Vorgehen nach den Regeln eines internationalen Rechts gepflegt und gefördert werden.

Wie weit sich eine derartige gesetzlich geregelte Zusammenarbeit entwickeln läßt, kann nur die Erfahrung lehren, und man kann darüber sehr verschiedener Meinung sein. Dies ist — nur in größerem Rahmen — genau die gleiche Frage, über die die Meinungen schon innerhalb jeder einzelnen Gemeinschaft auseinandergehen. Ein wie großer Teil des Lebens wird vergesellschaftet und für alle gesetzlich geregelt werden, und wieviel davon wird man kleineren Einheiten, die in freundschaftlichem Wettbewerb miteinander stehen, überlassen? Es gibt keine allgemeingültige Antwort auf diese Frage, und die bekannten Gründe für und gegen brauchen hier nicht einzeln wiederholt zu werden. Aber eine Verallgemeinerung darf man füglich machen, nämlich daß der Wettstreit freundschaftlich sein wird und daß er gerade durch die Wahrnehmung der engeren einzelnen Interessen auch dem allgemeinen Wohle dienen wird. Internationale Vorgänge, die gefährlich werden können, wird das internationale Recht unterbinden; wenn sie aber zum Wohle der ganzen Menschheit beitragen können, wird es sie in jeder Weise fördern, freilich immer unter Beachtung der Schwierigkeiten und Gefahren, die mit dem Gebrauch so weitgespannter gesetzlicher Einrichtungen verbunden sind. So vorsichtig und zurückhaltend das internationale Recht auch in der Praxis angewandt werden muß, so hat es doch die klare Aufgabe, nicht nur den Nationen Recht und Sicherheit zu verbürgen, sondern auch dem höchsten Wohle aller Nationen und der Menschheit im ganzen zu dienen; denn das ist sein sittlicher Zweck.

Die Segnungen des Gesetzes werden im allgemeinen in dem Wort „Rechte" zusammengefaßt. Was ist nun ein „Recht" und wie stellt sich das internationale Recht zu ihm? Das Verständnis dafür beginnt und endet mit den persönlichen Rechten. Ein Recht ist ein begrenzter Bereich, innerhalb dessen bestimmte Interessen den Schutz der Gesellschaftsordnung genießen. Es drückt die Grundtatsache aus, daß jedes Interesse einen Interessenten hat und daß seine Befriedigung verlangt, daß der Betreffende das tun kann, was sein Interesse ihm vorschreibt. So gibt es ein Recht auf Privateigentum vor allem deshalb, weil es Leute gibt, die irgendwelche Gegenstände zum ausschließlichen eigenen Gebrauch haben wollen. Das Recht zieht die Grenzen, innerhalb deren dieser Wunsch freien Spielraum hat.

Ein Recht schließt ebenso eine Pflicht wie ein Vorrecht ein, weil es für den Genuß gleicher Vorrechte anderer Menschen Raum läßt, die gleiche oder andere Wünsche und Neigungen haben. Grenzen haben zwei Seiten, und das Recht billigt dem einzelnen zwar zu, was innerhalb der Grenze liegt, aber es verbietet ihm, darüber hinaus zu gehen. Folglich muß der ausschließliche Besitz von Gegenständen durch einen einzelnen mit einem gleichermaßen ausschließlichen Besitz und Gebrauch von Gegenständen durch andere vereinbar sein. Der einzelne kann auf seinem Eigentumsrecht bestehen, aber nur so weit, als es gleichzeitig das Eigentum anderer achtet. Kurz, Rechte sind gegenseitig.

Ein Recht wird von der Gesellschaftsordnung geschützt, das heißt, seine Ausübung durch jemand wird von öffentlichen Organen gegen Störungen durch andere gesichert, wie etwa das Eigentumsrecht durch Verhinderung von Diebstählen gesichert wird. Dem einzelnen ist somit nicht nur ein Bereich eingeräumt, in dem er seine Angelegenheiten wahren kann, sondern er wird auch noch der Notwendigkeit enthoben, seine Grenzen selbst zu bewachen.

Die neue internationale Rechtsauffassung berührt die Frage der Rechte an verschiedenen Punkten. Erstens hat sich die Betonung von der gewährenden und verbietenden Seite der Rechte in Richtung ihrer praktischen Unterstützung verschoben. Es ist eine bemerkenswerte Tatsache, daß in der Sowjetverfassung Rechte nicht nur zugebilligt, sondern sogar unterstützt werden, zum Beispiel das Versammlungsrecht durch die Bereitstellung von Versammlungsplätzen und national-kulturelle Rechte durch Pflege örtlicher Sprachen und Volksbräuche. Ähnlich umfaßt das Pressegesetz in Sowjetrußland „die Versorgung der Arbeiter und ihrer Organisationen mit Druckereien, Gebäuden, Nachrichten und anderem“[44].

Das Recht auf Erziehung, das nunmehr allgemein anerkannt ist, schließt Erziehungsmittel ein. Es genügt nicht, Hindernisse aus dem

Weg zu räumen, man muß auch für Schulen sorgen. Ähnlich schließt das Lebensrecht die Nahrungsversorgung ein und nicht nur den Mord aus, das Recht auf Gesundheit schließt ärztliche Fürsorge ein, das Recht auf Arbeit die Vermittlung eines Arbeitsplatzes*, das Recht auf Freizeit, den Urlaub und Möglichkeiten der Erholung. Die Liste von Rechten, die sich nicht mehr auf solche Rechte beschränkt, deren sich der einzelne ohne fremde Hilfe erfreuen kann, wird immer größer. Eine kürzlich vorgenommene Zusammenfassung der wesentlichen Menschenrechte (Statement of Essential Human Rights), veröffentlicht vom American Law Institute, zählt achtzehn Freiheitsrechte auf, von denen sieben ausdrücklich fordern, daß der Staat Mittel „bereitstellt", „vorsieht" oder „sicherstellt", oder „Maßnahmen ergreift", um diese Rechte zu sichern[45]. Diese sieben Rechte sind auch im Ausland in mehr oder minder großem Umfang anerkannt worden, und zwar schwankt die Zahl der Länder zwischen sieben und vierzig. Wenn einer Kolonie oder einem Schutzgebiet ein Recht auf Selbstregierung zugesprochen wird, so ist das nicht nur so gemeint, daß ihre Bevölkerung lediglich die Erlaubnis erhält, sich selbst zu regieren und gleichsam auf ihrem eigenen Regierungsschiff weiterzufahren, sondern vielmehr, daß man ihr erst auf die Beine helfen, ihr Kapital und Fachleute zur Verfügung stellen und ihr sonst noch behilflich sein soll, ihre Unabhängigkeit auch tatsächlich zu verwirklichen und zu genießen. Es besteht somit eine wachsende Neigung, sowohl die positive wie die negative Seite der Rechte zu verstärken und der Gesellschaftsordnung, sei sie nun national oder international, die Pflicht aufzuerlegen, Rechte nicht nur einzuräumen, sondern sie auch zu fördern.

Diese Neigung steht zweifellos fest, ebenso der Kernpunkt der Frage. Der Sinn eines Rechts ist wie bei jeder sozialen Ordnung, die Förderung der Angelegenheiten der Gesellschaftsmitglieder. Das Geschenk der Freiheit ist wertlos, wenn ihre Mitglieder es nicht gebrauchen können. Der einzige triftige Grund dafür, daß das Recht einem Angehörigen der Gesellschaft Vorteile vorenthält, ist der, daß

* So z. B. enthielt das am 22. 1. 45 eingeführte Vollbeschäftigungsgesetz (Murray Full Employment Bill) in § 380 die folgende Bestimmung: „Alle arbeitsfähigen und arbeitssuchenden Amerikaner haben ein Recht auf nützliche, gewinnbringende, regelmäßige und ganztägige Beschäftigung, und es ist die Politik der Vereinigten Staaten, dafür zu sorgen, daß jederzeit ausreichende Beschäftigungsmöglichkeiten vorhanden sind, um alle Amerikaner nach Abschluß ihrer Lehrzeit in die Lage zu versetzen, ... dieses Recht frei auszuüben." Alle Beteiligten scheinen derzeit über das Recht als solches einer Meinung zu sein. Nur hinsichtlich der Umstände bzw. des Zeitpunktes, in welchen die Obrigkeit eingreifen soll, besteht noch keine Einigkeit.

diese Vorteile manchmal durch andere Mittel in reichlicherem Maße erlangt werden können — zum Beispiel durch die eigenen Bemühungen des Mitgliedes, in welchem Falle die Gesellschaft aber verpflichtet ist, diese Bemühungen zu unterstützen und erforderlichenfalls selbst nachzuhelfen. Und seine Gaben darf es nur dann verweigern, wenn es schon zu viel gegeben hat und deshalb nichts mehr geben kann, oder wenn es seine Versprechungen nicht halten kann, weil es zu viel versprochen hat. Wieweit derartige Gründe jeweils gültig sind, ist eine Frage der Zweckmäßigkeit, nicht des Grundsatzes.

Das internationale Recht ist, wie jedes Recht, ein Bürge für Rechte. Es ist ein zusätzlicher Bürge für die alten und neuen einzelnen Rechte, deren Forderungen durch ein gesteigertes Gefühl für die Verpflichtungen der Gesellschaft gegen ihre Mitglieder erweitert worden sind. Es dehnt jene Rechte auf alle Menschen aus, während es sie gleichzeitig zahlenmäßig vermehrt und sie weitherziger auslegt. Dies ist der klare Sinn der grundsätzlichen Feststellungen, die von den Staatsmännern und geistigen Führern der Vereinten Nationen wiederholt und einmütig bekräftigt worden sind. Der Beweis hiefür liegt darin, daß Rechte von den Vereinten Nationen bestätigt wurden, die nur von einzelnen Menschen ausgeübt werden können, sowie im häufigen Gebrauch der Worte „Volk", „Menschen" und „menschliche Persönlichkeit", als hüte man sich vor jeder anderen als auf die Einzelperson zielenden Auslegung[46].

Persönliche Rechte werden „Menschenrechte" genannt, wenn sie für alle Menschen gelten. Die römischen Juristen, die sich mit den Beziehungen verschiedener Völker, deren jedes sein besonderes Rechtssystem und seine besonderen Rechtsüberlieferungen besaß, zu beschäftigen hatten, vertraten Rechtsbegriffe, die auf den Menschen als solchen oder auf das Volk als Volk Anwendung fanden. Sie nannten dieses Recht das J u s g e n t i u m[47]. Es enthielt Gesetze, deren Vorteile jedermann ungeachtet seiner Volkszugehörigkeit beanspruchen konnte und die dem damaligen allgemeinen Denken entsprachen. Wenn die Rechte der Einzelmenschen so aufgefaßt werden, kann man sie internationale Rechte nennen — das heißt Rechte, die in ihrer Anwendung und in ihrer Anerkennung international snd.

Die Bezeichnung „Internationale Rechte" kann aber auch eine zweite Bedeutung haben, die im allgemeinen mit der ersten durcheinandergebracht wird. Es können damit auch die Rechte einer

Nation in bezug auf andere Nationen gemeint sein. Ebenso kann internationales Recht als das Recht zwischen den Nationen (Völkerrecht, Anm. d. Übers.) aufgefaßt werden, das sich mehr mit Staaten als mit Einzelwesen befaßt, wobei auch die ersteren meist die Nutznießer sind. Ein zeitgenössischer Fachmann sagte dazu:

„Die Personen des internationalen Rechts, oder auf wem sonst die im Gesetz festgelegten Rechte und Pflichten liegen, sind die Staaten oder Völker, die als zur internationalen Gemeinschaft gehörig angesehen werden . . . Im Gegensatz zu den natürlichen Personen, auf die sich das bürgerliche Recht bezieht, bilden die Personen des internationalen Rechts juristische Körperschaften, die dank gewisser Bande, welche ihre Mitglieder zusammenhalten, eine einheitliche sittliche Persönlichkeit darstellen[48].

Daß politische Gesellschaftsordnungen in ihrer kollektiven Eigenschaft oder durch ihre Regierungen gewisse besondere Tätigkeiten ausüben, kann nicht geleugnet werden. Ein Nationalstaat umfaßt ein gewisses Stück Erde, verfügt über ein Gesamtvermögen oder -einkommen und beschließt über Krieg und Frieden. Dabei sind alle diese Dinge nicht das Werk einzelner. Du oder ich zum Beispiel, wir können nicht gegen Hirohito Krieg führen, wohl aber können die Vereinigten Staaten gegen Japan Krieg führen und tun es auch. Kraft der Ausübung dieser Tätigkeit besitzt ein Staat gewisse Rechte in seinen Beziehungen zu anderen Staaten. Wenn zwei Staaten miteinander einen Vertrag machen — in der Form, wie das nur Staaten möglich ist —, hat jeder von ihnen ein Recht auf die Erfüllung der Vertragsbedingungen und kann in diesem Sinne als sittlich-juristische Person bezeichnet werden, ganz so wie eine Handelgesellschaft, die durch ihre Direktoren einen Vertrag geschlossen hat, auch verpflichtet ist, den Vertrag einzuhalten, und ein Recht hat auf den Genuß seiner Vorteile.

Es wird aber auch gesagt, die sittliche Persönlichkeit des Staates sei realer und zugleich würdevoller als die seiner Angehörigen, die eigentlich nur seinen Glanz widerstrahlen. Nach dieser Auffassung hat der Angehörige eines Staates eigentlich überhaupt keine eigenen, sondern nur entlehnte Rechte. Demgegenüber gibt es wieder andere, die den Stiel umdrehen und sagen, die juristische Person habe keinerlei Rechte außer als Summe oder Organ der Rechte ihrer persönlichen Mitglieder. Die Vertreter der Vereinten Nationen haben sich diesen letzteren Standpunkt zu eigen gemacht, nicht aus metaphysischen Gründen, sondern weil dies die alte Auffassung in den demokratischen Ländern ist oder weil es ihnen als der vernünftige Sinn der ganzen Sache erscheint.

So gesehen, hat der Ausdruck „nationale Rechte" zwei Bedeutungen. Es können damit die Rechte der einzelnen Angehörigen einer Nation gegenüber den Rechten der einzelnen Angehörigen anderer Nationen gemeint sein oder aber die Rechte einzelner, soweit sie von deren Regierung in Unterhandlungen mit anderen Regierungen gewahrt oder aufgehoben werden. Nach beiden Bedeutungen sind nationale Rechte stets Rechte von Einzelmenschen zwischen den Nationen und — wie alle Rechte — wechselseitig beschränkt. Eine Nation, die allein auf der Welt wäre, hätte keine Rechte. Eine Nation, die in ihrem Handeln keinerlei Beschränkungen auf sich nähme, hätte ebenfalls keine Rechte. Ein Rechtsanspruch muß in einem Rechtssystem begründet sein. Der Ausdruck „souveräne Rechte" enthält dann einen Widerspruch in sich, wenn „souverän" einen uneingeschränkten Gebrauch der Macht gegen andere Nationen bedeuten soll*.

Wir hören viel von souveränen Rechten und von souveräner Gleichheit. Es ist völlig klar, daß das nicht Gleichheit an Macht heißen soll, obgleich sich manche Nationen mitunter so benehmen, als wäre das der Fall. Es ist auch klar, daß nicht Gleichheit an Tugend gemeint ist, obgleich alle Nationen es gerne so haben möchten. Es soll auch nicht politische Gleichheit heißen, das heißt gleichen Einfluß auf die Bestimmung der internationalen Politik. Es heißt vielmehr nichts anderes als Gleichheit der Souveränität — und auch das nur in einem ganz bestimmten Sinn. Es bedeutet nicht, daß jede Nationalregierung ein gleiches Maß an Souveränität über ihr eigenes Volk besitzt. Aber ob manche Nationen im eigenen Lande unbeschränkte Souveränität besitzen und andere durch innere Zwietracht geschwächt sind — in der besonderen Souveränität sind sie alle gleich, nämlich gleich vor dem Gesetz[49].

Jedes Gesetz ist in verallgemeinerndem Sinne abgefaßt und auf alle Einzelfälle anwendbar, die — unbeschadet anderer Verschiedenheiten — unter die allgemeinen Voraussetzungen fallen. Ein Steuergesetz gilt für eine Klasse von Menschen, die bestimmte Bedingungen hinsichtlich ihres Vermögens, Einkommens und Wohnsitzes erfüllen, und es ist auf sie gleichmäßig anwendbar, das heißt

* Vgl. auch Kap. III, S. 80 ff.

ohne Unterschied. Steuerzahler, die der gleichen Steuerpflicht unterliegen, können in anderer Hinsicht ungleich sein, wie etwa in der Höhe ihrer Steuerveranlagung, in ihrem Wahlrecht, in ihrer Teilnahme an der Rechtsprechung oder in ihrer Militärdienstpflicht. Ähnlich ist es auch, wenn das internationale Recht die Rechte oder Pflichten sozialer Gruppen bestimmt, die eigene Regierungen haben — zum Beispiel ihr Recht, andere von ihrem Gebiet auszuschließen, oder ihre Pflicht, das Gebiet anderer zu achten — man sagt dann, das Gesetz finde auf sie alle gleiche Anwendung. Sie sind gleich hinsichtlich der Rechte und Pflichten, die mit der Souveränität verbunden sind, ohne Rücksicht auf Größe, Reichtum, Alter, Kriegsmacht oder geographische Lage*.

Gleichheit vor dem Gesetz heißt Gleichheit vor jedem Gesetz. Dennoch gibt es Unterschiede in der Weite der Anwendbarkeit und folglich auch in dem Ausmaß der gleichmachenden Wirkung. Ein Gesetz, das für alle Bewohner eines bestimmten Landes gilt, geht weiter in der Gleichmachung als ein Gesetz, das nur für die Staatsbürger gilt; und ein Gesetz, das sich allgemein an die Menschen wendet, kennt überhaupt keinen Unterschied mehr. Die Souveränitätsrechte stellen alle Nationen mit eigener Regierung gleich, nicht aber andere Nationen, wie etwa die jüdische, soferne man sie als Nation bezeichnen will, oder auch andere Menschengruppen, die keine Nationen sind, wie die Ureinwohner Australiens. Souveränitätsrechte schaffen somit nicht nur Gleichheit, sondern auch Ungleichheit. Verschieden ist auch das Ausmaß, in dem Gesetze die Interessen der Menschen, für die sie gelten, einbeziehen. Alle Gesetze machen eine Anzahl Menschen in gewisser Hinsicht gleich, einige Gesetze auch in jeder Hinsicht und wieder andere alle Menschen in gewisser Hinsicht; nur das Sittengesetz macht alle Menschen in jeder Hinsicht gleich.

Sollen Gesetze wirksam werden und ihre guten Früchte tragen, so müssen sie denen bekannt sein, die sie befolgen sollen und das Recht haben, sie in Anspruch zu nehmen. Gesetze müssen formuliert, aufgezeichnet und verkündet werden. Aber zwischen Gesetz und Befolgung ist eine Lücke, und diese muß durch das Gericht ausgefüllt werden. Natürlich braucht das Gericht oft nur die Tat mit dem Ge-

* Ob eine Nation ein Recht auf eine souveräne Regierung hat oder nicht, ist eine grundlegend andere Frage, nämlich die bereits weiter oben erörterte Frage der „Selbstbestimmung".

setz zu vergleichen, um sagen zu können, ob sie gesetzlich oder ungesetzlich war. Aber das ist nur ein kleiner Teil der richterlichen Aufgaben und stellt keine Ansprüche an die besonderen Eigenschaften eines Richters.

Das Gesetz bezieht sich meist nicht unmittelbar auf die jeweilige Tat, weil es auf die besonderen Umstände keine Rücksicht nimmt. Auch neuen Verhältnissen trägt es keine Rechnung, weil von ihnen die Gesetzgeber damals noch nichts wissen konnten. Und darüber hinaus läßt ein Gesetz manchmal ein anderes Gesetz außer Betracht. Eine Tat muß aber entweder gesetzlich oder ungesetzlich sein. Sie kann nicht ohne Entscheidung bleiben und sie kann auch nicht gesetzlich und zugleich ungesetzlich sein — gesetzlich nach diesem, ungesetzlich nach jenem Gesetz. Ein juristisches System erfordert daher ein Organ, Gericht genannt, welches das Gesetz auszulegen und seine Anwendbarkeit zu beurteilen hat.

In Ausübung seiner Aufgabe spricht das Gericht Recht. Denn das Recht lebt nur in seinen tatsächlichen Gesetzlichkeiten und Ungesetzlichkeiten und nicht in seinem Begriff allein. Gesetz ist das, was im Einzelfall unter bestimmten Umständen und als Teil des gesamten Rechtssystems gemeint ist. Das Gericht, das die Dinge richtig sieht, das aufgeschlossen ist für die menschlichen Beziehungen, die durch das Gesetz harmonisch und fruchtbar gestaltet werden sollen, und unvoreingenommen an den Einzelfall herangeht, wird in seiner Urteilsfindung Sinn und Zweck der Gesetze erkennen lassen und ihren Vorzügen höchste Wirksamkeit geben. Das Gericht trägt ein gut Teil dazu bei, das Gesetz zu dem zu machen, was es sein soll, und es kann dabei mehr Weisheit verraten als der Jurist, der das Gesetz formuliert, oder der Staatsmann, der es in Kraft gesetzt hat.

Dennoch darf der Richter aus dem Gesetz nicht machen, was er will. Er geht vom Gesetzesbegriff aus und muß ihm treu bleiben, soweit es möglich ist. Er muß sich von der Absicht des Gesetzgebers leiten lassen und den Weg früherer Entscheidungen weitergehen, damit die Regelmäßigkeit nicht zerstört werde. Ohne Zusammenhang und Beständigkeit würde dem Menschen die Sicherheit in der Berechnung der Zukunft fehlen, die eine Voraussetzung richtiger Planung auf lange Sicht ist. Ein Gesetz, dessen Auslegung mit jeder Entscheidung wechselt, wäre so schlimm wie die Gesetzlosigkeit.

Mit Abweichungen treffen alle diese Erwägungen auch auf internationale Gerichtshöfe zu, die unentbehrliche Helfer des internationalen Rechts sind. Gegenwärtig stehen wir im allgemeinen im Abschnitt der Formulierung und Verkündung. Aber gerade so rasch, wie internationales Recht eingeführt wird, können auch die Fälle, auf die es Bezug hat, tatsächlich verhandelt werden. Ein internationaler Gerichtshof wird das internationale Recht auslegen und die Gesetzlichkeit oder die Ungesetzlichkeit des tatsächlichen Verhaltens von Nationen gegen andere Nationen oder auch von Angehörigen eines Staates gegen die eines anderen Staates feststellen. Ob internationale Gerichte nur von Staaten oder auch von einzelnen Menschen angerufen werden können, ist eine Verfahrensfrage, die noch der Beantwortung bedarf. In jedem Falle wird die Rolle des internationalen Gerichtshofes in naher Zukunft besonders schöpferisch sein, weil eine große Menge neugeschaffenen Rechts noch der Klärung und Auslegung bedarf.

Mit dem allmählichen Übergang einzelner Gebiete der Welt vom Krieg zum Frieden entsteht das Verlangen nach „Ordnung" als der ersten Bedingung für den politischen, wirtschaftlichen und sozialen Wiederaufbau. Die Schwierigkeit, die aus diesem Verlangen entsteht, ist äußerst lehrreich. Gegenwärtig streiten sich die Ordnungsliebenden und die „Unordentlichen", wobei die befriedende Macht der Vereinten Nationen auf seiten der Ordnung steht. Aber die Art der Ordnung und ihrer Wohltaten hängen von den Gesetzen ab, denen die Unordentlichen gehorchen sollen. Diese leisten etwa nicht Widerstand, weil sie die Unordnung vorziehen, sondern weil sie ein besseres Recht wollen, als das ist, unter dem sie bisher gelebt haben. Der Streit ist also ein zweifacher: Ordnung gegen Unordnung — neues Recht gegen altes Recht! Die Träger der Ordnung ziehen das alte Recht vor, weil es dem Volke altvertraut und daher das wirksamste ist, und auch, weil es das Recht der Gewalt habenden Obrigkeit ist, die die Neigung und die Macht zur Vollstreckung hat. In diesem Zusammenhange sei daran erinnert, daß das Eingreifen der monarchistischen Staaten während der Französischen Revolution als Vorbeugungsmaßnahme gegen die Anarchie gerechtfertigt war[50]. Die „Unordentlichen" sind somit jene, die aus dem gegenwärtigen Fluß der Dinge ein besseres Recht nach ihrer eigenen Vorstellung schaffen wollen, nachdem ihr Temperament in der Zeit des Kampfes etwas revolutionär geworden ist und sie ein Gefühl für ihre in zahlreichen Entbehrungen erworbenen Verdienste bekommen haben.

Es gibt keine einfache Lösung für diesen tragischen Zwiespalt, aber er kann doch zur Klärung der Grundsätze beitragen, die als Richtschnur für eine richtige Lösung gelten müssen. Recht kann nicht bis in die Grundfesten zerstört und dann wieder aufgebaut werden, weil ja die Menschen in der Zwischenzeit auch in einer gesetzlichen Ordnung leben müssen. Andererseits ist Recht nicht nur Ordnung schlechthin, sondern wohltätige Ordnung. Stetigkeit ist nicht das gleiche wie Gerechtigkeit. Recht muß vielleicht wie Medizin manchmal vor Gebrauch geschüttelt werden, wenn es seine heilsame Wirkung haben soll. Ein Zustand, in welchem alle Parteien dem Gesetz gehorchen, kann auch den Fehlschlag und nicht nur den Erfolg des Gesetzes beweisen. Denn weit über den Wert der Regelmäßigkeit hinaus hat das Gesetz die Aufgabe, den Interessen jener zu dienen, die ihm gehorchen, und zwar ihnen allen und vorbehaltlos. Wenn man von den Menschen verlangt, daß sie einem Gesetz, das sie schlecht finden, um der Regelmäßigkeit willen gehorchen, dann müssen sie davon überzeugt werden, daß die Forderungen der Gerechtigkeit und Menschlichkeit voll anerkannt sind und daß ihre Erfüllung nicht zu lange hinausgeschoben werden wird.

FÜNFTES KAPITEL

Weltwirtschaft

Eine Familie, die in einer Gemeinschaft lebt und gemeinsam für ihre verschiedenen Bedürfnisse — wie Nahrung, Kleidung und Unterkunft — arbeitet, wird als „Haushalt" gezeichnet. Wirtschaft, in der ursprünglichen Bedeutung des Wortes, ist die Kunst, diese häuslichen Aufgaben zu erfüllen. Aus dieser primitiven Form hat die Wirtschaft eine Ausdehnung auf weitere soziale Einheiten erfahren, bis sie heute die ganze Menschheitsfamilie umfaßt, die nun auf dieser Erde zusammen haushalten soll. Ungeachtet der Größe des jeweiligen Haushalts und der Vielfalt seiner Bedürfnisse bleiben Kunst und Ziel seiner Führung im Wesen immer die gleichen, nämlich durch den richtigen Einsatz von Hilfsmitteln für die Befriedigung der Bedürfnisse zu sorgen, und zwar so gut wie möglich und mit geringstem Aufwand, das heißt, so „wirtschaftlich" wie möglich.

Diese Ziele — das der höchsten Befriedigung und das der geringsten Kosten — sind wesentlich für jede Wirtschaft und sind Anhaltspunkte dafür, ob eine Wirtschaft erfolgreich oder wenigstens gesund ist. Der erste Schritt in dieser Untersuchung ist die Feststellung, in welchem Verhältnis der Aufwand zum Erreichten steht.

Die menschlichen Regungen sind in der physischen Körperlichkeit verankert und wirken sich in einer gemeinsamen physischen Umwelt aus. Früher oder später geraten sie zum Nutzen dieser Umwelt bis zu einem gewissen Grade miteinander in Wettstreit. Bestimmte menschliche Neigungen sind grundsätzlich nicht auf Erwerb gerichtet. Sie machen weder den Verbrauch noch den ausschließlichen Gebrauch des Gegenstandes, auf den sie sich richten, erforderlich, sondern wenden ihn vielmehr gemeinsam mit anderen Wünschen für sich nützen, etwa, wenn zwei oder mehr Personen sich zusammen am Sonnenuntergang ergötzen, ein Wunder anstaunen oder eine Erklärung für die gleichen Naturereignisse suchen. Aber selbst diese Neigungen richten sich leicht auf Erwerb oder Besitz, wenn schon nicht in ihren Zielen, so doch in ihren Mitteln, zum Beispiel, wenn zwei Beobachter den gleichen Beobachtungspunkt einnehmen oder wenn zwei wissenschaftliche Expeditionen das gleiche Gebiet erforschen wollen. Aber auch sonst wollen in jedem Menschen die Begierden und Wünsche innerhalb des gleichen Organismus zu ihrem Recht kommen.

Aus diesem Tatbestand heraus, daß verschiedene Regungen sich um die Benützung des gleichen Hilfsmittels streiten, erhebt sich das wirtschaftliche Problem der Befriedigung des einen Verlangens bei geringster Schädigung der Wünsche anderer. Um zum Beispiel seinen Hunger zu stillen, muß ein Lebewesen einen geeigneten Gegenstand, und zwar einen eßbaren suchen. Es muß dazu seinen Körper benützen und darum bis zu einem gewissen Grad auf Schlaf, Liebesspiel, Kampf und andere ihn befriedigende Tätigkeiten verzichten, die den gleichen Körper ausschließlich beanspruchen. Eine Lösung liegt in der zeitlichen Verteilung, wonach der gleiche Körper den einzelnen Neigungen zu verschiedenen Zeiten zur Verfügung steht. Diese Einrichtung ergänzt sich auf das glücklichste mit der periodischen Natur der Triebe selbst, so daß Aufschub oft eher einen Gewinn als einen Verlust bringt.

Die gleiche Lösung ist zuweilen auf die Nebenbuhlerschaft zweier Lebewesen anwendbar, wenn nämlich diese den gleichen Gegenstand nicht zu gleicher Zeit, wohl aber nacheinander oder abwechselnd benützen können. Aber unglücklicherweise ist der erste Gebrauch meist auch der letzte. Damit der Hunger gestillt werde, muß das Nahrungsmittel aufgegessen, das heißt verbraucht werden. Der eine kann auf Kosten anderer Hungriger die Nahrung vorweg mit Beschlag belegen. Das ist Raubwirtschaft. Während sie aber dem Räuber bei geringem Aufwand nützt, kann sie den Beraubten in keiner Weise befriedigen. Dieser wird sich daher wehren, vielleicht mit dem Ergebnis, daß das Begehrte unbrauchbar wird und daß sogar die beiden Streitenden selbst einander vernichten, oder diese können von ihrem Streit so in Anspruch genommen sein, daß sie mit dem Gegenstand selbst gar nichts anfangen können. So führt der Raub leicht zu einem Mindestmaß an Befriedigung bei einem Höchstmaß an Aufwand. Er versagt in der Lösung des wirtschaftlichen Problems so völlig, daß man ihn überhaupt nicht als Wirtschaftsform gelten lassen kann.

Die einfachste Form tatsächlicher oder vorsorglicher Wirtschaft ist die, daß der Gegenstand geteilt wird, denn es kann vorkommen, daß die drängenden Bedürfnisse schon durch einen T e i l des Gewünschten überreichlich befriedigt werden können, zum Beispiel durch Teile eines Landes, in denen genügend Raum für Ansiedlung ist. Dennoch wird häufig die Teilung die Befriedigung des Bedürfnisses verhindern. Ein halbes Brot ist besser als gar kein Brot, aber es kann doch ungenügend sein. Der nächste Schritt zur Lösung des Problems ist, mehr Brot herstellen zu lassen, so daß es für alle reicht. Aber die Erzeugung erfüllt den Zweck der Bedarfsbefriedigung nur dann, wenn das Erzeugnis auch allen gegeben, das heißt wenn es richtig verteilt wird.

Dabei ist eine neue Frage aufgetaucht, die Frage der Arbeitsteilung. Erzeugung und Verteilung kosten Zeit und Mühe, und wenn sie möglichst geringe Kosten verursachen sollen, müssen sie richtig aufgeteilt und durch Lohn, das heißt einen Anteil an dem Erzeugnis, abgegolten werden. Es gibt eine Arbeitsteilung nach der Art wie nach der Menge der Arbeit. Manche Menschen sind mehr für die eine, manche wieder mehr für die andere Tätigkeit geeignet, und es gibt Arbeiten, die durch sich selbst belohnen. Erzeugung und Verteilung machen dann die geringsten Kosten, wenn sie nach Brauch und Neigung, aber auch nach Zeitaufwand und Schwierigkeit verteilt werden. Aber die Arbeitsteilung ist nicht nur verhältnismäßig billig, sondern auch fruchtbar und dient so dem Ziel der besten Bedarfsbefriedigung. Was Menschen durch Zusammenarbeit leisten können, ist weit größer als die Summe aller Einzelbemühungen, nicht nur wegen der dadurch gewonnenen größeren Kraft, sondern auch wegen der gegenseitigen Ergänzung verschiedener Fertigkeiten und Kenntnisse. Im Gegensatz zu einer Wirtschaft, die gleichsam von der Hand in den Mund lebt, erfordert die planmäßige Erzeugung Werkzeuge und Mittel zur Herstellung der Erzeugnisse. Diese Mittel werden „Kapital" genannt und werden entweder von der Natur selbst oder durch einen gesparten Teil aus einem abgelaufenen Herstellungsvorgang bereitgestellt.

Der nächste Schritt ist der Austausch. Wenn jeder von zwei Menschen im Überfluß besitzt, was dem anderen fehlt, so kann ihr

Bedarf auf wirtschaftlichste Art durch Tausch gedeckt werden. Diese Regelung kann völlig kostenlos sein, nämlich dann, wenn jeder bei dem Tauschgeschäft bekommt, was er braucht, und nur gibt, was er nicht braucht. Dennoch läßt sich der gleiche Grundsatz anwenden, wenn jeder der Partner mehr gewinnt, als er verliert, oder das, was er weniger dringend benötigt, zugunsten von etwas hergibt, was er besonders notwendig braucht. Das kann natürlich auch auf mehrere Beteiligte ausgedehnt werden, wobei der erste von einem dritten durch einen für diesen gewinnbringenden Tausch das einhandelt, womit er dann wiederum mit einem zweiten vorteilhaft tauscht. Dieses Vorgehen ist auf allle Angelegenheiten aller in einer Gemeinschaft zusammenlebenden Menschen ausdehnbar und zwar so, daß jedermann etwas zu geben und etwas zu bekommen hat, und jeder Gegenstand, nach dem Nachfrage besteht, gegen jeden anderen austauschbar ist auf Grund eines Wertmaßstabes, der sich in seinem „Preis" ausdrückt.

Die technischen Probleme und Verfahren, die sich in einer hoch entwickelten Wirtschaft herausbilden, brauchen uns hier weiter nicht zu beschäftigen, da sie keinerlei Abweichungen von den hier dargelegten Grundvorstellungen bedeuten, denn sie gelten für alle Wirtschaftsgrößen und -arten.

Es dürfte nun klar sein, daß die Wirtschaft eine sittliche Lösung eines sittlichen Problems darstellt. Das Problem ist ein Problem von Kampf und Hilflosigkeit, die Lösung eine Lösung durch Übereinstimmung und Zusammenarbeit. Schon ein Mindestmaß an Wirtschaft bringt an Stelle des Durcheinanders eine gewisse Planung in der Anpassung der widerstreitenden Bedürfnisse. Und selbst in einer Wirtschaft einfachster Art gibt es so etwas wie die Anerkennung der Ansprüche aller Beteiligten. Mit ihrer Fortentwicklung befriedigt eine Wirtschaft die Bedürfnisse immer besser und läßt den Menschen durch eine gerechte Verteilung ihres Nutzens in steigendem Maße das zukommen, was ihnen zusteht.

Der sittliche Maßstab, nach dem eine Wirtschaftsart gemessen werden muß, kann besonders überzeugend und zeitgemäß durch eine Untersuchung jener Wirtschaftsform gezeigt werden, die man als die Privatwirtschaft oder den Laissez-faire-Kapitalismus kennt. Die Bezeichnung „Laissez faire" betont — wie so viele Bezeichnungen — eher das Nebensächliche als das Wesentliche. Der Name deutet auf das Fehlen oder auf ein Mindestmaß staatlicher Lenkung hin und will zum Ausdruck bringen, daß eine Wirtschaft ihren Zweck dann am besten erfüllt, wenn man ihr möglichst wenig dreinredet und dem sogenannten freien Spiel der Kräfte seinen Lauf läßt. Niemals jedoch hat die Bezeichnung „Laissez faire" bedeutet — und kann es auch nicht —, daß es keine staatliche und gesetzliche Überwachung der Wirtschaft geben soll; denn deren Ablauf hängt von einer Reihe von Gesetzen ab, die eigentums-, vertrags- und gesellschaftsrechtliche Fragen sowie das Geldwesen und zahlreiche andere Einzelheiten des Wirtschaftslebens regeln.

Diese Wirtschaftsform heißt nicht deshalb „Kapitalismus", weil sie Kapital verwendet; denn jede Art von Erzeugung erfordert Kapital. Manchmal wird sie auch das System des „Privateigentums" genannt; aber auch das trifft nicht den Kern, weil alle Wirtschaftsordnungen wenigstens ein geringes Privateigentum anerkennen. Der Verbrauch ist persönlich, und meist erfordert der Verbrauch, daß das verbrauchte Gut auch Eigentum des Verbrauchers sei, mindestens im Augenblick des Verbrauchs. Auch die Bezeichnung als System des Privatnutzens trifft nicht zu, weil alle Wirtschaftsordnungen Privatnutzen bringen.

Das Merkmal der so verschieden benannten Wirtschaftsform ist die Verbindung der einzelnen Vorstellungen, die in diesem Namen liegen. In ihr ist das Kapital Privateigentum. In ihr wird das wirtschaftliche Wohl der Gesellschaft — möglichst reichliche Bedarfsbefriedigung für jeden bei geringstem Kostenaufwand für alle — als das Ergebnis des verhältnismäßig unbehinderten Strebens nach privatem Nutzen angesehen. Alle wesentlichen Wirtschaftsabschnitte — Erzeugung, Verteilung, Arbeit, Löhne, Kapital, Austausch — sind der Wechselwirkung der verschiedenen Verdienstmöglichkeiten anvertraut. Wenn jede Partei bestrebt ist, unter Verzicht auf Gewalt so wenig als möglich herzugeben und soviel als möglich dafür zu bekommen, dann werden alle die höchste Gewinnspanne zwischen Nehmen und Geben erzielen.

Der Laissez-faire-Kapitalismus ist also eine Äußerung des Eigennutzens, die in ihren Folgen für andere ihre Rechtfertigung findet. Man sagt, Selbstsucht werde dann allgemeinnützlich, wenn der Selbstsucht des einen die Selbstsucht eines anderen gegenübersteht. Das System arbeitet zwar f ü r das öffentliche Wohl; aber sein Lockmittel ist die Aussicht auf persönlichen Gewinn. Seine wahre Berechtigung liegt nicht in der schlauen Berechnung der einzelnen Profitmöglichkeiten, sondern in der uneigennützigen Anerkennung seiner für die Allgemeinheit wohltätigen Wirkung. Ein Geschäft empfiehlt sich dem Käufer oder Verkäufer, dem Verleiher oder dem Entleiher, dem Unternehmer oder dem Arbeiter durch den Nutzen, den er selbst daraus ziehen kann, während es sich gleichzeitig dem Staatsbürger, dem Moralisten, dem über dem persönlichen Gewinnstreben stehenden Staatsmann oder der Öffentlichkeit durch das empfiehlt, was j e d e r dabei gewinnt. Es bringt also einen doppelten Nutzen.

Der sittliche Maßstab für den Laissez-faire-Kapitalismus ist durch die Berufe seiner Hauptvertreter gegeben — von Adam Smith bis zum amerikanischen Geschäftsmann von 1945. In seinem „Wohl der Nationen" (Wealth of Nations) hat sich Adam Smith auf den Grundsatz des berechnenden Eigennutzes berufen; aber dieser berechnende Eigennutz wurde — unter der Bezeichnung p r u d e n c e (kluge Vorsicht) — in seinem Werk „Theorie des sittlichen Gefühls" (Theory of Moral Sentiments) auf einer höheren Ebene gerechtfertigt. Der amerikanische Geschäftsmann, wie er in der National Association of Manufacturers (Nationale Fabrikantenvereinigung) vertreten ist, drückt das folgendermaßen aus: „Wir glauben, daß das Wirtschaftssystem, das allgemein als freies Unternehmertum bezeichnet wird, den höchsten Lebensstandard für alle Menschen ermöglicht[51]."

Kein amerikanischer Geschäftsmann rechtfertigt seine Einstellung mit der Begründung, sie verbessere seine persönliche Lebenshaltung oder auch die seiner unmittelbaren Freunde und Nachbarn, sondern damit, daß sie jedermann nütze. Diese Begründung ist allgemein bekannt. Wenn Eigennutz gegen Eigennutz steht, dann überbieten sich die Wetteifernden gegenseitig und dienen damit den Verbrauchern, mit deren Kaufwilligkeit ihr Nutzen steht und fällt. Der Erfolg hängt von der Versorgung der Verbraucherschaft mit den notwendigen Waren ab und vom Preis, der niedriger sein sollte als der Preis anderer. Erzeugt wird, was gebraucht wird, und die Waren wollen dorthin kommen, wo man sie braucht. Der Wettbewerb setzt einen Preis auf Fleiß, Erfindungsgeist und Tüchtigkeit. Die Hoffnung auf große private Gewinne erhöht die Einsatzbereitschaft und nützt der Öffentlichkeit durch die Anlage von Geldgewinnen in neuen Unternehmungen. Und endlich bringt und läßt dieses System den Menschen die Freiheit. Sie können ihre Arbeit selbst wählen, und wenn sie sich durch Verträge binden, so tun sie es nach ihrem freien Ermessen.

Der Vertreter des Laissez-faire-Kapitalismus setzt sich also einem tief sittlichen Maßstab aus und darf sich nicht beklagen, wenn danach der Laissez-faire-Kapitalismus verbessert, ergänzt oder gar verurteilt wird. Diese Lauterkeit und Folgerichtigkeit wird unterstrichen durch den Präsidenten der Handelskammer der Vereinigten Staaten (United States Chamber of Commerce), wenn er sagt:

> Der Kapitalismus des vollkommenen Laissez-faire, der auf dem Boden niederer Löhne und höchster Gewinne bei kleinsten Umsätzen gedieh, der allgemeine Lohnabreden verwarf und gegen eine gerechtfertigte öffentliche Regelung des Wettbewerbs ankämpfte, gehört der Vergangenheit an. Alle, die in dieser Hinsicht das Rad der Geschichte zurückdrehen wollten, wären in ihrer Art so wirklichkeitsfern wie die Wolkenkuckucksheimer, die papierene Planungen für eine wirtschaftliche Lösung aushecken[52].

Aber die Erkenntnis seiner sittlichen Verpflichtungen dämmerte schon mit dem Tag, an dem der Laissez-faire-Kapitalismus geboren wurde. Das christliche Gewissen hatte immer Stellung genommen gegen Wucher, niedere Löhne und andere Formen der Ausbeutung, in denen der Mensch aus der Notlage seines Nächsten Vorteil zog. Die sogenannte industrielle Revolution schien diese Übel eher zu verschärfen als zu mildern. Es stellte sich heraus, daß das neue System, wenn man ihm die Zügel freigab, die Lebenshaltung großer Menschenmassen drückte, Frauen- und Kinderarbeit übermäßig ausdehnte und ein riesiges Proletariat schaffte, das abhängig war von der festgeballten Macht derer, welche die Güter für den täglichen Bedarf in der Hand hatten. Der Reiche stellte harte Bedingungen — dem Armen blieb wenig Wahl. In England riefen diese Übelstände Sozialreformer wie Robert Owen auf den Plan, einen der ersten Führer der Gewerkschaftsbewegung, und die Staatsmänner, welche die Arbeitsgesetze geschaffen haben. Die Pflicht, gegen den Laissez-faire-Kapitalismus einzuschreiten im Namen eben jenes allgemeinen Wohles, auf das man sich zu seiner Rechtfertigung beruft, ist nie bestritten worden, und dieses Einschreiten erfolgte immer nachdrücklicher, bis Mindestlöhne, Gesundheitsfürsorge, Erziehung, gleiche Möglichkeiten, Versicherung gegen Arbeitsunfähigkeit und eine Arbeiterorganisation zur Vertretung der Ansprüche auf einen gerechten Anteil an den Wohltaten der Wirtschaft durch das soziale Gewissen allgemein anerkannt und zu Bestandteilen des öffentlichen Lebens geworden sind.

Im Zuge der Weiterentwicklung des Laissez-faire-Kapitalismus verlagerte sich die Betonung von dieser äußeren Abwehr im Namen der Menschlichkeit auf eine Untersuchung des Systems als solchem. Es wurde behauptet, der Laissez-faire-Kapitalismus trüge bereits den Keim seiner Vernichtung in sich, er würde zusammenbrechen und könne aus inneren, wesenhaften Gründen die versprochenen Wohltaten nicht bringen. Der Gipfel des Erfolges im Wettbewerb sei nicht, mehr Geschäfte zu machen als der Mitbewerber, sondern diesen völlig auszuschalten. Wettbewerb neige zur wirtschaftlichen Alleinherrschaft und damit zur Ausschaltung der Mitbewerber. Alleinrecht in der Wirtschaft bringe Erzeugungseinschränkungen zugunsten von Preiserhöhungen. Es widersetze sich technischen Neuerungen; denn solange es sich nur um Erfolge gegen die Konkurrenz handelt, bedarf es keiner verbesserten Arbeitsverfahren, denn es ist oft viel einfacher, anderen die Einführung solcher Verbesserungen unmöglich zu machen. Wenn man die Arbeit lediglich als einen Teil der Herstellungskosten betrachtet, wird leicht die Neigung entstehen, die Löhne zu drücken, wodurch freilich die Kaufkraft der Verbraucherschaft herabgesetzt wird, die sich doch in der Hauptsache aus Arbeitern zusammensetzt. Sobald die Erzeugung den Absatz übersteigt, werden Fabriken geschlossen, und die Arbeitskraft liegt brach. Die Sparsamen, die Kapital angesammelt haben, brauchen zwar nichts mehr zu wagen, aber sie müssen auf Nummer Sicher gehen und leihen ihr Geld dem Staat zu niederen, aber festen Zinssätzen, und wenn das Privatkapital brachliegt, gibt es auch kein Privatunternehmertum. Die Folge dieser und anderer im Wesen des Systems liegender Vorgänge ist die Gefahr periodischer Krisen, während derer das ganze Leben des Gemeinwesens gelähmt ist und die Menschen in schlimmere Not kommen als in der Zeit der primitivsten Weide- und Ackerbauwirtschaft.

Der größte Vorwurf gegen das System, gleich ob aus Menschlichkeit oder aus praktischen Erwägungen, liegt in der auf die Spitze getriebenen Ungleichheit der Erwerbsmöglichkeiten. Aus dieser Ungleichheit Vorteil ziehen, heißt „Ausbeutung". Jeder der Partner bei einem Tauschhandel erhält etwas, das er m e h r benötigt, gegen etwas, das er *weniger* braucht, und verbessert damit seine Lage. Aber nach dem Gesetz des abnehmenden Wertes hängt der Wert eines Besitzes von der Menge ab. Das kann so wenig sein, daß man alles, was man hat, auch wirklich braucht, so daß man für den Erwerb von etwas dringend Notwendigem davon noch hergeben muß. Schließlich kann man sogar noch sein Geld für sein Leben geben müssen. Ein anderer wiederum kann einen Überfluß haben, den er überhaupt nicht verwenden kann, höchstens für irgendeinen übertriebenen Aufwand. Der Begriff des Preises verschleiert diese Ungleichheit, weil zwei Tauschgegenstände ohne Rücksicht auf Wert und Notwendigkeit für die einzelnen Tauschpartner den gleichen Preis haben müssen. Der Preis drückt also nicht den Grad der Notwendigkeit einer Sache aus, sondern ihren Tauschwert.

Diese Ungleichheit in den Erwerbsmöglichkeiten, daß also jemand etwas, das er an sich dringend benötigt, gegen etwas hergeben muß, das ein anderer ohnehin *wenig oder gar nicht* braucht, wird durch die nachfolgenden Tauschgeschäfte nicht etwa behoben, sondern besteht weiter oder wird gar verschärft. Wer von Anfang an im Vorteil ist, wird diesen Vorsprung durch Vermehrung und Sicherung seiner Gewinne vergrößern wollen. Die Reichen werden reicher, die Armen ärmer, bis die Gesellschaft in zwei Klassen zu zerfallen droht: die Plutokraten, die aus ihrem Überfluß jeden Preis bezahlen können, und die Proletarier, die nichts zu geben haben als ihre Person und ihre Zeit, die beide ihnen sehr viel wert sind.

Unter solchen Umständen dient die Wirtschaft dem sittlichen Zweck, durch den sie gerechtfertigt wäre, in keiner Weise. Man kann von den Armen nicht erwarten, daß sie diesen Zustand als etwas Unabänderliches hinnehmen, es sei denn, daß man sie zu ihrer Armut auch noch in Unwissenheit und Aberglauben hält. Sie werden sich gegen die Reichen zusammentun und ihre Dienstleistungen teurer verkaufen. Schließlich können sie sogar Gewalt gebrauchen, wenn sie glauben, nichts mehr zu verlieren zu haben als ihr Leben, das ihnen dann auch nicht mehr so viel wert ist.

Ob die Lösung in einer Neuordnung des Kapitalismus oder in einem völlig anderen System zu suchen ist, soll hier nicht untersucht werden. Wesentlich ist, daß der Laissez-faire-Kapitalismus für die Menschen da ist und nicht die Menschen für den Kapitalismus oder für den ausschließlichen Vorteil irgendeiner Klasse, die gerade das

Glück hat, aus ihm Nutzen ziehen zu können. Das allgemeine Wohl oder das sittliche Ziel, mit dem die Verfechter des Laissez-faire-Kapitalismus ihn rechtfertigen wollen, hat Anspruch auf eine Stimme, und zwar auf eine Stimme, die über allen anderen gehört werden muß. Sie spricht im Namen der Religion oder der sozialen Neuordnung oder im Namen derer, die Unrecht erleiden. In ihr spricht das Gewissen der Menschheit, ihr Mitgefühl für Armut, Krankheit und vergebliches Mühen. Sie verurteilt die Ausbeutung der Armen, Schwachen und Hilflosen durch die Profitgeier. Sie sieht das Gemeinwesen als ein Ganzes und wendet sich entschieden dagegen, daß gewisse Gruppen von Menschen denen ausgeliefert sein sollen, die über die Quellen und Hilfsmittel des Reichtums verfügen. Sie spricht für das Allgemeininteresse und schreitet ein, wenn mit Sonderinteressen Mißbrauch getrieben wird. Bis zu einem gewissen Grade macht sie den Grundsatz zunichte, wonach der Mensch „mit dem, was ihm gehört, tun kann, was er will".

Ist das Ziel erst klar, ist auch der Weg frei für jeden brauchbaren Wirtschaftsplan, der den Kosten der Umstellung und der Ungerechtigkeit, die in der Enttäuschung rechtmäßig begründeter Erwartungen liegt, Rechnung trägt. Diese Einstellung wird zweifellos als verrückt, empörend, ja selbst als gefährlich empfunden. Sie ist ungefähr so empörend wie die Zehn Gebote und erheblich weniger gefährlich als die Bergpredigt.

Die Entwicklung zielt auf eine erdumspannende Wirtschaft ab. Die technischen Verbesserungen im Nachrichten- und Transportwesen, welche die Berührungspunkte auf der ganzen Erde vervielfacht und sie näher zueinandergerückt haben, brachten eine Erweiterung der wirtschaftlichen Beziehungen mit sich. Der Mensch möchte mit allen anderen erreichbaren Menschen in Geschäftsbeziehungen treten, und er kann dies nun an allen Punkten der Erde.

Mit der Möglichkeit, überall in der Welt Geschäfte abzuschließen, zu kaufen und zu verkaufen, zu leihen und zu borgen und überallhin Güter zu befördern, entsteht der Wunsch nach Ausdehnung, der aus dem Wesen der Wirtschaft selbst erwächst. Die Verfahren der Massenherstellung — wie Fließband und Zusammenfassung von Arbeit, Kapital und Forschung — sind auf weltweite Märkte abgestellt. Die Erzeugung bedient sich der fortlaufenden Entdeckungen der Chemie und bezieht aus allen Winkeln der Erde die große Vielfalt seltener Mineralien und anderer Rohstoffe. So werden für ein in den Vereinigten Staaten hergestelltes modernes Telephon siebenunddreißig verschiedene Rohstoffe gebraucht, die aus Mexiko, Venezuela, Brasilien, Argentinien, Kanada, Alaska, England, Irland, Frankreich, Schweden, Deutschland, Westafrika, Madagaskar, Rußland, Indien, den Philippinen, Australien, Neuseeland und Niederländisch-Indien zusammengeholt werden. Früher haben wir schon gesagt, daß der moderne amerikanische Kraftwagen hundertfünfundachtzig verschiedene Rohstoffe enthält, die ebenfalls aus allen Himmelsrichtungen herbeigeschafft werden müssen[54].

Allerdings hat das Bild auch seine Kehrseite. Unser Jahrhundert war Zeuge der Industrialisierung von Gebieten, die vordem nur als Rohstoffquellen galten. Es hat sich ein Hang zur Autarkie oder wirtschaftlichen Selbstgenügsamkeit herausgebildet, und es sind Anhaltspunkte vorhanden für eine Erscheinung, die als „zweite industrielle Revolution" bezeichnet worden ist und die „allenthalben und in unbegrenzten Ausmaße anorganische Stoffe an die Stelle der nur örtlich vorkommenden, seltenen Erzeugnisse der geologischen und biologischen Entwicklung treten läßt ... Die Kräfte, welche einer wirtschaftlichen Zusammenfassung der Welt entgegenarbeiten, gewinnen zweifellos an Stärke[55]. Aber die Autarkie ist viel eher eine Kriegsfolge als die Auswirkung der Wirtschaftskräfte. Die in neue Gebiete vorstoßende Industrialisierung macht die Einfuhr von Maschinen und anderen Anlagen aus älteren Industriegebieten erforderlich und bereitet den Weg für den Austausch von Fertigwaren. Und die „zweite industrielle Revolution" ist bis jetzt nichts weiter als eine schüchterne Kräuselung auf der Oberfläche der ersten Welle[56].

In jedem Falle bleibt die Frage zu beantworten, ob eine weltumspannende Wirtschaft auch eine gute Wirtschaft sei. Eine Wirtschaft muß durchaus nicht besser sein als eine andere, bloß weil sie größer ist. Ein Hund kann den anderen fressen, — ob die beiden groß oder klein sind, spielt dabei keine Rolle. Jede Wirtschaftsform — vom Raub, der eigentlich gar keine Wirtschaftsform ist, über jede Stufe der wirtschaftlichen Ausbeutung bis zu einer Idealwirtschaft, in der alle menschlichen Bedürfnisse das Höchstmaß an Befriedigung finden — ist in einem weltweiten Ausmaß mindestens denkbar.

Wer nicht einfach gedankenlos das Größere auch für das Bessere hält, sieht in der Weltwirtschaft jeweils einen der Vorteile, die sie nach seiner Meinung bringen müßte. Er sieht sie als die friedliche Wirtschaft, die es unmöglich macht, daß aus wirtschaftlichen Reibereien ein Krieg entsteht. Oder er sieht sie als die fruchtbarste Wirtschaft, welche die menschlichen Bedürfnisse am besten und mit den geringsten Kosten befriedigt — oder als die freie Wirtschaft, die den Wirtschaftskräften durch Abschaffung politischer Begrenzungen die höchste Entfaltungsmöglichkeit gibt — oder als die gerechte Wirtschaft, die allen Menschen ihren gerechten Anteil an den materiellen Gütern zuspricht — oder als die vereinheitlichte Wirtschaft, die durch eine allesumfassende Ordnung ein Höchstmaß an wirtschaftlicher Leistungsfähigkeit ermöglicht.

Diese Vorstellungen von der Weltwirtschaft als der besten Wirtschaft überschneiden sich bis zu einem gewissen Grade, zum Teil sind sie auch miteinander unvereinbar; aber in jedem Falle bringen sie eine nützliche Aufteilung des Gegenstandes und der wesentlichen Punkte der ganzen Fragestellung.

Wie Politik und Recht, so beginnt auch die Wirtschaft bei den Streitigkeiten und will verhindern, daß sie in Gewalt ausarten. Von der Weltwirtschaft wird behauptet, sie löse dieses Problem auf weltumspannender Grundlage und vermeide die unheilvollste Form der Auseinandersetzung, den Krieg. In einer geordneten Binnenwirtschaft braucht sich der einzelne um materiellen Besitz nicht mehr zu streiten, weil sie die Bedürfnisse gerecht und sinnvoll ausgleicht. Die Weltwirtschaft tut dasselbe zwischen den einzelnen Menschenfamilien. Sie dehnt die Lösung auf das Ausmaß des Problems aus: gleiches Problem, gleiche Lösung!

Gegen die Annahme, die Weltwirtschaft verhindere Kriege, wird angeführt, daß die Kriege des achtzehnten und zwanzigsten Jahrhunderts gerade auf Zeiten wirtschaftlicher Ausdehnung gefolgt sind. Die Ausweitung des europäischen Handels auf den Fernen Osten und die beiden Amerika im sechzehnten und siebzehnten Jahrhundert ließ die großen handeltreibenden Nationen — England, die Niederlande, Spanien, Portugal und Frankreich — gerade an diesen äußersten Punkten in Streit geraten und Weltkriege aus Gegensätzen entstehen, die sonst auf Europa beschränkt geblieben wären. Der Kampf um die Weltmärkte und Rohstoffe im neunzehnten Jahrhundert hat die großen Weltkriege der Gegenwart erst recht nicht verhindert, sondern eher vorbereitet.

Das alles beweist aber nicht, daß die Wirtschaft die Kriege nicht verhindern kann, sondern daß sie gerade am Kernpunkt des Streites eingeschaltet werden muß. Wenn zwei Parteien gegeneinander ins Feld ziehen wollen, um den friedlichen Handel mit einer dritten Partei jeweils ausschließlich für sich selbst zu sichern, so liegt der Ausweg in einer vernünftigen Ordnung der Wirtschaftsbeziehungen zwischen den ersten beiden Parteien. Die weltweite Ausdehnung einander rücksichtslos bekämpfender Nationalwirtschaften ist keine Weltwirtschaft, sondern lediglich Raub im großen. Es ist leider so, daß Völker, die im eigenen Land im Frieden leben, um so verderbenbringendere Kriege gegeneinander führen können.

Der Sinn der Weltwirtschaft liegt also darin, daß man überall auf den Krieg als Mittel zur Erwerbung materieller Güter verzichtet und dafür in friedlicher Arbeit für alle Menschen genügend Verbrauchsgüter erzeugt und sie durch Austausch gerecht verteilt.

Der materielle Besitz ist aber nicht das einzige, um was die Menschen sich streiten[57]. Sie kämpfen auch um Liebe, um Macht, um Ehre — um alles, was ihnen wertvoll erscheint. Beim materiellen Besitz muß es nicht immer um diesen selbst gehen, sondern es kann sich auch darum handeln, z. B. die Rohstoffe zu einem aus ganz anderen Gründen geplanten Krieg zu bekommen, oder um den Feind nicht in ihren Besitz gelangen zu lassen[58]. Die Tatsache bleibt aber bestehen, daß eine Weltwirtschaft eine der häufigsten Kriegsursachen beseitigen oder doch einschränken kann — vorausgesetzt natürlich, daß sie die richtige Form hat. Denn Kriege entstehen nicht nur durch das Fehlen einer geordneten Wirtschaft, sondern auch durch Versklavung oder Ausbeutung. Wenn die Verarmten, Verzweifelten und Beleidigten unter der bestehenden Wirtschaftsform nichts mehr zu verlieren haben, so werden sie diese umstoßen wollen und leicht in Räuberei verfallen. Sie werden ehrgeizigen Demagogen blindlings nachlaufen und wollen sich im Soldatenhandwerk schadlos halten, oder sie lassen sich schnell für irgendeine augenblickliche, radikale Neuerung begeistern. Allgemeine Übelstände und enttäuschte Hoffnungen bringen eine Unsicherheit, die sich leicht vom Aufruhr zur Revolution und von der Revolution zum Krieg auswächst. Ob ein

Wirtschaftssystem zum Krieg oder zum Frieden führt, hängt somit nicht nur von der Frage seiner Ausdehnung auf weltweite Maße ab, sondern auch von seiner inneren Gerechtigkeit.

Wirtschaftsordnung ist eine Voraussetzung für den Frieden; aber ebenso der Frieden für eine geordnete Wirtschaft. Aus Furcht vor dem Krieg flüchten sich Nationen in die Autarkie und bringen sich so um die besseren oder billigeren Möglichkeiten der Einfuhr. Kriegsrüstung bringt eine Einschränkung der Verbrauchsgüter mit sich und muß deshalb viele Annehmlichkeiten versagen, nach denen sich die Menschen besonders sehnen. Der moderne Krieg verlangt schon ein hohes Aufgeld durch seine lange Vorbereitung, und um im Kriege mächtig zu sein, muß eine Nation daher ständig kriegsbereit dastehen. Eine Wirtschaft, die nach Macht strebt, läßt sich nicht vereinbaren mit einer Wirtschaft, die den Wohlstand der Menschen will.

Die wirtschaftlichen Voraussetzungen für den Frieden und die friedlichen Voraussetzungen für die Wirtschaft gehören zusammen. Die Schaffung einer gerechten Weltwirtschaft trägt zum Frieden und zu allen Segnungen des Friedens bei. Die Schaffung des Friedens ist mehr als eine Verneinung des Krieges: sie fördert alle Wohltaten einer vorsorglichen Wirtschaft — Wohltaten, die sich gerecht auf alle Menschen und ihre Wünsche und Neigungen verteilen.

Die Weltwirtschaft wird zuweilen als die fruchtbarste Wirtschaftsform angesehen, weil sie dem Hauptzweck, nämlich der Befriedigung menschlicher Bedürfnisse, besonders gut und bei geringstem Kostenaufwand diene. Nach dem Buch der Genesis war die Erde mit allem reichlich versorgt, bevor Gott sie dem Menschen übergab. Und darum konnte Gott von seiner Schöpfung sagen: sie sei gut. Es war genug da für jedermann, und alles war für jedermann da.

Die Vorstellung von einem natürlichen Überfluß, der lediglich nach den menschlichen Bedürfnissen verteilt zu werden brauche, lebt immer noch fort; aber sie ist durch die Vorstellung vom künstlichen Überfluß ergänzt, wenn nicht überschattet worden. „Tatsache ist", sagte vor kurzem ein Schriftsteller, „daß die Menschheit nunmehr die Mittel in Händen hält, um die reichlichen Hilfsquellen der Erde so zu nützen, daß jedes menschliche Wesen auf diesem Erdenrund mit dem versorgt werden könnte, was es für ein behagliches Dasein braucht[59]." Allmutter Natur liefert den Rohstoff, die menschliche Arbeitskraft und Erfindungsgabe tut das übrige. In einer neuzeitlichen Wirtschaft auf weltweiter Grundlage können auch jetzt noch die immer vielfältigeren Bedürfnisse einer Menschheit befriedigt werden, die Gottes Anweisung: „Seid fruchtbar und mehret euch" so bereitwillig befolgt hat.

Seitdem Ferkel zur Hochhaltung der Preise in großen Mengen geschlachtet und vernichtet worden sind, ist das Schlagwort von der „Überflußwirtschaft" zur Zauberformel für die Amerikaner geworden, und die Kriegswirtschaft hat das noch bestärkt. Die verblüffende Erzeugungsfähigkeit der heutigen Industrie unter dem Druck des Krieges hat zur Genugtuung der meisten Menschen bewiesen, daß niemand die Notwendigkeiten des Lebens, ja nicht einmal einen mäßigen Luxus zu entbehren braucht.

Aber dieser Traum vom Überfluß hat den Menschen auch den Gegensatz zum Bewußtsein gebracht, in dem die Wirklichkeit zu ihm steht. Jemand hat gesagt: „Es ist schon eine ganze Welt, wie eine Kokosnuß eine ganze Kokosnuß ist. Aber ein schrecklich großer Teil von beiden ist Schale." Zur Schale der Erde gehören nicht nur die unfruchtbaren Gebiete, sondern auch deren unterernährte Bewohner. So beherbergt Asien — ohne Sowjetrußland — 52 v. H. der Erdbevölkerung (und die Asiaten vermehren sich immer noch rasch), bringt aber nur 34 v. H. der gesamten Feldfrüchte und einen kaum nennenswerten Hundertsatz der gesamten Fertigwarenerzeugung der Welt hervor. Mit anderen Worten: Ein großer Teil der Menschheit hat weder ausreichende Nahrung im eigenen Lande, noch genügend Kaufkraft, um sie durch Einfuhren zu ergänzen. Vom Standpunkt des Erdganzen aus betrachtet, ist dies ein bedenklicher Übelstand, der nach einem gerechteren Ausgleich der „Wohltaten der Erde" verlangt[64].

Es besteht ein klaffender Gegensatz zwischen der Unzulänglichkeit des Menschen und seinen weitgespannten Hoffnungen — das ist neuerdings wieder besonders fühlbar geworden. Das weithin anerkannte Eingeständnis der Unzulänglichkeit und das weithin empfundene Machtgefühl haben jetzt den Gedanken einer wirtschaftlichen Rettung aufkommen lassen, welche die Menschen nicht nur aus dem gegenwärtigen Elend herausführen, sondern sie zu bisher unerreichten Höhen des Wohlstandes erheben soll. Dieser Gedanke wird von den vom Schicksal Begünstigten und von den Uneigennützigen gepredigt und ebenso von den Stiefkindern des Glücks, die ihr Geschick nicht mehr als unabänderlich hinnehmen wollen, nachdem sie die frohe Botschaft gehört haben und nachdem ihnen Besserung versprochen wurde von Leuten, die sie zur Unterstützung besonderer Pläne gewinnen wollten.

Die Annahme, eine Kriegswirtschaft könne ohne weiteres auf Friedenswirtschaft umgestellt werden, ist nicht ungefährlich. Es ist eine Sache für sich, Güter für die begrenzten und bestimmten Ziele des Krieges herzustellen, wenn es auf die Kosten nicht ankommt und die Menschen unter dem Druck der Not sich einer einheitlichen Führung und Überwachung unterwerfen. Und so ist es auch eine Sache für sich, für friedliche Zwecke zu arbeiten, wenn es wieder ums Geld geht und die Menschen sich berechtigt fühlen, auf ihren gegeneinander gerichteten Ansprüchen zu bestehen. Aber diese Einwände berühren den Grundgedanken nicht, wonach die Erzeugungsmöglichkeiten einer neuzeitlichen Wirtschaft ausreichen, um das Mindestmaß menschlichen Wohlstandes aus der Niederung der Not herauszuheben, und wonach eine bessere Lebenshaltung durch Erhöhung der Kapitalanlagen und der Kaufkraft bezahlt werden kann. Keine Wirtschaftsrichtung bestreitet diesen Grundgedanken, gleichgültig ob sie nun auf freies Unternehmertum oder staatliche Lenkung eingestellt ist. Mit diesen Gedanken verbindet sich der Entschluß zu Wirtschaftsmaßnahmen, die ihn verwirklichen sollen.

Niemand bestreitet, daß der Wohlstand der Menschheit nur gehoben werden kann, wenn überall in der Welt bewußt und planmäßig auf dieses Ziel hingearbeitet wird. Auf der einen Seite der Gleichung stehen die Bedürfnisse, Wünsche und Bestrebungen der ganzen Menschheit — auf der anderen Seite die gesamten Hilfsquellen der Natur in Verbindung mit den gesamten Hilfsmitteln der Menschheit — der gleichen Menschheit. Es geht um uns alle, darum müssen auch alle zusammenhelfen in ihren Anstrengungen. Die gleichen Hilfsquellen sind für alle da, darum muß aus ihnen nach dem Maßstab der menschlichen Bedürfnisse der höchste Nutzen herausgeholt werden, und zwar so wirtschaftlich wie möglich — nach dem Maßstab des Arbeits- und Kostenaufwandes. Menschliche und technische Kräfte müssen in einer Weise eingesetzt werden, daß möglichst alles verwertet wird und möglichst nichts verlorengeht. Alles Material, alle Anstrengungen, alle Fertigkeiten und ihre Verteilung auf der Erde müssen so in die Planung einbezogen werden, daß eine möglichst fruchtbare Ordnung und Einstellung der ganzen Aufgabe durchgeführt werden kann.

Den Verfechtern der Weltwirtschaft, welche die klassische Wirtschaftslehre und ihre Anwendung im neunzehnten Jahrhundert anerkennen, bedeutet sie eine freie Wirtschaft, das heißt eine nach innen und außen von allen politischen Eingriffen befreite Wirtschaft. Freier Außenhandel gilt als die logische Folge freien Unternehmertums im Innern.

Die Kriege unseres Jahrhunderts haben zwischen Volk und Volk Mauern aufgerichtet, die zwar im politischen Sinne verständlich, nach wirtschaftlichen Gesichtspunkten aber willkürlich sind. Die nach dem ersten Weltkrieg geschaffenen Friedensverträge haben nationale Unabhängigkeitsbestrebungen unter Mißachtung wirtschaftlicher Abhängigkeiten gefördert. Die aus eingebildeten militärischen Notwendigkeiten entstandene Autarkie drückte die Lebenshaltung. Zum Schutze innerer Interessen errichteten manche Staaten Zollschranken und gaben so den Anlaß zur Schaffung von unwirtschaftlichen Industrien. Krieg und Kriegsvorbereitungen führten die Industrie auf unfruchtbare Wege und unterwarfen sie hemmenden Vorschriften. Das Hindernis der räumlichen Entfernung ist nun überwunden. Jetzt nieder mit den Zollmauern, weg mit den Vorschriften und fort mit den Einschränkungen! Voran mit den Geschäften, sperrt die Wirtschaft nicht ein!

Niemand kann leugnen, daß an dem allem viel Wahres ist. Aber es ist nicht die ganze Wahrheit. Wenn auch die Beseitigung der Zollschranken einen Handelsverkehr im großen Stil zuließe, so dürfen doch die Vorteile einer geordneten Wirtschaft nicht mit der Größe des Gebietes, über das sie sich erstreckt, oder mit ihrer bloßen Internationalität verwechselt werden. Wenn Handelsbeziehungen zwischen zwei Städten oder Ländern beiderseits von Nutzen wären, aber durch Verkehrsschwierigkeiten behindert werden, dann ist es zu begrüßen, wenn die moderne Technik die notwendigen Verkehrserleichterungen bringt. Wenn der beiderseitige Nutzen von der Schnelligkeit abhängt, wie beim Austausch verderblicher Güter, dann ist es ebenfalls wünschenswert, wenn man die Schnelligkeit erhöhen kann. Aber daraus folgt nicht, daß ein Austausch zwischen weit entfernten Punkten besser ist als ein Austausch zwischen nahen Nachbarn. Natürlich ist nichts einzuwenden gegen den Handel zwischen

Ungarn und Tschechen, wenn er den beiden Nutzen bringt, aber daraus folgt nicht, daß ein Warenaustausch zwischen Ungarn und Tschechen an sich schon besser wäre als der Handel zwischen Ungarn und Ungarn oder zwischen Tschechen und Tschechen. Der Handel sollte von allen gebietsmäßigen Besitzverhältnissen losgelöst werden — das wäre ein wichtiger Schritt zur Befreiung der Welt von den Übeln des Wirtschaftsimperialismus; aber das beweist noch lange nicht, daß der Handel zwischen verschiedenen politischen Gebietseinheiten besser sei als innerhalb einer solchen Einheit. Im Rahmen der Weltwirtschaft wäre es den Amerikanern zwar möglich, mit Neu-Guinea Handel zu treiben; aber es könnte doch vorteilhafter sein, erst einmal mit Maine und Kalifornien Geschäfte zu machen. Der Weltmarkt sollte vor allem denen vorbehalten bleiben, die auch wirklich Nutzen davon haben, denn er ist nicht schon an sich und in jedem Falle dem Binnenmarkt überlegen. Beweglichkeit ist erwünscht, Bewegung dagegen kann, muß aber nicht erwünscht sein.

Man muß sich hüten, dem Zauberwort „Freiheit" zu verfallen und muß sich stets darüber klar werden, was damit gemeint ist. Freiheit wessen? Freiheit wozu? Wirkliche oder eingebildete Freiheit? Richtig angewandte oder mißbrauchte Freiheit?

Es gibt da gewisse Binsenwahrheiten, auf die in erster Linie hingewiesen werden muß. Es ist durchaus vernünftig, daß, wer für die Freiheit eintritt, dies vor allem für die eigene und die Freiheit von seinesgleichen tut. Wenn der Ruf nach Freiheit von einem Geschäftsmann kommt, ist anzunehmen, daß er die Freiheit für Handel und Geschäft meint; aber die Freiheit im Geschäftsleben ist nicht die einzige Art von Freiheit — und die Freiheit eines Geschäftsmannes oder einer Gruppe von Geschäftsleuten ist nicht das einzige Beispiel von Freiheit im Geschäftsleben. So muß man schon unterscheiden zwischen der Freiheit des großen und der Freiheit des kleinen Geschäftsmannes.

Eine Freiheit stößt sich meist mit einer anderen, so daß ihre Inanspruchnahme durch einen Menschen sie meist vom Gebrauch durch andere ausschließt. Ideale oder rechtmäßige Freiheiten schränken sich gegenseitig ein, und zwar im Rahmen einer allgemeinen freiheitlichen Ordnung, die ein Höchstmaß von Freiheit für alle bringen soll. Ferner hängt die Freiheit ab von der Anzahl der Möglichkeiten, zwischen denen zu wählen ist, und sie kann daher an der Kenntnis und der Fülle dieser Möglichkeiten gemessen werden. Wirkliche Freiheit bedeutet die Fähigkeit und nicht bloß die Erlaubnis, nach eigenem Ermessen zu handeln. Wenn wir das alles in Betracht ziehen, so wird es klar, daß ein Verfahren, das für den einen Freiheit bedeutet, den anderen unter Zwang stellen und daß die Behinderung der Freiheit des einen das einzige Mittel sein kann, sie einem anderen zu geben.

Das gleiche gilt für die Freiheit der Nationen. Die Freiheit einer Nation im Handel kann zugunsten ihrer anderen Freiheiten, etwa der kulturellen, politischen oder religiösen, beschränkt werden müssen. Wenn eine Nation ihren wirtschaftlichen Vorteil zum Schaden einer anderen durchsetzen will, so kann es um der Freiheit der anderen Nation willen notwendig werden, ihr diese Freiheit abzusprechen oder doch einzuschränken. Eine Freiheit, die eine Nation dadurch bekommt, daß man sich einfach nicht um sie kümmert, ist keinen Deut wert, solange sie aus Unwissenheit und Unbeholfenheit mit dieser Freiheit nichts anfangen kann. Der erste Schritt zu einer tatsächlichen Freiheit muß anders getan werden, etwa auf dem Gebiete der Erziehung und der Wohlfahrt, oder auf dem Wege einer Verbindung von Freiheit und Macht durch politische Gleichstellung, wobei zugleich der wirtschaftlichen Freizügigkeit genaue Grenzen gezogen werden können. Wirtschaftliche Freiheit internationalen Stils erfordert somit eine weltumspannende Ordnung, die nicht nur einschränkt, sondern auch fordert, und in deren Rahmen alle nationalen Freiheiten sich gleichmäßig entwickeln können.

Es ist freilich durchaus möglich, daß die wirtschaftliche Freizügigkeit der Nationen, die einem weltweiten Rahmen eingepaßt ist, die Wirtschaftsfreiheit der einzelnen Angehörigen nicht unbedingt erhöht. Tatsächlich gerät die Freiheit des einzelnen in Gefahr, vergessen zu werden, weil man vor allem an den internationalen Handel denkt. Der freie Wettbewerb im Inland kann unterdrückt werden, um die Wettbewerbsfähigkeit im Außenhandel zu sichern. Das nationale Gewissen kann sich auch einmal nicht über das ganze Einflußgebiet des Staates erstrecken und wird so vielleicht außerhalb der engeren heimatlichen Grenzen Mißbräuche zulassen, die es daheim nicht duldet, etwa wenn „ehrbare Bürger" sich mit Sklaven- oder Rauschgifthandel befassen oder wehrlose Eingeborene rücksichtslos ausbeuten. Den internationalen Geschäftsmann kümmern nur seine Warenlieferungen und Kredite, und wenn er nur Geschäfte mit ihr machen kann, so ist ihm jede ausländische Regierung recht, und welche Wirtschaftspolitik sie im eigenen Land treibt, ist ihm herzlich gleichgültig.

Daher kommt auch das Gefühl der Interessengleichheit der Arbeiterklasse in der ganzen Welt. Die sittlichen Ansprüche der Arbeiterschaft beruhen nicht nur auf ihrem Klassenbewußtsein, sondern vielmehr auf der Tatsache, daß sie jenen Stand vertritt, der das Empfinden hat, man versage ihm seinen rechtmäßigen Anteil an den Wohltaten, den die einzelnen Nationalwirtschaften ihren Angehörigen schulden. Das Internationale Arbeitsamt, das den Zusammenbruch des Völkerbundes überlebt hat, fährt fort, die Freiheit der Arbeiter gegen die zügellose Freiheit der Arbeitgeber und Kapitalisten zu verkünden. Nach Auffassung der Arbeiterschaft sollte ihre Freiheit in allen Staaten und Schutzgebieten auf Grund von Verträgen oder Abmachungen durch die Vereinten Nationen gesichert werden; nach ihrer Meinung hängt diese Freiheit von der politischen Linie innerhalb der einzelnen Nationen ab, deren Pflicht es ist, um ständige Beschäftigung zu angemessenen Löhnen und unter vernünftigen Bedingungen, um eine bessere Lebenshaltung, um Kinderfürsorge, allgemeine Lohnvereinbarungen, Versicherung gegen Arbeitsunfähigkeit und Arbeitslosigkeit sowie um die Altersversorgung bemüht zu sein[61]. Ganz ähnlich vertritt auch der Gedanke der „Wirtschaftsdemokratie" den Standpunkt, daß eine freie Wirtschaft, auch auf weltweiter Grundlage, zu so ungleicher Verteilung der Macht führen kann, daß die große Masse des Volkes in Abhängigkeit von einzelnen wenigen Großunternehmern gerät. Auch die Wirtschaftsdemokratie stellt — gleich der organisierten Arbeiterschaft — Freiheit gegen Freiheit und fordert ein gerechtes System beschränkter Freiheitsrechte.

Eine Weltwirtschaft — selbst wenn sie aus wirtschaftlicher Freizügigkeit heraus geschaffen und in deren Namen verteidigt wird — muß daher nicht unbedingt die allgemeine Freiheit fördern, wobei wir unter allgemeiner Freiheit eine wirkliche Freiheit der Entscheidung für alle Nationen und alle Menschen in allen Bezirken des Lebens verstehen. Sie kann den gleichen Mißbräuchen ausgesetzt sein und der gleichen politischen oder gesetzlichen Einschränkungen bedürfen wie der Laissez-faire-Kapitalismus in der engeren Begrenzung der Nationalwirtschaften. Die Freiheit des Wettbewerbes kann im Inland zugunsten größerer Wettbewerbsfähigkeit im Außenhandel schließlich unterdrückt werden. Aber keine Nation sollte mit Sklaven handeln dürfen, gleichgültig ob weiß oder schwarz, oder mit Rauschgiften. Internationale Monopole entstehen aus den gleichen Ursachen wie die nationalen, in beiden Fällen gilt als Gipfelpunkt des Erfolges die Ausschaltung des Mitbewerbers. Und auch die Übel sind dieselben: Erzeugungsbeschränkungen zur Hochhaltung der Preise, Widerstand gegen Erfindungen und Fortschritte zum Schutz des angelegten Kapitals und übermäßige Machtballung in privaten Händen. Die Macht der internationalen Alleinrechte ist entsprechend größer als die der nationalen und kann sowohl gegen nationale Ansprüche als auch gegen die Ansprüche der einzelnen Verbraucher angewandt werden. Das Übel der „Kartelle" liegt nicht in ihrer vereinheitlichten Überwachung, sondern darin, daß der damit verbundene Zwang verantwortungslos von Privatpersonen ausgeübt wird, die nicht deshalb ihren eigenen Nutzen weniger im Auge haben, weil sie verschiedene Nationalität haben.

Kurzum, wenn die wirtschaftliche Freiheit allen Beteiligten, den Nationen und den Einzelmenschen, im Höchstmaß zugute kommen soll, dann genügt es nicht, daß die Obrigkeit einfach die Finger davon läßt. Die ursprüngliche und zugleich hartnäckigste Bedrohung jeder eigenen Freiheit kommt von einer anderen Freiheit, die einem anderen eigen ist. Die Obrigkeit ist dazu da, dieser Bedrohung zu begegnen. Freilich bildet dann die Obrigkeit eine neue Gefahr für die private Freiheit; aber es wäre Wahnsinn, aus Furcht vor der öffentlichen Tyrannei sich einer privaten Tyrannei zu unterwerfen und sie neue und weltumfassende Ausmaße annehmen zu lassen.

Es ist Aufgabe der politischen und gesetzlichen Obrigkeit, die beschränkten Freiheitsrechte, die miteinander vereinbar und in Einklang zu bringen sind, festzulegen, zu fördern und zu schützen. Etwaige Mißbräuche durch diese Obrigkeiten kann man nicht dadurch abstellen, daß man die Obrigkeit überhaupt ablehnt, sondern daß man sie auf ihr Unrecht aufmerksam macht und sie an die von ihr selbst erlassenen Gesetze erinnert. Die Obrigkeit allein ist der verantwortliche Vertreter aller Freiheiten. Wenn die wirtschaftliche Freiheit in aller Welt zu einem Höchststand gesteigert werden soll, muß auch eine entsprechende politische und gesetzliche Obrigkeit da sein, welche die Freiheiten richtig verteilt, damit sie sich nicht gegenseitig vernichten. Wenn unter Freiheit jedermanns Freiheit verstanden werden soll, dann kann sie nicht dadurch gefördert werden, daß man gerade der Einrichtung, die sie allein schützen kann, alle Macht abspricht.

Wenn eine Weltwirtschaft die „beste" Wirtschaft sein soll, dann muß sie eine gerechte Wirtschaft sein, das heißt, sie muß ihre Vorteile gleichmäßig verteilen, indem sie die Ansprüche aller Menschen, Gemeinschaften oder Nationen gleichmäßig und unvoreingenommen anerkennt. Man hört auch die Ansicht, in einer freien Wirtschaft setze sich die Gerechtigkeit ganz von selbst durch; sie müsse den Wirtschaftskräften nicht aufgezwungen werden, sondern sei sozusagen ihr Nebenerzeugnis. Unter „Wirtschaftskräften" ist hier die Auswirkung des Wettstreits der Wirtschaftseinheiten gemeint, deren jede in ihrem Tun durch die aufgeklärte Berücksichtigung ihrer eigenen Vorteile geleitet wird. In der Weltwirtschaft bedeutet dies, daß eine Nation, die ihr eigenes Wohlergehen und Gedeihen in weiser Überlegung erstrebt, gleichzeitig auch das Wohlergehen und Gedeihen der Menschheit fördert. Unter dieser Annahme kann man freilich die Weltwirtschaft als Trägerin des höchsten materiellen Wohlstandes aller Menschen gelten lassen, indem man sich zur Bekräftigung dieser Ansicht auf den höchsten materiellen Wohlstand des einzelnen beruft. Diese Gleichung zwischen dem wirtschaftlichen Wohle aller und dem wirtschaftlichen Wohle des einzelnen wird manchmal der „inneren Anschauung" zugeschrieben. In der Absicht, seine Hörer für eine freundliche Politik gegenüber Lateinamerika zu gewinnen, sagte der bereits erwähnte Geologe in seinem Radiovortrag:

> Aufgeklärter Eigennutz ist gewiß nicht die edelste Triebkraft, die man anrufen kann; aber sie ist die einzige, der sehr viele Menschen folgen ... Tatsächlich beruht die sittliche Überzeugung selbst zum Teil auf der inneren Anschauung, daß das die Art von Welt ist, in der die Menschen sich am wohlsten fühlen und zugleich auch am ehrenhaftesten sind. Je mehr Beweise wir zusammentragen können für die Richtigkeit dieses in der Anschauung verwurzelten Glaubens, desto stärker und verbreiteter wird die Anhängerschaft dieses edlen Gedankens sein[62].

Der Präsident der Handelskammer der Vereinigten Staaten hat zur Hilfe für die verwüsteten Länder aufgerufen „im Namen des Anstandes oder um des Eigennutzes willen[63]". Der Ausdruck „Anstand" läßt die Katze aus dem Sack. Der Mantel der Aufgeklärtheit kann die Nacktheit des Eigennutzes nicht zudecken — nicht einmal so weit, daß es nach Anstand aussieht, von Edelmut ganz zu schweigen.

Es ist ungewöhnlich widersinnig, daß der Wissenschaftler und der Geschäftsmann somit ihre Zuflucht zu innerer Anschauung und Glaubenssätzen nehmen müssen. Eine Untersuchung des wirklichen Lebens bringt es unweigerlich an den Tag, daß der Eigennutz, so fortschrittlich und neuzeitlich er sich auch geben mag, und die Anwendung der goldenen Regel, die vom Menschen verlangt, um das Wohl anderer genau so besorgt zu sein wie um das eigene, nicht zusammenstimmen. Die Geschichte der industriellen Revolution liefert den schlagenden und einwandfreien Beweis dafür, daß es im gleichen Maße, in dem die Profitsucht mit Hilfe von Wissenschaft, Erfahrung und listenreicherem Wettbewerb zunahm, für den Staat, das Gewissen und die Religion notwendig wurde, im Namen der Gerechtigkeit und des allgemeinen Wohles gegen die wirtschaftliche Selbstsucht einzuschreiten. Wichtig ist dabei, daß das durch Selbstsucht und das durch Selbstlosigkeit vorgeschriebene Verhalten bis zu einem gewissen Grad übereinstimmen; denn dadurch wird das Gebiet verkleinert, auf dem die öffentliche Hand die private Freizügigkeit einschränken muß. In einer idealen Welt würden Eigennutz und Uneigennützigkeit sich zweifellos decken. Aber auf unserer Erde, wie sie nun einmal ist, gehen ihre Wege von einem bestimmten Punkt an auseinander. Und genau das ist gemeint, wenn unsere Welt zu ihrem Nachteil mit einer anderen Welt verglichen wird, etwa mit dem Paradies vor dem Sündenfall oder dem Himmel der Seligen.

Weil aufgeklärter Eigennutz und Gerechtigkeit nicht sicher zusammenfallen, kann das Versprechen, Gerechtigkeit würde sich immer durch eigenen Nutzen bezahlt machen, auch nicht immer gehalten werden, und wenn man die Unterstützung eines Menschen durch ein derartiges Versprechen gewinnt, so betrügt man ihn und erntet später nur seinen Zorn. Und zudem hat man dadurch den sittlichen Fortschritt behindert, statt gefördert; denn anstatt die Herzen der Menschen der Gerechtigkeit geneigt zu machen, hat man sie in dem Glauben bestärkt, daß sie selbstsüchtig bleiben und die Gerechtigkeit der natürlichen Ordnung der Dinge überlassen können.

Im Wesen der wirtschaftlichen Selbstsucht liegt die Ausbeutung eines Mitmenschen durch Ausnützung seiner geringeren Kaufkraft. Wenn du nur an deinen eigenen Profit denkst, wirst du diesen Vorteil erzwingen, festhalten und vergrößern. Die Tatsache, daß ein Handelsabschluß für dich vorteilhaft, für den anderen aber nachteilig ist, wird dich nicht stören; wenn es ihm schlecht geht, wirst du auch keine Hemmungen haben, durch deinen Überfluß sogar seine Dienste zu erkaufen. Du denkst gar nicht daran, die Sache auch einmal von seinem Standpunkt aus zu betrachten, es sei denn, du könntest dadurch noch mehr aus ihm herausholen. Wenn er auch einmal von dir etwas haben will, so ist das seine und nicht deine Sache oder auch die einer höheren Stelle, die beiden Rechnung trägt und die immer gewisse Verzichte von beiden Teilen fordert. Dies gilt auch für die Beziehungen zwischen Einzelwesen und Gruppen innerhalb einer Gemeinschaft, in der die Wohlfahrt der Allgemeinheit als Ganzem Zugeständnisse von jeder kleineren Einheit verlangt. Und es gilt auch für die Beziehungen zwischen Gemeinschaften, wobei der Wohlfahrt der Weltgemeinschaft zuliebe von jeder Nation gewisse Einschränkungen ihres Wohlstandes übernommen werden.

Natürlich wirst du als amerikanischer Geschäftsmann, der seine Waren im Ausland absetzen will, Kunden brauchen, die auch bezahlen können, was sie kaufen. Bis zu diesem Punkt wirst du ihnen Wohlwollen entgegenbringen, ja sogar für eine Hebung ihrer Lebenshaltung eintreten, damit sie dir noch mehr abkaufen und Geld einbringen können. Wenn sie hingegen ihre eigenen Industrien entwickeln und ihren Bedarf aus eigener Erzeugung decken wollen, oder wenn sie ihre Bedürfnisse unter dem Einfluß eines asketischen Religionsstifters einschränken und sich zu einem einfachen Leben bekehren, wirst du eine solche Veränderung mit gemischten Gefühlen betrachten, und dein Vertreter wird mit allen Mitteln versuchen, die Leute wieder umzustimmen. Dein besseres Ich sagt dir vielleicht, daß sie das gleiche Recht auf ihre eigene Lebensart haben wie du auch, und daß die beste Lösung des Problems die Selbstlosigkeit wäre, die sowohl dein wie auch ihr Recht und ihre Vorteile berücksichtigt, wenn sie auch deine Gewinne vermindert oder dich sogar zwingt, dich anderen Geschäften zuzuwenden. Wenn du aber lieber ihre Industrialisierung oder ihre religiöse Bekehrung verhinderst und dir das auch gelingt, so kann sich niemand über deinen aufgeklärten Eigennutz beschweren.

Wenn eine hochentwickelte Nationalwirtschaft aus der Rückständigkeit anderer durch deren billige Arbeit Gewinne zieht, warum soll sie dann — immer vom Standpunkt des eigenen Vorteils aus betrachtet — die anderen nicht daran hindern, sich die Mittel zur Verbesserung ihrer Verhandlungsgrundlagen zu beschaffen und bessere Bedingungen zu erzielen — genau so wie ein Arbeitnehmer die Organisierung der Arbeiter zu hintertreiben sucht, wenn er sieht, daß sonst seine Gewinne leiden könnten. Gerechtigkeit für die Arbeiter von Kenya oder Java kann man nicht unter Hinweis auf die britischen oder holländischen Geschäftsinteressen fordern, und aus den bolivianischen Zinnminen werden die Gewinne der amerikanischen Industrie erzielt, ohne daß viel nach der Gerechtigkeit gegen die dortigen Bergleute gefragt wird. Die Opfer der Ausbeutung müssen ihre Sache selbst durchfechten und die moralische Unterstützung gegenüber ihren Ausbeutern erkämpfen, oder aber sie müssen sich die Machtmittel verschaffen, um sich behaupten und Zugeständnisse erzwingen zu können.

Aus aufgeklärtem Eigennutz können Großbritannien und die Vereinigten Staaten in Streit geraten, in welchem Falle eine Lösung, die beide Ansprüche berücksichtigt, wie etwa das Abkommen von Bretton Woods, den Eigennutz eines jeden nicht voll befriedigt. Beide müssen Zugeständnisse machen. Wohlstand für alle Nationen kann sich nicht aus dem aufgeklärten Eigennutz einer einzelnen Nation entwickeln, sondern nur durch den gegenseitigen Druck des Eigennutzes aller Nationen, gemäßigt durch „ein Gefühl der Fairneß" und ausgeglichen durch eine Regelung, die aus den gegebenen Verhältnissen eben das Beste herauszuholen sucht.

Ein eng begrenzter Eigennutz kann nicht für einen verbreiteteren Wohlstand eintreten, in dem er seine Absichten mit noch mehr Schlauheit und Findigkeit verfolgt. Rein persönliche Profitsucht kann sich nicht für das Wohl der Familie einsetzen, und das gilt ebenso für die Standes- und Gesellschaftsgruppen und Nationen und endlich für die ganze Menschheit. Man kann nicht für das Wohl künftiger Geschlechter besorgt sein und deshalb für Schonung der Bodenkraft und der Holzvorräte und Mineralvorkommen eintreten und dabei für die lebende Generation überall möglichst hohen Nutzen herausschlagen wollen[64].

Das einzige Mittel gegen die Selbstsucht ist die Selbstlosigkeit, und das Evangelium des aufgeklärten Eigennutzes kann bestenfalls nur ein Schritt in dieser Richtung sein. Rechtmäßiger Wohlstand muß auf seiner eigenen Rechtsgrundlage stehen. Das ganze Streben nach Wohlstand für alle Menschen für alle Zeiten ist sinnlos, wenn es nicht um seiner selbst willen geschieht. Es verliert jeden Sinn, wenn es als bloßes Mittel zu einem geringeren Zweck benützt wird. Es gibt einen gerechten und einen ungerechten Wohlstand, und nur wenn den Menschen die Gerechtigkeit mehr gilt als die Ungerechtigkeit, wird ihr eigener Nutzen mit dem gerechten Wohlstand zusammenfallen, aber nur deshalb, weil dieser Wohlstand eben gerecht ist und nicht, weil er zugleich sich mit dem eigenen Wünschen und Wollen deckt.

Unter Weltwirtschaft kann man nicht nur eine Wirtschaft mit weltumspannenden Beziehungen verstehen, sondern auch eine weltumspannende wirtschaftliche Ordnung.

Es versteht sich von selbst, daß jede Wirtschaft ihr eigenes Triebwerk braucht und daß dieses in seiner Wirksamkeit und Reichweite der Eigenart der betreffenden Wirtschaft entsprechen muß. Wenn eine nationale Wirtschaft eine nationale Währung erfordert, dann gehört zu einer internationalen Wirtschaft auch eine internationale Währung oder doch wenigstens ein Geldumtausch zu einem genügend festen Kurs, der langfristige Berechnungen zuläßt. Wie es in den Staaten Banken geben muß, so muß es auch internationale Banken geben, wenn Guthaben oder Kredite überwiesen werden sollen. Wenn Anleihen an eine zahlungsunfähige oder an eine im Aufstieg begriffene Wirtschaft zu einer Angelegenheit werden, die alle Nationen angeht, dann ist eine internationale Bank notwendig. Wenn starke Preisschwankungen verhindert werden sollen — scharfe Wertverminderung von Überschüssen, die durch Fleiß und Mühe erarbeitet wurden, oder scharfe Preissteigerungen bei Gütern, für die überall großer Bedarf besteht —, ist es nur vernünftig, sich nicht bloß zu Hause, sondern auch auswärts nach Gegenmitteln umzuschauen. Wie der heimische Handel und die heimischen Märkte, so erfordern auch der internationale Handel und die internationalen Märkte ihre eigenen Antriebskräfte.

Dieser Antrieb — für die Ordnung von Handel, Geldwesen, Krediten und Geldanlagen oder der Preise für Stapelwaren — muß nach internationalen Gesichtspunkten abgestimmt und geformt werden.

Ob dieses oder jenes Mittel dafür brauchbar und wirksam ist, steht hier nicht zur Erörterung; wichtig ist, daß alle Erfahrungen zu allen möglichen Verbesserungen herangezogen werden. Vor allem aber müssen alle Nationen die Notwendigkeit dieser Neuordnung anerkennen und sich deren Ziel zu eigen machen. Wie in der politischen Ordnung liegt auch hier die große Errungenschaft in der Bildung eines gemeinsamen Willens, für den das Abkommen von Bretton Woods ein Beispiel ist. Es gibt immer mehr anerkannte Leit- und Lehrsätze, die den Begriff des gemeinsamen Willens klar umreißen. Diese Grundgedanken sind von offiziellen Persönlichkeiten wieder und wieder dargelegt worden, wie durch Präsident Roosevelt in seiner Begriffsbestimmung der „Freiheit von Not . . ., was in weltumspannendem Sinne wirtschaftliche Übereinkommen bedeutet, die jeder Nation auf dieser Welt ein gesundes Friedensdasein für ihre Angehörigen sichern werden[65]". Die gleiche Betonung der Universalität findet sich in Cordell Hulls Radiobotschaft vom 18. Mai 1941, worin er erklärte: [1] daß „es einem übersteigerten Nationalismus nicht erlaubt werden darf, sich in übermäßigen Handelsbeschränkungen auszudrücken"; [2] daß „es bei internationalen Handelsbeschränkungen keine Ausschließlichkeit geben darf"; [3] daß „die Rohstoffe allen Nationen zugänglich sein müssen"; [4] daß „bei der Versorgung mit Waren die Interessen der Verbrauchsländer und ihrer Bewohner voll gewahrt werden"; [5] daß „Einrichtungen und Vorkehrungen der internationalen Geldwirtschaft in der Weise getroffen werden müssen, daß dadurch den lebenswichtigen Industrien und einer ständigen Entwicklung in allen Ländern geholfen wird". Diese Grundsätze sind in der Atlantik-Charta und in dem zwischen den Vereinigten Staaten und Großbritannien abgeschlossenen gegenseitigen Hilfeleistungsabkommen enthalten, worin beide Parteien das Leih-Pacht-Gesetz als ein Mittel zur Besserung der Wirtschaftsbeziehungen in der ganzen Welt bezeichnet haben.

Eine kürzlich von amerikanischen Wirtschaftlern und Geschäftsleuten herausgegebene Erklärung bringt den Vorschlag einer „Internationalen Wirtschafts-Charta", die eine umfangreiche Zusammenfassung von Grundsätzen enthält, wie die Rechte ausländischer Handelstreibender, die Vereinfachung des Zollwesens, die Ausschaltung unlauteren Wettbewerbs, ferner Hilfsgelder, Doppelbesteuerung, mengenmäßige Beschränkungen der Ein- und Ausfuhr sowie Vorkehrungen für Handelsschiedsgerichte, Währungskontrolle und Tarifberichtigungen[66].

Für die Auslegung, Abänderung, Ergänzung und Anwendung dieser Grundsätze bedarf es einer ständigen Wirtschaftsorganisation der Vereinten Nationen. Wenn sich aber eine internationale Wirtschaftspolitik herausbilden soll, dann muß sie zur öffentlichen Politik gemacht werden; aber nicht nur innerhalb einer Nation, sondern in der ganzen Welt. Eine Weltwirtschaft ist ohne weltumspannende Regierung und Gesetzgebung undenkbar. Freilich kann auch hier die Obrigkeit — wie innerhalb der Nationen — die Wirtschaft hemmen. Aber das Unheil, das eine Regierung anrichten kann, und die Befürchtungen und Verdächtigungen, die daraus entstehen, dürfen uns nicht blind machen gegen die grundlegende sittliche Aufgabe der Regierung. Die Regierung ist die Einrichtung — und zwar die einzige —, an die sich die Menschen zur Bestimmung und — wenn nötig — zwangsweisen Durchführung der richtigen öffentlichen Politik, einschließlich der Wirtschaftspolitik, halten können. Aus Gründen, die eine Untersuchung lohnen dürften, wird mitunter der Regierung das Recht zur Wahrung der wirtschaftlichen Gerechtigkeit durchaus abgesprochen, während sie als Hüterin der politischen Gerechtigkeit willig anerkannt wird. Das Gesetz ist das einzige Mittel, durch das die öffentliche Politik, einschließlich der Wirtschaftspolitik, geregelt und wirksam gemacht werden kann. Und Regierung und Gesetz allein sind es, an die der Mensch sich halten kann, wenn er Mißbräuche von Regierung und Gesetz abgestellt und die öffentliche Politik, einschließlich der Wirtschaftspolitik, geändert haben will.

Die Betonung des Wirtschaftlichen in der modernen Welt und die Hervorhebung der wirtschaftlichen Aussichten jener einigen Welt, die kommt und die kommen muß, lassen die bösen Ahnungen wieder aufleben, welcher Platz den wirtschaftlichen Werten im menschlichen Leben zukommen wird. Diese Befürchtungen sind wohlbegründet. Die der Konkurrenzwirtschaft durch die öffentliche Zustimmung gegebene Billigung und die vorwiegende Beschäftigung des aufstrebenden Mittelstandes mit wirtschaftlichen Dingen haben einen Kult des berechnenden Eigennutzes entstehen lassen. Sie haben einen zweifachen Maßstab geschaffen — den einen für den Geschäftsmann in seinem geschäftlichen Leben, den anderen für den gleichen Menschen in seinem häuslichen und sonstigen persönlichen Beziehungen sowie in seinen sittlichen und religiösen Bekenntnissen.

Reichtum bringt Macht und Ansehen mit sich, und beide lassen leicht die Mittel vergessen, durch die der Reichtum erworben wurde, ob durch allgemein nützliche Arbeit oder durch die Herstellung von Kaugummi oder gar von quacksalberischen Schwindelpräparaten. Wohlfahrtseinrichtungen können mit „stinkendem Geld", wie es einst genannt wurde, gegründet worden sein, und es sieht so aus, als würde sich der „Gestank" allmählich verflüchtigen, bis man einfach sagt: „Geld ist Geld"! Glücklicherweise ist der Geruchsinn immer noch stark genug, um ein Gefühl des Ekels hervorzurufen, wenn die schwerwiegende und tragische Nachricht eines Kriegsausbruchs mit der geschäftigen Anpreisung von Zahnpasta und Lippenstiften in Verbindung gebracht wird.

Die Überbetonung alles Wirtschaftlichen läßt auch den Begriff des materiellen Wertes und Gegenwertes unverhältnismäßig wichtig erscheinen, einen Begriff, der nur wenig oder gar nichts mit den sittlichen oder überhaupt irgendwelchen Werten zu tun hat, die dem menschlichen Dasein Würde und inneren Gehalt geben. Was man umsonst bekommt, wie die Schönheit der Natur, die Freundschaft oder die Liebe Gottes, sinkt immer tiefer in der Wertschätzung der Menschen. Shakespeare oder Rembrandt zu genießen kostet nichts und hat keinen Marktwert, und vielleicht gilt darum diese Freude weniger als die Freude des Sammlers über den Erwerb einer seltenen Erstausgabe oder eines Originals. Das Kostenlose, auch wenn es Perlen sind, wird von der Ware des Schmuckhändlers verdrängt.

Die Werte, welche die Wirtschaft vermittelt, haben mit dem eigentlichen Wesen des menschlichen Glücks nur wenig zu tun und schrumpfen in Zeiten schwerer Not, oder wenn der Mensch sich früher oder später unweigerlich mit dem All auseinandersetzen muß, jämmerlich zusammen. Adam Smith, der vor allem Sittenlehrer und erst in zweiter Linie Wirtschaftler war, sagt:

> Macht und Reichtum erscheinen dann als das, was sie sind: riesige, rastlose Maschinen, ersonnen, um ein paar nebensächliche Annehmlichkeiten für den Körper zu schaffen . . . Sie sind wie ungeheuere Gebäude, deren Errichtung eine Lebensarbeit bedeutet, die jeden Augenblick den Menschen unter sich zu begraben drohen, der in ihnen wohnt, und die, solange sie stehen, ihn zwar vor einigen kleineren Unannehmlichkeiten, aber vor keiner der strengeren Unbilden der Jahreszeit schützen können. Sie halten

wohl einen sommerlichen Regenschauer ab, nicht aber die Winterstürme. Vielmehr lassen sie ihn immer noch gleich, wenn nicht sogar manchmal mehr als früher der Unsicherheit, Furcht und Sorge, Krankheit, Gefahr und Tod ausgesetzt sein[67].

Dieser Angriff auf die „traurige Wissenschaft" der Wirtschaft hat viel Wahres für sich, er enthält aber nicht die ganze Wahrheit, und halbe Wahrheiten sind immer halbe Blindheit. Das menschliche Dasein und alle menschlichen Wünsche und Triebe haben ihre physischen Voraussetzungen, und sogar ein Kloster oder eine Kirche, die einem höheren Zweck geweiht sind, erfordern ihre Wirtschaft. Die Waren, die gekauft und verkauft werden können und die aus einer Arbeit entstanden sind, die wiederum mit anderen Gütern bezahlt werden muß, werden manchmal „Mittel" genannt. Und so trifft die Bezeichnung „bemittelt" für wohlhabend den Nagel auf den Kopf.

Es ist ein Fehler, die Ziele zu vergessen, aber es ist kein geringerer Fehler, die Mittel zu vergessen sowie die Tatsache, daß überhaupt alle Ziele, wenn sie von einem physischen Organismus in einer physischen Umwelt verfolgt werden, auch physischer Mittel bedürfen. Wenn also diese vielleicht nicht hoch in unserer Achtung stehen, weil sie nicht selbst einen Zweck darstellen, so müssen wir doch stets bedenken, daß sie uns den Weg ebnen zu allen Zielen, vom niedrigsten bis zum höchsten. Und wenn sie auch nur nützlich sind, so sind sie's doch in höchstem Maß, und man kann nicht auf sie verzichten.

Wenn die Reichen (vor anderen Leuten) den Reichtum verachten, so ist das immer verdächtig. Selten nur äußert sich diese Verachtung nämlich so, daß die Reichen ihren Reichtum nun hergeben. Vielmehr wollen sie damit die Unbemittelteren vom Reichtum abschrecken, vielleicht aus Angst, daß ihnen ihr Besitz von anderen abgenommen wird oder daß sie die Macht, die mit dem Reichtum verbunden ist, verlieren könnten. Und schließlich kann diese Geringschätzung zeigen, wie sehr jemand in unschuldiger Unwissenheit lebt über das Ausmaß, in dem der verachtete materielle Besitz die Voraussetzung für die Güter bildet, an denen er doch so hängt. Es ist kein bloßer Zufall, daß das heute bestehende Wirtschaftssystem von den Armen hingenommen und von den Reichen begeistert gepriesen wird. Diejenigen, die an dem System am meisten profitiert haben, erfreuen sich auch aller Vorteile einer starken Verteidigungsstellung, und diejenigen, die am wenigsten Nutzen davon gehabt haben, müssen eine starke, beinahe uneinnehmbare Festung erstürmen und leiden nicht nur unter diesem strategischen Nachteil, sondern auch unter dem Makel, der allen Unruhestiftern anhaftet.

Die Habenichtse dieser Welt sind nicht unbedingt von Habsucht und Materialismus getrieben. Sie empfinden schmerzlich, was sie durch ihre Armut verlieren. Sie wissen, daß man Shakespeare oder Rembrandt nicht genießen kann, wenn man keine Erziehung gehabt hat, daß man sich der Natur und freundschaftlichen Zusammenseins nicht erfreuen kann, wenn man sich keine Mußestunden gönnen darf, daß man sich mit den „höheren Dingen des Lebens" nicht befassen kann, wenn man die niedrigeren nicht auch besitzt, die trotz ihres geringeren Wertes doch nicht weniger unentbehrlich sind. Die Zivilisation nützt einem Menschen wenig, wenn er nur gerade das Nötigste zum Leben hat. Jedenfalls müßten Einfachheit und Härte am oberen Ende der wirtschaftlichen Stufenleiter beginnen — und nicht am unteren. Das Evangelium der Armut sollte zuerst denen gepredigt werden, welche die Not noch nie kennengelernt haben.

Der wirtschaftliche Fortschritt, der die Wohltaten einer neuzeitlichen Wirtschaft in gerechter Verteilung allen zugute kommen läßt und der durch eine Erhöhung der Lebenshaltung mehr Möglichkeiten zu einem besseren Leben schaffen wird, ist der wirtschaftliche Teil jenes Zieles, das von Idealisten verkündet wird und an dessen Verwirklichung die Realisten arbeiten. Diese beiden Partner in einem gemeinsamen sittlichen Vorhaben, die Idealisten und die Realisten, sind hier, wie auch sonst, unzertrennlich. Das heißt, sie sollten nicht getrennt werden, aber leider kann man sie trennen. Die Idealisten können nur eine Sache ausdenken und die Realisten sie nur in die Tat umsetzen; die einen beschäftigen sich ausschließlich mit dem Ziel, die anderen ebenso ausschließlich mit den Mitteln, Maßnahmen und Schwierigkeiten.

Das Ziel ist, die Bedürfnisse aller Menschen allenthalben reichlich und gerecht zu befriedigen durch gemeinsamen Einsatz der Anstrengungen und Hilfsmittel aller Menschen. Der wesentliche Grund dafür, daß man den Hottentotten Milch schickt, ist — so sonderbar es klingt —, daß die Hottentotten Milch brauchen. Und weil das so ist, ist es auch die Pflicht aller derer, die Milchüberschuß haben, sie den Hottentotten zu schicken. Wenn der Hottentotte gleich daneben stünde, dann könnte man ihm die Milch unmittelbar geben oder doch etwas davon — und das wäre zugleich Anfang und Ende der ganzen Angelegenheit. In einer modernen Wirtschaft aber besteht für den Hottentotten die Gefahr, überhaupt vergessen zu werden, und jeder, der die Sache so einfach ausdrückt, wird gleich als „Roter" oder sonst als irgendeine Abart von gefährlichem Aufwiegler verschrien, wie Henry Wallace. Und dennoch hat die ganze Wirtschaftsordnung, sei sie noch so umfassend und fein durchdacht, keine andere Daseinsberechtigung als die, Milch für die Hottentotten zu beschaffen. Und jeden einzelnen geht es an, daß diese Binsenwahrheit immer wieder und wieder ausgesprochen wird; denn jedermann ist irgend jemand anderem gegenüber in der Lage des Hottentotten.

Aber die Lösung besteht nicht darin, daß man eine Flasche Milch von New Hampshire nach Südafrika schickt. Erstens wäre es nicht genug und zweitens würde sie unterwegs verderben. Wenn für alle — die Hottentotten eingeschlossen — genügend Milch vorhanden sein soll, muß es eine Molkereiindustrie geben, die nach fortschrittlichen wissenschaftlichen Erkenntnissen arbeitet. Eine Molkereiindustrie braucht die Arbeit des Molkereifachmannes und Kredit bei der Bank. Wenn die Hottentotten zu ihrer Milch kommen sollen, muß sie kondensiert und hinbefördert werden, was noch einmal Arbeit und noch einmal Kapital erfordert. Alle diese Vorkehrungen und noch hundert andere mit allen ihren weitläufigen und undurchsichtigen Verästelungen müssen bezahlt werden, das heißt, daß in der ganzen Wirtschaft Leute notwendig sind, die ihre Existenz aufs Spiel setzen, damit sie in Gang bleiben kann. Ihr Geldbedarf ist nicht minder zwingend als der Milchbedarf der Hottentotten. Manche Leute brauchen Milch, manche wieder das, was man für die Milch oder deren Beförderung bekommen kann. Der Hottentotte könnte lange auf seine Milch warten, wenn man aus lauter gutem Willen, ihm zu helfen, die Milchindustrie in New Hampshire oder sonstwo zerschlüge oder das Transportsystem zwischen New Hampshire und Afrika.

Außerdem gibt es noch in größerer Nähe Leute, die Milch brauchen; und es wäre der gesamten Milchversorgung wenig förderlich, wenn die Bewohner Neu-Englands ohne Milch auskommen müßten, damit den Hottentotten genügend geliefert werden kann. Es spricht viel dafür, mit der heimischen Bedarfsdeckung zu beginnen und von da aus weiterzuarbeiten.

Wenn man irgendeinen Generaldirektor in einer Weltstadt, für den nichts auf dem Spiele steht als das Gehalt, das man ihm zahlt, damit er unabhängig und daher unparteiisch bleiben kann, um Rat anginge, was die Amerikaner wegen des Milchbedarfes der Hottentotten tun sollen, würde er wahrscheinlich sagen, man solle den Hottentotten Kühe schicken, damit sie ihre Milch selbst erzeugen können. Und um jene Leute in Amerika zu entschädigen, die von ihren Kühen leben, würde er empfehlen, daß die Amerikaner den Hottentotten helfen, eigene Erzeugnisse hervorzubringen, die sie gegen die Kühe in Tausch geben könnten, oder daß andere mit amerikanischer Hilfe dieses Hottentottenhilfsprogramm durchführen sollen. Das wäre etwas ganz anderes, als wenn man von den Hottentotten einfach nichts wissen wollte. Es hieße, sie in idealer Weise in die Gesamtplanung miteinbeziehen, zugleich aber sehr real mit den Schwierigkeiten zwischen Wunsch und Erfüllung rechnen und mit den Ansprüchen aller Beteiligten an diesem weitgesteckten Unternehmen, durch das allein der Gedanke verwirklicht werden kann.

Realismus auf dem Gebiete der Weltwirtschaft bedeutet die Berücksichtigung zweier Dinge: der angeborenen, natürlichen Selbstsucht, die man auch durch Verleugnung nicht aus der Welt schaffen kann, und der örtlich begrenzten Interessen der Familie, der Nachbarschaft, des Landes oder der Nation.

Diese realistischen Erwägungen sind der Ballast eines sonst allzu leichtbeschwingten Idealismus. Es gibt aber noch anderen Ballast, der — läßt man ihn erst zu schwer werden — alle Bewegung hemmt: den Ballast der Trägheit. Ein Zeitgenosse hat festgestellt, wie viele Schlagworte der Wirtschaft aus der Zeit zwischen den beiden Kriegen mit der Vorsilbe „Re" (Wieder- oder Rück-) beginnen:

Wir haben uns nacheinander mit reconstruction (Wiederaufbau), retrenchment (Kürzungen, Einschränkungen), reparations (Wiedergutmachung), repayment (Rückzahlung der Kriegsschulden), revaluation (Wiederaufwertung der Währungen), restoration (Wiedereinführung des Goldstandards), recovery (Wiederherstellung) oder removal (Beseitigung der Zollschranken) usw. befaßt. Selbst die Inflation sollte einen ehrlichen Namen bekommen und man nannte sie reflation. In den Dreißigerjahren schrieb ein führender britischer Fachmann auf dem Gebiete der internationalen Wirtschaftsbeziehungen zwei Bücher, deren erstes Recovery (Wiedergesundung) und deren zweites Securty: Can We Retrieve it? (Können wir die Sicherheit wiederherstellen?) betitelt ist[68].

Es ist Aufgabe des Idealismus, anzukämpfen gegen dieses „Heimweh nach der Vergangenheit" oder gegen die Zaghaftigkeit in der Gewöhnung an die Gegenwart — diese Neigung, das Vergangene zu wiederholen (repeat) oder auf der Stelle zu treten (remain). Wir brauchen unsere Henry Kaiser und Bardsley Ruml, sogar unsere Henry Wallace, damit sie uns an die noch immer unversuchten Möglichkeiten erinnern. Alles, auch das Gute, kann noch besser gemacht werden. Sogar der umfassende Plan der menschlichen Wohlfahrt kann — trotz aller gegenteiligen Erfahrungen — verwirklicht werden, wenn die Erfindungsgabe und die Anstrengungen der ganzen Menschheit unter der Führung derer zusammengefaßt werden, die nicht stehenbleiben oder sich entmutigen lassen wollen.

SECHSTES KAPITEL

Weltkultur und nationale Kultur

Der Ausdruck „Kultur" betont in erster Linie die allgemeine Tatsache, daß die Form des menschlichen Lebens vom Menschen selbst gestaltet und gewandelt wird. „Kultur" ist der Gegensatz zu „Natur" und erinnert uns daran, daß die Menschen nicht wie andere Lebewesen bereits fertig zur Welt kommen, sondern mit bestimmten Begabungen, wie Vernunft, Gewissen, Vorstellungsgabe, Zusammengehörigkeitsgefühl und Nachahmungsfähigkeit, ausgestattet sind, mit denen sie sich selbst formen können. Das menschliche Leben ist mehr Wille als Instinkt, eher wechselnd und schöpferisch als beständig, eher suchend und formungsfähig als fertig gebildet. Deshalb kann auch der Mensch so hoch steigen und so tief sinken, und darum kann der Ausdruck „menschlich" das Bewundernswerte und Göttliche bedeuten, das größter Verehrung wert ist, und auch das Tierische oder noch Schlimmeres, das die Verachtung durch den Menschen selbst und die Bestrafung durch die Hand eines gerechten Gottes verdient.

Als Gegensatz zur Natur bedeutet somit Kultur die Summe der Künste des Lebens und dessen, was daraus entstanden ist, wie es in Aufzeichnungen, Denkmälern und mündlicher Überlieferung bewahrt, von Geschlecht zu Geschlecht vermehrt, in der Vergangenheit gesammelt, in der Gegenwart genützt und bereichert und der Nachwelt überliefert wurde.

Kultur bezeichnet auch das Sichtbare, das Fleisch und Blut des Lebens, im Gegensatz zu seinem Knochengerüst. Sie zeigt die besonderen Wege, welche die einzelnen Menschengemeinschaften zur Lösung ihrer besonderen Probleme beschritten haben. Sowohl die Wünsche und Neigungen wie die Umstände des Lebens wechseln von Zeit zu Zeit und von Ort zu Ort. Jede menschliche Lage hat etwas

Einmaliges und zugleich Allgemeingültiges. Sitten, Politik, Gesetz, Wirtschaft, Erziehung und Religion entstehen immer und überall als Antworten auf bestimmte Lebensverhältnisse. Aber ihre Formen sind, je nach dem Stoff, in dem sie sich verkörpern, unendlich verschieden, denn die sittliche Ordnung der Gesellschaft schränkt die Freiheit in gewissen Bezirken des Lebens in keiner Weise ein.

Es gibt gleichartige menschliche Zwangshandlungen, aber keine zwei Zwangshandlungen, die völlig gleich sind. Nieser ist Nieser — aber es gibt keine zwei Menschen, die gleich niesen, und kein Mensch niest zweimal auf gleiche Weise[69]. Kleidungsstücke, die nach demselben Maß zugeschnitten sind, werden nach dem Tragen verschieden sein; Häuser mit gleichem Bauplan zeigen doch Unterschiede, wenn sie eine Zeitlang bewohnt sind. Keine zwei Gerichtsverhandlungen sind gleich, keine zwei politischen Vorgänge, keine zwei Prozesse, keine zwei Geschäftsabschlüsse.

Bildwerke haben verschiedene Wirkung, je nachdem, ob sie aus Granit, Marmor, Ton oder Bronze geformt sind. Und so wechselt auch die Art der menschlichen Ordnung je nach den Menschen, für die sie bestimmt ist. Aber der Stoff, aus dem Bildwerke gemacht werden, ist — wie wir es nennen — „Rohmaterial"; denn er hat noch keine künstlerische Form. Der Stoff für die menschlichen Einrichtungen ist dagegen bereits vorgeformt. Kein Mensch und keine Menschengruppe ist R o h material. Eine politische Ordnung wirkt nur, wenn die Menschengemeinschaft bereits eine gewisse sittliche, rechtliche und wirtschaftliche Gestalt hat. Das gleiche gilt auch für jede andere Ordnung und Regelung. Das menschliche Dasein ist ein Schauplatz von Wechselwirkungen, worin jede Einrichtung Wandlungen unterworfen ist durch andere Einrichtungen und durch tausend Rücksichten auf Rasse, Gemütsart und örtliche Besonderheiten.

So liegt in dem Ausdruck „Kultur" zugleich ein ständiger Protest gegen die Verallgemeinerung und eine Anerkennung des einmaligen Ausdrucks eines jeden gesellschaftlichen Lebens. Jedes menschliche Antlitz ist aus den gleichen Hauptzügen in gleicher Anordnung zusammengesetzt. Aber die Gesichtszüge und ihre Anordnung sind unendlich vieler Unterschiede fähig, die jedem der unzähligen Gesichter seinen eigenen Ausdruck verleihen, ihnen allen aber doch eine erkennbare Wesensgleichheit lassen. Der Begriff „Kultur" dient der Hervorhebung einer solchen wandelbaren Ganzheit, in der jeder Teil jeden anderen widerspiegelt und die Zusammengehörigkeit der Teile einen ganz bestimmten Gesamteindruck hervorruft. So verstanden, ist die Kultur selbst doch eine Verallgemeinerung — allerdings die kleinste. Sie lenkt die Aufmerksamkeit auf die gemeinsamen Besonderheiten der betreffenden Gemeinschaft als Ganzes — im Gegensatz zu den sogar auffälligeren Eigenarten ihrer einzelnen Angehörigen oder kleineren Gemeinschaften.

In eine derartige soziale Körperschaft wird der Mensch hineingeboren. Kein Kind lernt sich begrifflich auszudrücken, sondern es lernt sprechen in seiner Muttersprache und in der örtlichen Mundart. Das gilt für jeden Anfang im Leben. Wenn der junge Mensch irgend etwas zu tun lernt, so lernt er das in der für seine Umgebung kennzeichnenden Weise. Das Gemeinschaftsleben, in das er durch seine Geburt eintritt, teilt ihm seine Färbung mit und schützt ihn so vor allzu scharfer Beobachtung als Einzelwesen und gilt zugleich als Beweis für seine normale Artung, die ihm durch die Anerkennung seiner Mitmenschen gleichsam bestätigt wird.

Anthropologen, Soziologen und Historiker verstehen unter „Kultur" die soziale Körperschaft. Das Wort hat aber noch eine andere Bedeutung, die auf den ersten Blick damit in keinerlei Zusammenhang zu stehen scheint. Der Unterschied ist jedoch nicht größer als der zwischen der Gesamtheit einer Kultur und irgendeinem ausgewählten Teil derselben. Kultur im weiteren Sinne ist die kennzeichnende Verbindung aller Künste, durch die eine Gesellschaft allgemeine Möglichkeiten in greifbare Tatsächlichkeiten verwandelt. In diesem Sinne bedeutet der Ausdruck, daß jede Gesellschaftsform und -stufe ihre Kultur hat. Primitive oder barbarische Kultur ist genau so echte Kultur wie die Kulturstufen, die wir durch die Bezeichnung Zivilisation hervorheben. Kultur im engeren, auswählenden Sinne dagegen bedeutet eine Wertung nach niederen oder höheren Kulturen.

Gewöhnlich wird eine Kultur nach zwei Maßstäben gemessen, zuerst einmal nach dem technischen. Der Mensch zeichnet sich durch den Gebrauch von Werkzeugen aus. Ein Werkzeug wird durch seinen Zweck bestimmt und es kann diesem Zweck besser oder schlechter dienen. In einer fortschrittlichen Kultur sind also — dank den Erfindungen der Technik — die Werkzeuge verhältnismäßig gut entwickelt. Der zweite Maßstab ist der „im höheren Sinne menschliche". Dieser Maßstab bedarf der näheren Erläuterung.

Alle Kultur trägt den Stempel der menschlichen Natur und hat Bestand, weil sie irgendeinem menschlichen Bedürfnis entspricht. Es ist aber üblich und angemessen, zwei Teile der menschlichen Natur zu unterscheiden: die Triebe und Lebensnotwendigkeiten, die der Mensch im großen und ganzen mit allen Lebewesen teilt, und sein höheres Streben, das ihm allein eigen ist. Danach können wir auch in der Kultur zwei Teile unterscheiden: den einen, der die grundlegenden organischen Bedürfnisse des Menschen nach Nahrung, Behausung und Sicherheit betrifft, und den anderen, der die sogenannten höheren Fähigkeiten der Vernunft, der Vorstellungsgabe und des Geschmackes einschließt. Dieser letztere Teil der Kultur ist nicht menschlicher, aber er ist in besonderer W e i s e menschlich, das heißt menschlich im höheren Sinne. Straßen, Brücken, Kleidung, Ackerbau und Maschinen sind Fertigkeiten, die dem Menschen in seinen leiblichen Bedürfnissen mehr oder weniger kunstreich dienen. In Gedichten, Bildern, Statuen, Wissenschaften und Philosophie dagegen hat der Mensch seiner nur ihm eigenen Liebe zur Schönheit, seinem Wissendrang und seinem Trachten nach dem Guten, kurz jenem leidenschaftlichen Streben nach Vollkommenheit Ausdruck verliehen, das in seiner Gesamtheit der geistigen Natur des Menschen das Gepräge gibt.

Wenn wir von „reiner" Wissenschaft zum Unterschied von angewandter Wissenschaft und von den „schönen Künsten" zum Unterschied von der angewandten Kunst sprechen, so wollen wir damit sagen, daß der reinen Wissenschaft und den schönen Künsten viel weniger die Halbheit der Stellung zwischen dem Menschlichen im höheren Sinne und dem Nur-Menschlichen anhaftet, daß sie die edlen menschlichen Fähigkeiten unmittelbarer und freier und ohne zweckbedingte Veranlassung ausdrücken — Wahrheit um der Wahrheit, Schönheit um der Schönheit und Güte um der Güte willen. Was sie uns geben, wird nicht in Gebrauch genommen, sondern man erbaut und erfreut sich daran. Sie sind in zweifachem Sinne ideal: als Abbilder der Vollkommenheit und als etwas, das mehr um seines innersten Wesens als um seines Daseins und seiner ursächlichen Folgen willen geschätzt wird.

Die Unterscheidung zwischen technischer und im höheren Sinne menschlicher Kultur darf aber nicht übersteigert werden durch die Annahme, sie müßten auch immer getrennt Gestalt annehmen. In einer derartigen Verallgemeinerung liegt eine große Gefahr. Sie können getrennt bestehen, so wenn Kunst, Sittenlehre, Wissenschaft und Religion keinem anderen Zwecke dienen sollen als dem Schaffen oder der Betrachtung. Aber die höhere menschliche Kultur kann (und in der höchsten Zivilisation wird sie auch dazu dienen) auch den äußeren Gang des Lebens ordnen, erhellen und verschönern.

Die Fortschritte in den technischen Künsten, durch welche die Welt im Sinne der gegenseitigen Berührungen und der ursächlichen Abhängigkeit ihrer Bewohner einig geworden ist, haben auch auf eine Welteinheit in der Kultur hingearbeitet. Entfernung und Unwissenheit genügen nicht mehr, um einzelnen Menschen oder Menschengruppen ihre Absonderlichkeiten zu erhalten. Wenn man knetbare Gegenstände von verschiedener Form in einem Sack durcheinanderschüttelt, runden sich ihre Ecken und Kanten gegenseitig ab und sie werden einander so ähnlich wie zwei Erbsen. Das gleiche geschieht mit Menschen und Gemeinschaften, wenn sie zusammengewürfelt werden.

Besonders klar kommt die Neigung zu kultureller Angleichung bei den technischen Künsten zum Ausdruck, deren letzte Verbesserungen und Feinheiten sich rasch bis in die entlegensten Teile der Erde verbreiten. Die Macht des Vorbildes und der Drang zur Nachahmung geben sie von Hand zu Hand weiter von fortgeschritteneren zu rückständigeren Gruppen. Heute kann sich niemand mehr diesen beiden mächtigen Kräften entziehen. Wenn die Angleichung freilich nur oberflächlich und unvollständig ist, bringt sie mitunter sonderbare Ungereimtheiten hervor, zum Beispiel: der nackte Wilde mit dem Zylinder des Missionars auf dem Kopf. Aber der übrige Inhalt des Kleiderschranks folgt dem Zylinder bald nach, und die europäische Kleidung scheint die Welt erobern zu wollen.

Das geschieht nicht, weil sie praktischer, noch weniger, weil sie schöner ist. Es hängt vielmehr mit der allgemeinen Gleichmachung in allen technischen Dingen zusammen, und diese wiederum kommt daher, daß man dasselbe auf verschiedene Art tun kann, wobei dann das erfolgreichere Verfahren das minder erfolgreiche allmählich verdrängt, und zwar nicht nur in der Richtung der zeitlichen Vorwärtsentwicklung, sondern auch in der räumlichen Breitenwirkung.

Die vergrößerte Reichweite der menschlichen Beziehungen strebt auch auf dem Gebiete der höheren menschlichen Kultur zur Welteinheit. Das bodenständige Schrifttum wird weithin verbreitet, übersetzt und manchmal sogar gelesen. Kunstformen werden entlehnt, ausgetauscht, nachgeahmt und miteinander vermischt. Kunstdenkmäler werden von Reisenden besucht oder von auswärts eingeführt. Überall sammeln die Museen Kunstwerke aus allen Ländern und stellen sie aus. Alle Nationen haben sich offensichtlich bis zu einem gewissen Grad gegenseitig beeinflußt und tun es noch. Alle Schätze der Menschheit, gleich wo sie entstanden, erworben und gesammelt sind, wollen Bestandteile einer Weltschatzkammer werden, wo alle Menschen an ihnen teilhaben und sich an ihnen erfreuen können.

Also strebt auch die Kultur nach Welteinheit. Zuerst zielt dieses Streben auf eine Vereinheitlichung der Lebenshaltung mit ihren heutigen Annehmlichkeiten ab, dann aber auch auf den Austausch und gemeinsamen Besitz der Früchte des Geistes und der höheren Kunst. In Verbindung mit den beherrschenden Mächten des Nachahmungsdranges und des Vorbildes wird dadurch zweifellos in steigendem Maße die Entstehung eines bestimmten äußeren Gesamtbildes der Erde gefördert, die einem Besucher, der vom Mars herabkäme, auffallen müßte. In ihrem Zusammenleben haben die Menschen die Neigung, gleichartig zu leben — und da a l l e Menschen zusammen leben, werden auch a l l e gleichartig leben wollen.

Auf dieser sichtbaren Einheitlichkeit auf der ganzen Erde können die weltumspannenden Einrichtungen errichtet werden, wie die jetzigen beschränkteren Einrichtungen auf den Kulturen örtlich begrenzter Gruppen und Nationen aufgebaut wurden. Aber wie wird sich dies auf die Kultur selbst und insbesondere auf die Kultur im höheren Sinne auswirken? Wie kann die Kultur den Erfordernissen des internationalen Friedens und der Zusammenarbeit angepaßt werden, ohne jene besonderen Werte einzubüßen, die sie dem menschlichen Leben verleiht? Hier stehen zwei Fragen zur Entscheidung, an die beide der gleiche oberste sittliche Maßstab angelegt werden muß: die Frage: Freiheit oder Zwang, und die Frage: Eigenleben und Eigenart oder Verallgemeinerung. Neigt die Einheit der Welt dazu, die Kultur durch übermäßigen Zwang ihrer wesensnotwendigen Freiheit zu berauben? Und neigt sie dazu, der Kultur durch übermäßige Hervorhebung des Allgemeinen ihre wesensnotwendige Eigenart zu nehmen? Die beiden Fragen sind nicht scharf voneinander zu trennen; sie ermöglichen aber eine brauchbare Einteilung des Gegenstandes.

Warum muß Kultur frei sein? Erstens: weil die Menschen und Gruppen von Menschen ihre eigenen Kulturen lieben und erhalten wollen, nicht aber, weil andersartige Kulturen Schaustücke für Cooks Reisegesellschaften abgeben sollen, die sich an den eigenartigen Gebräuchen der Eingeborenen amüsieren. Zweitens: weil das kulturelle Gebiet von Gewissenszwang, Politik, Gesetz und Wirtschaft freigelassen und freigemacht wurde. Diese vier sollen in großen Zügen vorschreiben, was die Menschen zu tun und zu lassen haben. Die Kultur aber hat innerhalb dieser Grenzen freien Spielraum. Politik, Gesetz usw. sollen soviel Freiheit schaffen wie nur irgend möglich. Die Kultur soll diese Freiheit so voll wie möglich nützen. In diesem Verhältnis stehen in jedem Falle die freien Einrichtungen zur Freiheit selbst. Das Ziel totalitärer Einrichtungen dagegen ist es, so wenig Freiheit wie möglich oder nur dem Ganzen Freiheit zu lassen, den Teilen aber nur sozusagen vertretungsweise oder wenn sie im Namen des Ganzen handeln. Das gilt alles freilich nur unter der Annahme, daß die Einrichtungen der geeinten Welt auf liberalen und nicht auf totalitären Grundsätzen fußen und daß sie eher liberal als national sein werden, weil sie doch den nationalen Einrichtungen den größeren Teil der sozialen Überwachung überlassen können. Wenn nationale Stellen es nicht für notwendig finden, in die kulturelle Freiheit einzugreifen, sollten internationale Stellen dies erst recht unterlassen.

Drittens soll Kultur frei sein, denn sie ist die Quelle aller Freiheit. Und wenn der Kultur die Freiheit versagt wird, erstickt die Freiheit, schon ehe sie rechtes Leben bekam. Die technische Kultur gibt den Menschen die Werkzeuge, mit denen ihre Freiheit ausgerüstet ist und unter denen sie die Wahl haben. Die Kultur im höheren Sinne zeigt dann, wie und was gewählt wurde, und das regt die Gaben der Vernunft, des Geschmacks und der Einbildungskraft an, die rechte Wahl zu treffen. Ohne die Freiheit der Kultur können nicht einmal die Einrichtungen zur Beschränkung der Freiheit frei gewählt oder wirksam gemacht werden.

Als Freundin der kulturellen Freiheit wird die Weltordnung sich mit den Feinden der kulturellen Freiheit auseinandersetzen müssen, von denen zwei besonders zu erwähnen sind: Nationalismus und

Imperialismus. Der moderne Staat kann aus Übernationalismus seine Minderheiten durch politische und gesetzliche Überwachung ihrer kulturellen Freiheit berauben. Als Antwort darauf werden die Minderheiten zur Erhaltung ihrer kulturellen Freiheit ihre eigenen politischen und gesetzlichen Aufsichtsbehörden schaffen wollen.

Der sowjetische Gedanke, verschiedene Nationalitäten politisch in einer Hand zu vereinigen — eine Lieblingsidee Marschall Stalins, der seiner Politik nach ein Russe, seiner Nationalität nach aber ein Georgier ist —, bietet eine bemerkenswerte Lösung dieses Problems. Es ist richtig, daß die Lösung durch die Tatsache erschwert wird, daß in Sowjetrußland nicht nur politische, sondern auch wirtschaftliche Gleichheit herrscht — ein Staat und ein Sozialismus, verkörpert in der Diktatur der kommunistischen Partei. Aber sogar mit diesen Einschränkungen ist das System für die kulturelle Freiheit fruchtbar. Es stellt einen ernsthaften Versuch dar, das Nationalgefühl zu befriedigen und seine Unterstützung zu gewinnen, indem sein Bereich genau abgegrenzt wird. So ist es zum Beispiel den Ukrainern erlaubt, ja man ermuntert und unterstützt sie darin, so nationalistisch ukrainisch zu sein, wie sie das in ihrer volklichen Gemeinschaft, in Sprache und Brauchtum, Literatur und Kunst und nun sogar wahrscheinlich auch in der Religion sein wollen, vorausgesetzt nur, daß sie mit den übrigen Sowjetnationalitäten in der gleichen gemeinsamen Verfassung und der gleichen Wirtschaftsform übereinstimmen. Hier haben wir also einen Versuch und ein Beispiel, das für jede Form der künftigen internationalen Überwachung nützlich sein kann. Es ist möglich, nationale Kulturen zu erhalten und nationalen Bestrebungen Genüge zu tun, ohne bestehende politische Formen zu ändern. Die kulturelle, die politische oder selbst die wirtschaftliche Einheit müssen nicht unbedingt zusammenfallen, und das Nationalgefühl kann je nach den gegebenen Verhältnissen mit einer von den dreien verschmolzen werden. Und vielleicht kann man sagen, daß das Nationalgefühl am Ende zutiefst an die kulturellen Kräfte gebunden ist, die leicht von Politik und Wirtschaft getrennt werden können[70].

Die Gleichsetzung des Kulturellen, Politischen und Wirtschaftlichen hat zu der modernen Form des Imperialismus geführt, in der die Starken auf die Schwachen einen politischen Druck ausüben, damit sie mit ihnen Handel treiben können, wobei sie wenig oder gar keine Achtung für ihre Kultur zeigen. Diese Reiche — das britische, das niederländische, das französische und das amerikanische — spüren aber, daß der Wind sich zu drehen beginnt, und sind nunmehr bereit, kulturelle Selbstbestimmung zu gewähren, um dadurch den Drang nach politischer Selbständigkeit zu schwächen oder doch wenigstens einen Schritt in dieser Richtung zu tun. Ein früherer Gouverneur der französischen Kolonie Tschad hat kürzlich dargelegt, was er unter der neuen französischen Kolonialpolitik versteht. Nach Aufstellung des allgemeinen Grundsatzes, daß die imperiale Macht als Treuhänderin der in Abhängigkeit gebrachten Gemeinschaft handelt, geht er weiter und erklärt, daß solche Gruppen nur im Sinne ihrer eigenen kulturellen Überlieferung zivilisiert und zur Selbstregierung erzogen werden können. Er schreibt:

Die alte französische Kolonialpolitik stand unter der Vorstellung von mehr oder weniger *fortschrittlichen* Zivilisationen. Die neue steht unter der Vorstellung *verschiedenartiger* Zivilisationen . . . Sogar in den „dunkelsten" und primitivsten Teilen Afrikas hat Frankreich niemals einen politischen Leerraum vorgefunden. Allenthalben gibt es althergebrachte Bräuche, politische Gepflogenheiten, ein richterliches oder religiöses Gesetz, kurz alle Lebenskräfte der Zivilisation . . . Die grundlegende Annäherungsmöglichkeit für uns Franzosen . . . liegt in dem Wunsch, in den Eingeborenen jene Züge wiederzuerkennen, die allen Menschen gemeinsam sind. Aber die Grundlage, auf welcher diese Politik aufbaut, muß das Verständnis der Beziehung zwischen einer derartigen Allgemeinerscheinung und der Natur der ausgesprochen afrikanischen Dinge sein[71].

Ein internationales Gemeinwesen muß, gleichgültig ob aus Gerechtigkeit oder aus Zweckmäßigkeit, das Recht sozialer Gruppen auf eigene Kultur und auf Aufstieg aus der Rückständigkeit oder auf Teilnahme an den modernen Errungenschaften in der ihnen gemäßen Weise achten und schützen. So dient die kulturelle Aufteilung und Unterscheidung ihrerseits der Sache der Einigung. Freie Kulturen verbrüdern sich und helfen und befruchten sich gegenseitig. Eine jede hält ihre ganz besonderen Gaben bereit. Die Anhänger desselben Kultes werden durch gemeinsames Empfinden und gegenseitiges Verständnis miteinander verbunden, ungeachtet anderer trennender Umstände. Persönliche Beziehungen können allgemeine Verschiedenheiten überwiegen. Stefan Zweig sagt von Schriftstellern, mit denen er befreundet war: „Da war einer in Deutschland, einer in Frankreich, einer in Italien und doch jeder in derselben Heimat, denn sie lebten einzig in der Poesie[72] . . . Niemand kann nur in der Dichtung, nur in der Wissenschaft oder in einer anderen kulturellen Betätigung leben; aber es werden dadurch gemeinsame Heimatländer geschaffen, ohne die Schranken, welche die politisch organisierten Gemeinschaften trennen. Erkennt man in einem anderen Menschen einen Gleichgesinnten aus Wissenschaft oder Kunst, so ist das manchmal der erste Schritt dazu, in ihm auch den Menschen zu erkennen.

Alle Kultur im höheren Sinne wird von einzelnen geschaffen, nicht von der Masse. Deshalb ist die Freiheit, die diese Kultur erfordert und benützt, zugleich die Freiheit, die die Gemeinschaft ihren einzelnen Mitgliedern gewährt. Und so muß auch die Weltgemeinschaft den einzelnen Gemeinschaften, aus denen sie entstanden ist, nicht nur die Erhaltung und Entwicklung ihrer jeweiligen Kulturen gestatten und ihnen dabei helfen, sondern vielmehr diese Kulturen freimachen mit dem Ziel, daß das gesamte menschliche Dasein eine freie Vereinigung freier Kulturen werde.

Die wesensnotwendige Freiheit der Wissenschaft ist die Freiheit des Wissenschaftlers, sein Freisein von jedem anderen Zwang, damit er seinen Geist nur der beweisbaren Erkenntnis beuge. Ist der Beweis tatsächlich erbracht, so ist der Wissenschaftler an und durch ihn gebunden und kann als Wissenschaftler keine früheren Verpflichtungen anerkennen. Wenn die Tatsachen die Richtigkeit seiner Annahme bestätigen, muß er diese gelten lassen. Widersprechen sie ihr aber, so muß er seine Hypothese verwerfen. Er muß aus den Voraussetzungen die Schlußfolgerung ziehen, die sich aus ihnen ergibt. Wenn er somit zu seiner Erkenntnis stehen soll, darf er weder bestochen noch eingeschüchtert werden, er darf sich von keiner anderen Leidenschaft leiten lassen als einzig und allein von der Wahrheitsliebe und muß von den verderblichen Einflüssen des Vorurteils, der Gewohnheit, der Nachahmung und der Gunst der Öffentlichkeit frei sein.

Dies ist die Freiheit des Wissenschaftlers im Augenblick einer verantwortlichen wissenschaftlichen Behauptung. In dieser Freiheit muß er durch Übung und Selbstzucht geschult und von der Gemeinschaft geschützt und gefördert werden. Denn wenn sich diese der Früchte echten Wissens erfreuen will, muß sie jene Geistestaten achten und hochhalten, durch die echtes Wissen entsteht. Die Wissenschaft muß — wie jede andere geordnete Tätigkeit — im öffentlichen Leben ihren Platz haben und von denen unterstützt werden, die zwar selbst nicht wissenschaftlich arbeiten, aber die Erfordernisse der Wissenschaft erkennen und für ihre Erfüllung Sorge tragen können. Unterstützung der Wissenschaft ist Bürgerpflicht — in jeder einzelnen politischen Gemeinschaft und in der ganzen Welt.

Aber wie jede andere Freiheit wird auch die Freiheit der Wissenschaft erst zu einem Recht, wenn sie sich in den Grenzen eines Rechtssystems hält. Die Wissenschaft ist — in ihren Errungenschaften wie in ihren Bestrebungen — ein Teil des Lebens und hat sich in die allgemeineren Erfordernisse einzufügen, die das Leben in seiner Gesamtheit mit sich bringt. Das soll nicht heißen, daß zwischen Beweis und Schlußfolgerung ein anderer Einfluß zur Geltung kommen oder daß der Geist der Wissenschaft verfälscht werden soll. Aber auch unter dem Zugeständnis, daß die Wissenschaft ihren Namen nicht verdient, solange sie nicht in sich selbst frei ist, bleibt dennoch die Frage nach dem Platz, der dieser Freiheit unter den anderen Freiheiten gebührt. Wenn man behauptet, nur freie Wissenschaft sei echt, so heißt das noch nicht, daß echte Wissenschaft oder ihre Bestrebungen immer gut seien. Wenn man sich mit dieser Frage auseinandersetzen will, so muß man auf die Wissenschaft als solche jene sittlichen Grundsätze anwenden, die den wichtigsten menschlichen Einrichtungen in Politik, Gesetzgebung und Wirtschaft zugrunde liegen.

Man muß der Wissenschaft zubilligen, daß sie uneigennützig ist. Sie wird daher auch diese Geisteshaltung, die das Wesen alles sittlichen Urteilens ist, unterstützen. Da sie selbst frei von jedem Eigennutz ist und nur ihr eigenstes Interesse, das der Wahrheit, kennt, beurteilt sie alle anderen Interessen — soweit sie sie überhaupt beurteilt — unparteiisch und sachlich. Sie ist frei von jedem persönlichen Vorurteil, das so gern dazu verleitet, Interessen überhaupt zu verneinen oder sie zu leicht zu nehmen, wenn sie aus dem engen Kreis der allernächsten Nähe herausfallen. Wissenschaftlichem Empfinden — wie dem richterlichen — bedeutet ein Interesse eben ein Interesse, gleichgültig wessen Interesse es ist. Der Geist reiner Wissenschaft ist eine Gegenkraft gegen den Eigennutz.

Es liegt im Wesen des wissenschaftlichen Interesses, daß es nicht auf Aneignung gerichtet ist. Es muß seinen Gegenstand nicht ausschließlich besitzen und kann ihn verbrauchen oder verarbeiten, ohne ihn zu vernichten. Zwei Gehirne können den gleichen Gegenstand auffassen oder überdenken, ohne sich darum zu streiten. Das wissenschaftliche Interesse fügt sich seinem Wesen nach und ganz ohne Veränderungen in jenen Gleichklang der Interessen, den die Sittenlehre erreichen will.

Reine Wissenschaft ist im höheren Sinne menschlich, das heißt, sie drückt die besondere menschliche Fähigkeit der Vernunft aus und befriedigt die „höhere" Natur des Menschen. Zugleich ist sie unendlich nützlich. Die ursächliche Erkenntnis und die Fähigkeit der Vorausbestimmung, die sie zeitigt, dienen den Interessen, die durch die Moral in Übereinstimmung gebracht werden, und den politischen, gesetzgeberischen und wirtschaftlichen Einrichtungen, in denen dieser Zusammenklang seinen Niederschlag findet. Die Wissenschaft ist eine unerläßliche Voraussetzung für jegliche Leistung, auch im Sittlichen.

So viel zur Habenseite der Rechnung. Andrerseits ist keine Wissenschaft, mit Ausnahme der moralischen, an sich sittlich verpflichtet. Sie urteilt über das, was ist, und nicht über das, was sein sollte. Die Wissenschaft und ihre Anwendung dient Gott oder dem Mammon, dem Frieden oder dem Krieg, der „Achse" oder den Alliierten mit gleicher Willfährigkeit. Wie kürzlich einmal jemand bemerkt hat, frägt der Chemiker als solcher nicht danach, ob „seine Formel eine Hausmaus oder eine Hausfrau töten wird[73]."

Ob der unendliche Nutzen der Wissenschaft sittlich ist oder nicht, hängt davon ab, wie sie gebraucht wird. Dieser Gebrauch muß sittlich überwacht werden, und zwar durch das Gewissen und die Öffentlichkeit. Weil die Biologie durch den Arzt zur Heilung und die Physik zur Weiterentwicklung der Zivilisation gebraucht wird, vergessen wir, daß diese Wohltaten nicht nur an die Biologie und die Physik, sondern auch an die Sozialgesetze der Medizin und der Technik gebunden sind.

Die wissenschaftliche Arbeit hängt von der Zeit ab, die die Wirtschaft dafür übrig läßt. Die Freiheit dieser Arbeit ist ein von freien Einrichtungen geschütztes Vorrecht. Der Wissenschaftler, der dies außer acht läßt, ist ein sittlich Abtrünniger oder bestenfalls ein Einfältiger, den die Gesellschaft aus öffentlichen Mitteln erhält. Eine überzeugende und launige Darstellung dieser Abtrünnigkeit findet sich in Albert J. Nocks kürzlich erschienener eigener Lebensbeschreibung, *Memories of a Superfluous Man* (Erinnerungen eines Überflüssigen). Darin schließt sich der Verfasser dem berühmten Ausspruch Voltaires an: „Il faut cultiver notre jardin" und fügt hinzu:

Das einzige, was das psychisch-menschliche Wesen zur Verbesserung der Gesellschaft tun kann, ist, sie mit einer *verbesserten Wesenseinheit* auszustatten... Ich habe — im Sinne Thoreaus — frühzeitig gelernt, daß ein Mensch in dem Maße reich ist, als er auf möglichst vieles verzichten kann, und in diesem Sinne habe ich mich immer als überaus wohlhabend betrachtet. Alles, was ich je vom Leben gefordert habe, war die Freiheit, stets genau das zu denken und zu sagen, was mir paßte, wann es mir paßte und wie es mir paßte[74].

Ist das alles? Wie bescheiden! Alles, was er fordert, ist die Herrschaft des Rechts, eine Ordnung der Freiheit, der Duldsamkeit und der Sicherheit, Bildungsmöglichkeiten und ein soziales System, in dem die Arbeit der Welt so gut getan wird, daß es sogar Bereiche des Überflusses gibt, von denen der Verfasser einen mit liebenswürdiger Unverschämtheit für sich in Anspruch nimmt. Dies ist im wesentlichen die Lehre des Schmarotzers der Gesellschaft, der seinen Kuchen essen, ihn aber von anderen backen lassen möchte. Sie stellt die unsportliche Bereitwilligkeit dar, zu profitieren, ohne etwas dazu zu tun — oder im Boot mitgenommen zu werden, ohne selbst mitzurudern.

Es wird eine Aufgabe der Nachkriegswelt sein, die Abhängigkeit der Wissenschaft von der Freiheit zu verkünden und diese Freiheit zu schützen und auszurüsten. Zugleich wird es eine Pflicht für die Welt sein, darauf zu sehen, daß die Wissenschaft nicht nur nützlich sei, sondern auch nur für gute Zwecke genützt werde. Und umgekehrt ist es die Pflicht des Wissenschaftlers, als Staatsbürger die Einrichtungen allgemeiner und besonderer, nationaler und internationaler Art zu fördern, von denen sein Vorrecht abhängt, und die sittliche Absicht zu unterstützen, die diesen Vorzug rechtfertigt.

Die schönen Künste leisten — gleich der Wissenschaft — ihren besonderen Beitrag zum Wohle der Menschheit. Wenn sie das aber tun sollen, müssen sie die dazu nötige Freiheit haben. Der Künstler, der in seiner künstlerischen Tätigkeit den Geschmack und die Schönheit anderen Erwägungen unterordnet, ist mit dem Wissenschaftler zu vergleichen, der sich durch fremde Einflüsse von seiner wissenschaftlichen Linie ablenken läßt. Auch er muß sein Gesetz der Reinheit und Strenge haben. Kunst soll — gleich der Wissenschaft — um ihrer selbst willen betrieben werden. Wissenschaft um der Wissenschaft, Kunst um der Kunst willen. Doch auch hier ist die höhere Anforderung der sittlichen Grundsätze maßgebend.

Denn die Kunst ist, wie die Wissenschaft, ein Teil des Lebens in ihrem Streben wie in ihren Leistungen. Die wahre Antriebskraft der schönen Künste ist die Freude am künstlerischen Schaffen und die ästhetische Betrachtung ihrer Werke. Es muß eine Freiheit zum Genuß dieser Freuden geben und eine Freiheit, ihre Gegenstände in ihrem eigenen Sinne zu vervollkommnen. Aber diese wie alle Freiheiten müssen gegen andere Freiheiten richtig abgewogen werden und den ihnen zukommenden Platz in einem System von Freiheiten finden.

Kunst ist nützlich — nicht nur die technischen Künste, deren Wesen ihre Nützlichkeit ist —, sondern auch die schönen Künste, die ihrem Wesen nach selbst Zweck sind. Wenn sie bloße Dienerinnen der Propaganda sind, dann sind sie sich selbst untreu und können ihre echten Früchte nicht bringen. In der Freiheit aber können sie jeder Sache, der sie sich verschreiben, desto wirksamer dienen. Durch Schaffung von Sinnbildern verstärken sie den Anruf der Liebe, des Nutzens, des Ehrgeizes, des Krieges oder des Patriotismus. Sie können die Mahnung der Wahrheit stärken, indem sie wahrheitsgetreue Darstellungen bringen, die Mahnung der Tugend, indem sie deren Triumph darstellen, und die Mahnung der Sittlichkeit, indem sie Abbilder der Vollkommenheit schaffen.

Die schönen Künste sind, wie die Wissenschaft, ihrem Wesen nach nicht auf Aneignung gerichtet. Künstlerisches Schaffen und ästhetische Betrachtung müssen ihren jeweiligen Gegenstand niemandem wegnehmen, sie entzweien die Menschen nicht, sondern einigen sie eher im geselligen Genusse eines Kunstwerkes.

Aber Literatur, Malerei, Bildhauerei und Musik sind, gleich der Wissenschaft, an sich sittlich neutral. Das gibt ihnen allen die gleiche Uneigennützigkeit, aber auch die gleiche Unterschiedslosigkeit. Es ist richtig, daß die Kunst ihre eigene innere Logik hat, doch ist dies ein Thema ohne Ende. Sie kann — als größte aller Tragödien —

den Triumph des Bösen über das Gute darstellen. Sie kann durch Darstellung einer Seite der Wirklichkeit deren andere Seite entstellen und sie kann böse oder gute Leidenschaften entfesseln. Schon Plato unterschied die ionische und lydische Musik der „Weichheit und Schlaffheit" und die dorische und phrygische Musik der „Notwendigkeit und Freiheit[75].

Die nur-ästhetische Einstellung ist sittlich unverantwortlich. Ästhetischer Genuß rechtfertigt die Teile durch das Ganze, während die Sittlichkeit das Ganze durch die Teile rechtfertigt. Die Sittlichkeit ordnet das Leben in seiner Gesamtheit, um die einzelnen Interessen und Personen, aus denen es sich zusammensetzt, zu erhalten und zu ermutigen. Ästhetischer Genuß aber anerkennt alle Teile, die ein organisches Ganzes bilden. Die Sittlichkeit sieht einen Wert in der tragischen Gegenüberstellung von Teilen, indem sie ihre tragische Ganzheit sieht; sie ordnet diese Ganzheit neu, um ihr das Tragische nehmen zu können. Ästhetischer Genuß macht den Menschen eher zum Zuschauer bei dem Kampf zwischen Gut und Böse als zum Parteigänger des Guten, und dadurch schwächt er den sittlichen Willen. Zwischen ästhetischer und sittlicher Empfindung gibt es, wenn überhaupt, nur einen geringen Zusammenhang.

Wie der Wissenschaftler, so ist auch der Künstler durch seinen Beruf versucht, die sittlichen Grundlagen zu mißachten, auf denen er steht. Stefan Zweig hat von einem literarischen Kreis erzählt, in dem er vor dem ersten Weltkrieg in Paris verkehrt hat:

> Es waren Dichter, die nichts begehrten vom äußeren Leben, nicht den Beifall der breiten Masse noch Ehrenzeichen, Würden oder Gewinn, die nichts wollten, als in stillem und doch leidenschaftlichem Bemühen Strophe an Strophe vollendet zu binden, jede Zeile durchdrungen von Musik, leuchtend in Farben, glühend von Bildern. Eine Gilde bildeten sie, einen fast mönchischen Orden, mitten in unserer lärmenden Zeit, diese bewußt vom Täglichen Abgewandten, denen im Weltall nichts wichtiger war als der zarte und doch das Gedröhn der Zeit überdauernde Laut, wenn ein Reim, an den anderen sich fügend, jene unbeschreibliche Regung wiedergab, die leiser war als der Ton eines fallenden Blattes im Wind und doch die fernsten Seelen mit ihrer Schwingung berührte[76].

Stefan Zweig irrt, wenn er sagt, diese Maler oder Musiker, die in Paris ihre Freiheit genossen, hätten keine Ansprüche an die Gesellschaft gestellt. Sie haben gerade jene Freiheit, von der wir sprechen, beansprucht und ihr Anspruch wurde befriedigt. Und hinter dieser Freiheit standen die Einrichtungen, die sie geschaffen haben. Einer wenigstens von diesen Männern — Charles Péguy — hat sich bei Ausbruch des ersten Weltkrieges freiwillig gemeldet, indem er sagte, er fände es unanständig, nach Sieg zu schreien und selbst nicht kämpfen zu wollen[77].

Wer von der Freiheit seinen Vorteil hat und ihren Sieg fordert, aber nicht darum kämpfen will, der ist kein rechter Kerl, mag er auch ein noch so großer Künstler sein. Darum haftet dem „Ästheten" und seinem „Turm aus Elfenbein" ein gewisser Beigeschmack an. Das gilt für jede Art Kampf, für den körperlichen wie für den sittlichen. Es erinnert an den Schriftsteller, der sagte, „wenn du für das geistige Leben berufen bist, dann bleibst du besser allein und, wenn möglich, keusch[78]." Zeiten des Weltbürgertums, in denen — wie im hellenistischen Zeitalter — die Menschen sich auf der gemeinsamen Ebene einer höheren Kultur in irgendeiner Weltstadt zusammenfinden und vermischen, zeigen Merkmale des Niederganges, der auf die Vernachlässigung und Umgehung politischer Pflichten zurückzuführen ist.

Die Gesellschaft kann und sollte sich die Unverantwortlichkeit des Künstlers leisten, denn sie wird von den Früchten Nutzen haben. Der Künstler aber sollte sein Vorrecht mit Demut und einem gewissen Selbstvorwurf hinnehmen; denn seine Unverantwortlichkeit muß anderswo wieder ausgeglichen werden. Irgend jemand muß den Unterbau und die Wände seines Elfenbeinturmes schützen und den Bewohner mit den Notwendigkeiten des Landes versorgen.

Die Weltgemeinschaft wird die Freiheit des künstlerischen Genius bei allen Menschenrassen fördern, stärken und behüten. Clive Bell hat gesagt: „Das einzig Gute, was die Gesellschaft dem Künstler antun kann, ist, ihn in Ruhe zu lassen." Dies ist eine durchaus angebrachte Forderung, die gegen die Nörgelei und das Einspannen der Kunst für kunstfremde Zwecke gerichtet ist. Aber die Gesellschaft kann — genau gesagt — niemanden in Ruhe lassen. In Ruhe gelassen zu werden ist an sich schon ein dem Menschen von der Gesellschaftsordnung eingeräumtes Recht, wie Clive Bell selbst bekräftigt, indem er fortfährt: „Die Gesellschaft kann etwas für die Kunst tun, weil sie mehr Freiheit geben... die Minderzahl schützen... und die Originalität gegen den Haß des Mobs der Mittelmäßigkeit verteidigen kann[79]." Durch ihre nationalen und internationalen Einrichtungen muß die Gemeinschaft die künstlerische Freiheit mit den Erfordernissen der Gerechtigkeit und Menschlichkeit in Einklang bringen und kann daher füglich verlangen, daß die Kunst aus ihrer Freiheit heraus Werke schafft, die dem Guten zum Sieg verhelfen.

Die Entwicklung einer Weltkultur wirft nicht nur die Frage der Überwachung, sondern auch die der Universalität auf. Auch hier muß man möglicherweise mit einer Einbuße rechnen — der Einbuße jener kulturellen Eigentümlichkeiten, die das Ortgebundene, Angestammte, Intime, Persönliche, Volksmäßige und Nationale ausdrücken. Es besteht eine Wechselbeziehung zwischen diesen beiden Fragen, und sie werden häufig durcheinandergebracht; denn manchmal wird Universalität erzielt, indem die Freiheit, anders zu sein, verweigert wird. Dennoch besteht ein wesentlicher Unterschied. Die Frage ist jetzt, ob der Wert der Kultur sich durch Universalität erhöht oder vermindert, gleichgültig ob diese unter Zwang oder durch die von selbst eintretenden Auswirkungen von Trägheit, Gewohnheit, Nachahmung, Schulung, Phantasie oder Nachdenken erreicht wird.

Die Anthropologen, die als erste die Vielfalt der Kulturen hervorgehoben haben, erkennen nun auch eine gewisse Gleichförmigkeit an, die aus der Tatsache entsteht, daß verschiedene Gesellschaften mit ähnlichen inneren Neigungen und äußeren Antrieben durch Irrtum und Erfahrung auch ähnliche Lehren empfangen und dementsprechend ähnliche Gewohnheiten annehmen. So zählt ein neuzeitlicher Forscher fünfundsiebzig Gepflogenheiten auf, die in allen bekannten menschlichen Gesellschaftsformen vorkommen, darunter Feuermachen, Bestattungsgebräuche, Regierung, Familie, Besitz, Werkzeuge und Sprache. Jeder von ihnen hat zwar seine besondere Eigenart, aber alle lassen einen gemeinsamen Grundzug erkennen[80]. In dem Maße, in welchem die ursächliche Einigung der Welt fortschreitet, wird diese Gleichförmigkeit zwischen selbständigen Kulturen, in denen die Menschen unter gleichen Lebensbedingungen die gleichen Erfahrungen sammeln, durch Ausgleich zwischen den Kulturen immer weiter ergänzt werden, weil die Menschen voneinander lernen.

In den praktischen Kunstfertigkeiten besteht schon eine Strömung zur Universalität. Bewährte Verfahren — woher sie auch kommen — werden bald auch anderswo übernommen und verbreiten sich schnell und weithin durch die engeren Berührungen und die Erleichterungen im Verkehr zwischen Mensch und Mensch, die nunmehr auf dem ganzen Erdenrund erreicht worden sind.

Diese Feststellung wird nicht ohne Widerspruch hingenommen werden. Wer an die alte Art gewöhnt ist, wird die neue nicht gerne sehen, und wer an örtlichen Bräuchen hängt, wird fremde ablehnen. Ein Kanakenhäuptling von Mikronesien soll gesagt haben:

> Wir brauchen keine Kleidung — die Sonne kleidet uns. Wir brauchen keine eisernen Röhren, um das Regenwasser in einen Zementbehälter zu leiten. Das Wasser, das am Stamm eines Baumes herunterläuft, kann in einem Krug aufgefangen werden. Wir brauchen keine landwirtschaftlichen Geräte aus Eisen und Stahl. Wir machen uns unsere Werkzeuge aus der Schale der Riesenmuschel. Wir brauchen keine Weckeruhren, keine Phonographen und auch keine elektrische Beleuchtung. Sie verderben nur die Geräusche des Waldes und das Licht des Mondes. Wir brauchen auch kein Telephon — wir können zu den Bewohnern entlegener Pflanzungen durch die Muscheltrompete sprechen. Wir brauchen keine Schulen. Der Vater kann den Kindern alles beibringen, was für unsere einfache Lebensweise erforderlich ist. Wir brauchen keine Krankenhäuser. Wir leben auf einer kleinen Insel — wenn niemand mehr stürbe, würden bald zu viele Menschen und zu wenig Nahrung da sein. Und unsere Jünglinge sind erbost bei dem Gedanken, daß sie etwas tun sollen, besonders etwas Nutzloses. Auf dem Sportplatz neben der Schule ist eine Bahn angelegt worden, auf der die Jungen im Kreise herumlaufen können. Das ist Zivilisation: im Kreise herumlaufen[81].

Wenn diese Klage verbürgt ist und die dortige allgemeine Einstellung wiedergibt, dann täten die Vereinigten Staaten gut daran, Witz und Weisheit aus Mikronesien einzuführen — allerdings nicht als Ersatz für unsere Wohnungen und Krankenhäuser. Die Neigung zur Gleichförmigkeit in der angewandten Kunst ist nicht in erster Linie auf Blindheit, sondern auf Einsicht und Vernunft zurückzuführen. Wenn die Menschen Abwasser ableiten, miteinander in Verbindung treten, Nahrungsmittel vor Verderbnis bewahren, ihr Leben verlängern oder sich vor Kälte schützen wollen, so ist es klug von ihnen, wenn sie für eine Abwasseranlage, einen geordneten Telephondienst, Kühlanlagen, Kranken- und Wohnhäuser sorgen — alles nach dem letzten Stand, weil hier das letzte durch die Erfahrungen meist auch das beste ist. Wenn eine Menschengemeinschaft Bekleidungsgegenstände und Arbeit braucht, und wenn ihre Mitglieder Wolle pflanzen, dann werden sie, wenn sie klug sind, diese drei miteinander verbinden und eine Wirtschaft aufbauen. Sogar Gandhi soll

— trotz der absonderlichen Einfachheit in seiner eigenen Kleidung — der Entwicklung einer Textilindustrie in Indien günstig gegenüberstehen, die dann zweifellos etwa so aussehen wird wie die von Manchester oder Fall River.

Im technischen Sinn ist eine Gesellschaft dann fortschrittlich, wenn sie so gut ausgerüstet ist, daß sie herstellen kann, was sie will. Mag sie auch mit ihrer Ausrüstung einmal etwas Verkehrtes tun; deshalb kann die Ausrüstung selbst doch auf der Höhe sein, und aus diesem Grunde möchten andere, die dasselbe herstellen wollen, die gleiche Ausrüstung besitzen.

Das alles besagt nur, daß die Menschen immer gern bereit sein werden, zu lernen, wenn sie dadurch ihre Arbeiten schneller, einfacher und billiger ausführen können. Man kann sie daran nur hindern, indem man ihnen die erforderlichen Kenntnisse und Möglichkeiten vorenthält. Womit man eine derartige Verweigerung rechtfertigen soll, ist schwer zu sagen. Sicherlich nicht damit, daß Menschen rückständig bleiben sollen, um malerisch zu wirken und dadurch zur Unterhaltung von Müßiggängern und Vergnügungsreisenden zu dienen, die in komfortablen Hotels wohnen.

Weil die technischen Kenntnisse heutzutage weit verbreitet sind und weil die Erzeugnisse leicht und mit Gewinn befördert werden können, dürfen wir uns mit dem Gedanken vertraut machen, daß die Menschen schließlich überall die gleichen Werkzeuge benutzen werden — vom kleinen Maschinenteilchen bis zur großen Industrieanlage. Was am brauchbarsten ist, wird auch allgemein Anklang finden, und der äußere Gang des Lebens wird auf der ganzen Erde am Ende der gleiche sein. Diese Entwicklung ist tatsächlich unvermeidlich und zugleich sittlich wünschenswert. Es wird immer noch überreichlich Platz bleiben für Unterschiede in der Anwendung der Werkzeuge und für ihre Verfeinerung, für die verschiedenen Zwecke und Ziele, für persönliche Erfahrungen und Beziehungen — kurz, für alle jene Teile des Lebens, die nicht Werkzeuge sind, aber durch den Besitz besserer Werkzeuge verbessert werden können. Primitive Gleichförmigkeit ist in der Tat eintöniger und starrer als fortschrittliche. Es ist aber durchaus möglich, daß Menschen Eigenart und Verschiedenheit entwickeln, obwohl sie die gleichen Kanalisationsanlagen haben, und wenn sie das nicht können, so ist bestimmt nicht die Kanalisationsanlage daran schuld.

Für die Kultur im höheren Sinne nimmt das Problem der Universalität eine andere Form an. Die Ergebnisse der Wissenschaft und die Werke der schönen Künste finden in einer äußerlich geeinten Welt weite Verbreitung. Aber das tiefere Problem liegt hier auf einer anderen Ebene — es ist nicht ein Problem der Verteilung, sondern ein Problem der Gültigkeit. Sind Wahrheit und Schönheit allgemein gültig oder nur in bezug auf eine bestimmte Einheit des menschlichen Lebens? Gibt es etwas in der Wissenschaft und der Kunst, das ihre Universalität entweder ein- oder ausschließt? Könnten sie durch Universalität ihren Zweck erfüllen oder würden sie zwecklos?

Diese Frage nach der Gültigkeit ist nicht nur von der Frage der Verteilung, sondern auch von der Frage des Ursprungs zu unterscheiden. Die Wissenschaft und die schönen Künste haben irgendwo ihren Ursprung und sind Ausdruck des Geistes eines bestimmten Menschen oder einer Menschengruppe. Man könnte meinen, dies verhindere ihre Universalität. Aber sie können für alle Menschen gültig sein, weil sie sich an den Menschen im Menschen wenden oder weil sie die allgemeine Aufmerksamkeit auf die gleichen Gegenstände lenken. Sie müssen aber auch die besonderen sozialen Umstände ihrer Entstehung widerspiegeln. Professor Werner Jaeger betont in einem Buch, das weitgehend zu unserem Verständnis für diese Fragen beigetragen hat, die Universalität der Kultur im höheren Sinne, wobei er zugleich behauptet, daß sie charakteristisch griechisch sei. In dem Abschnitt über die Sophisten schreibt er:

> Das Ideal der Menschenbildung ist für sie der Gipfel der Kultur in jenem weitesten Sinne, wo sie alles umspannt, was zwischen den Uranfängen der Bezwingung der elementaren Natur durch den Menschen und der Höhe der Selbstformung des menschlichen Geistes liegt... Sie offenbarten wieder die aufs Allgemeine und Ganze des Seins gerichtete Natur des griechischen Geistes[83].

Dennoch handelt es sich nur um einen scheinbaren Widerspruch. Einem Gegenstand ist nicht notwendigerweise die Besonderheit des Menschen eigen, der mit ihm zu tun hat. Fische sind nicht norwegische Fische, weil Norweger sie aus dem Wasser ziehen, und auch eine kleinere Bodenerhebung kann einen weiten Ausblick gestatten. Es kann eine besondere Eignung zur Universalität geben. Ein Menschengemüt, das seine Kraft aus dem Boden zieht, in dem es verwurzelt ist, kann dennoch Früchte tragen, die von Menschen anderer

Zeiten und Orte gern genossen wenden. Eine Gesellschaft kann so geordnet sein, daß sie ihre Mitglieder aus der Knechtschaft entlassen darf. Der schöpferische oder kritische Geist, der über den Ort seiner Entstehung hinauswächst, kann dennoch ein Erzeugnis dieses Entstehungsortes sein. Es ist bezeichnend für das griechische Altertum, für das Frankreich des zwölften, das Italien des fünfzehnten oder das England des achtzehnten Jahrhunderts, daß sie jeweils mehr als griechisch, französisch, italienisch oder englisch waren. So ist auch Europa als Ganzes und wegen seiner kontinentalen Eigenart die Mutter dessen, was wir die europäische Zivilisation nennen. Und selbst wenn Europa — wie das alte Griechenland — seine politische Führerrolle verlieren sollte, können seine kulturellen Gaben dennoch für die ganze Menschheit und die Nachwelt gültig bleiben.

Ist die Bezüglichkeit der Kultur, die in gewissem Sinne eine unbestreitbare Tatsache ist, der Wissenschaft und den schönen Künsten abträglich — ein Fehler, der vielleicht weitgehend ausgemerzt werden könnte — oder ist sie ein Vorteil, der bewußt ausgenützt werden müßte? Die Antwort ist für die Wissenschaft und für die schönen Künste nicht die gleiche. Sie müssen daher getrennt behandelt werden.

Es ist den modernen Erscheinungen des Faschismus und des Nazismus vorbehalten geblieben, das völkische Ideal der Kultur so weit ins Übermaß zu steigern, daß sie es auch auf die exakten Wissenschaften anwenden. Anstatt sich zur Bezüglichkeit als zu einer mehr oder minder unvermeidlichen menschlichen Beschränkung zu bekennen, haben sie sie dreist zum Maßstab erhoben. So sagte Mussolini:

> Wenn der Relativismus das Ende des Glaubens an die Wissenschaft bedeutet, den Zusammenbruch jenes Mythos „Wissenschaft" im Sinne der absoluten Wahrheitsfindung, dann kann ich mich rühmen, mich bei der Untersuchung des Sozialismus des Relativismus bedient zu haben. Wenn der Relativismus die Verachtung starrer Begriffe bedeutet und solcher Männer, die beanspruchen, die Träger einer absoluten Wahrheit zu sein, ... dann gibt es nichts Relativistischeres als die faschistische Einstellung und Aktivität ... Es genügt, einen einzigen festen Punkt zu haben: die Nation[83].

Wenn die Nation der feste Punkt ist und es mehrere Nationen gibt, dann gibt es auch mehrere feste Punkte. Das ist nun allerdings das Üble an der Sache mit dem wissenschaftlichen Relativismus.

Der Nazismus hat sich auch einen festen Punkt ausgesucht und behauptet, daß es eine germanische Mathematik oder Physik und eine ungermanische Mathematik oder Physik gibt, und daß die erstere, weil germanisch, die bessere sei. Dies war eine kühne Behauptung, die durch Geschichte und Wissenschaft klar widerlegt ist. Wenn die Deutschen eine falsche Einbildung haben, dann verbohren sie sich gleich gründlich darin — dies zum mindesten ist typisch deutsch. Aber es ist sogar noch schwieriger, gegen Tatsachen anzukämpfen als gegen feindliche Bombengeschwader — und hierin hat der Naziglaube nicht einmal zu Hause Erfolg gehabt. Denn die Wissenschaft, deren sich die Deutschen bedienten — nicht zum akademischen Fortschritt, sondern als Grundlage für technische Dinge —, war eine universelle Wissenschaft, die sie mit ihren nichtdeutschen Feinden teilen mußten.

Selbst wenn die Wissenschaft ihrem Ursprung nach charakteristisch griechisch oder deutsch wäre, so bliebe sie in ihrem Wollen und in ihrer vollendeten Form dennoch nicht national und nicht völkisch. Professor Jaeger erkennt diese Unterscheidung an:

> Die euklidische Geometrie und die aristotelische Logik sind gewiß dauernde Grundlagen des Menschengeistes bis auf den heutigen Tag, und sie sind in keiner Weise zu entbehren, aber selbst diese allgemeingültigste, von allem geschichtlichen Lebensinhalt abstrahierende Form, die die griechische Wissenschaft sich gegeben hat, ist für unser geschichtliches Auge doch durch und durch griechisch ... Um wieviel mehr muß dies von solchen Schöpfungen der Griechen gelten, die das Gepräge ihrer geschichtlichen Umwelt in noch stärkerem Maße an sich tragen und unmittelbar einer bestimmten zeitlichen Situation zugeordnet sind[84].

Wenn irgendein Werk der Wissenschaft seinen Platz im wissenschaftlichen Gesamtwerk einnimmt, ist es — soweit das möglich ist — gereinigt von den Einflüssen von Zeit und Ort, damit es universell gültig sein kann. Das Zufällige seines Ursprungs weicht dem Wesentlichen seiner Wahrheit. Dies gilt in wechselndem Grade von allem Wissen, einschließlich Geschichte, Philosophie und Moralwissenschaften.

Der Grund dafür ist in dem Zweck der Wissenschaft zu suchen, die Natur der Dinge „da draußen" widerzuspiegeln, wie sie an sich sind in dieser allen wissenden Geistern gemeinsamen Welt. Wissenschaft ist ihrem Wesen nach zur Selbstverleugnung, nicht zum Selbstausdruck bestimmt. Sie trachtet, jede persönliche Angleichung und Färbung auszuschalten. Das bedeutet nicht, daß sie nicht tätig wäre in ihrer Entdeckungskunst und ihrem Finden und Formen von Theorien, sondern daß der letzte Prüfstein für eine Theorie ihre Übereinstimmung mit den Tatsachen, ihre Offenbarung von etwas Seiendem oder ihre Vereinbarkeit mit anderen Theorien ist, die ihrerseits dieser sachlichen Prüfung standhalten.

Zweck der Wissenschaft ist es auch, die allgemeine Natur der Dinge zu zeigen. Sie ist nicht nur in ihrer Sachlichkeit, sondern auch in ihren Gegenständen universell. Wissen auf einzelnen Gebieten der Natur ist noch nicht Wissenschaft in des Wortes voller Bedeutung. Kenntnisse über das Pflanzen- und Tierleben von Alaska oder über die Gestirne des südlichen Himmels gehören in das Gebiet der Biologie und der Himmelskunde. Wissenschaftliche Probleme finden meist ihren Weg in die Laboratorien, wo sogar die Angaben über gemachte Beobachtungen übereinstimmen. Wissenschaftler sprechen gerne eine gemeinsame Sprache, indem sie technische Ausdrücke und Symbole verwenden; denn sprachliche Unterschiede mit ihren geschichtlichen und gefühlsmäßigen Bedeutungen sind für die Wissenschaft unbrauchbar. So strebt die Wissenschaft unter dem Antrieb ihrer Selbstverfeinerung und Selbstkritik weg von allem sozialen und einzelpersönlichen Erleben und hin zu den gemeinsamen Merkmalen gemeinsamer Gegenstände.

Mit ihrer gemeinsamen Sprache und ihrer gemeinsamen Beschäftigung mit den gleichen Besonderheiten der gleichen Welt sind die Wissenschaftler in einer gemeinsamen Aufgabe geeint. Sie bauen zusammen die Wissenschaft, denn jeder bestärkt das Werk des anderen und baut daran fort — jeder im vollen Blickfeld des anderen und in genauer Kenntnis des bisher aufgeführten Gebäudes. Die Spaltungen, durch welche Nation von Nation oder selbst Vergangenheit und Gegenwart getrennt sind, sind ihnen unbekannt, und so werden sie anderen Berufen zum Beispiel.

Weil sie zusammenarbeiten, haben sie eine Organisation, und weil sie international zusammenarbeiten, haben sie eine internationale Organisation. Sie haben internationale Kongresse und Vereinigungen und machen Pläne für deren künftigen Ausbau und ihre dauerhafte Gestaltung. Eine neue Zusammenstellung verzeichnet einige vierzig solcher internationaler Kongresse, Vereinigungen, Kommissionen, Büros und Gruppen, in denen Physik, Technik, Chemie, Geologie,

Medizin, Biologie, Anthropologie und Psychologie vertreten sind. Folgender Anspruch wird von dem Leiter einer dieser Organisationen erhoben:

> Wenn noch ein Kern internationalen Verständigungswillens in der Welt ist, dann liegt er, meine ich, bei den Wissenschaftlern. Diese werden die ersten sein, welche die zerrissenen Verbindungsfäden wieder zusammenknüpfen, und ich hoffe, daß diesmal die ganze Welt einsehen wird, daß wir — ob wir wollen oder nicht — auf einem Planeten zusammenleben müssen, den die Wissenschaft für weitere Kriege zu klein gemacht hat[85].

Man sagt, der Krieg fördere den wissenschaftlichen Fortschritt, und zwar nicht nur wegen der erhöhten Nachfrage nach der Wissenschaft in ihrer Anwendung, sondern auch wegen der engeren Zusammenarbeit der Wissenschaftler, die sich zu gemeinsamen Anstrengungen für die gemeinsame nationale Sache vereinigen. Aber die Schäden, die der Krieg der Wissenschaft zufügt, wiegen alle positiven Wirkungen auf. Denn der Krieg verdirbt die Reinheit der Wissenschaft, beschränkt die Aufmerksamkeit auf den militärischen Gebrauch und trennt die Wissenschaftler aller Nationen von ihren wissenschaftlichen Mitarbeitern in anderen Nationen. Deshalb steht für die Wissenschaft viel auf dem Spiele, wenn es gilt, den Frieden zu sichern.

Die Universalität der Wissenschaft einigt die Menschen in ihrem wissenschaftlichen Streben; aber damit wird die Begrenztheit dieses Strebens nicht überwunden. Glücklicherweise treffen die Wissenschaftler auf Kongressen und Tagungen nicht nur mit Wissenschaftlern, sondern auch mit Menschen aus anderen Lebensbereichen zusammen, die nicht nur an den einzelnen Wissenschaften selbst, sondern auch an deren Beziehungen zur Gesellschaft interessiert sind. Wären alle Menschen Wissenschaftler und alle Wissenschaftler ausschließlich mit ihrer wissenschaftlichen Arbeit beschäftigt, dann könnte es selbstverständlich gar keine Wissenschaft geben, weil die grundlegenden sittlichen Einrichtungen fehlten, von denen alle Berufe abhängen. Aber die Universalität der Wissenschaft erfüllt nicht die Forderung nach Verdichtung und persönlichem Ausdruck, als deren Vorkämpfer die schönen Künste in erster Reihe stehen.

Dichter, Maler, Bildhauer und Musiker arbeiten weder zusammen, noch organisieren sie sich, noch machen sie — im Gegensatz zu den Wissenschaftlern — auch nur die geringsten Anstrengungen, das

Universelle auch einmal nicht nur aus dem persönlichen oder sozialen Gesichtswinkel zu sehen. Persönliche Auffassung, die für die Wissenschaft ein Makel ist, ist für die schönen Künste ein Teil ihres Wesens, der erhalten bleiben muß. Die schönen Künste beginnen und enden mit persönlichem Erleben.

Da ist vor allem das eigene Erlebnis, das den Gegenstand bildet. Das kann das Erlebnis von etwas mehr oder weniger Universellem oder auch ein mehr oder weniger universelles Erlebnis sein. In jedem Falle jedoch behält es den Charakter einer Fernsicht. Wenn der Betrachtungsgegenstand universell ist, dann wird das Universelle durch jemanden von irgendwoher ins Auge gefaßt; wie weit auch der Bogen sein mag, dessen Mittelpunkt der Gegenstand ist, sein Winkel wird zu einem „Standpunkt" verkleinert. Und wenn das Erlebnis selbst universell ist, so bedeutet dies, daß andere sich ebenfalls auf diesen Standpunkt stellen können oder daß er — infolge seiner umfassenden Menschlichkeit — bereits der ihrige ist. Ganz einfach gesagt: der Schauplatz des Lebens bietet von einem bestimmten Punkt aus dem Beschauer ein weites oder ein begrenztes Landschaftsbild. Ein anderer kann das gleiche Landschaftsbild sehen, weil er sich auch auf den Platz des Beschauers, auf die gleiche Bergspitze stellt, oder weil der Platz so allgemein ist, daß er überall Betrachtungspunkte bietet, wie etwa die Erdoberfläche, wenn zwei Menschen den gestirnten Himmel betrachten.

Das ist natürlich eine grobe Vereinfachung. Der Ausblick kann nicht nur nach Raum und Zeit bestimmt werden. Der Beobachter bringt ihm viel mehr entgegen als einen bloßen Blickwinkel; sein Standpunkt schließt alles ein, was ein früheres Erlebnis bewußt oder unbewußt abgelagert hat. Das ist es, was dem Erleben und der Erfahrung ihre einmalige gemütsbewegende und geistige Bedeutung gibt. Aber dieser Reichtum des persönlichen Erlebnisses kann auch noch von einem anderen weitgehend geteilt werden, entweder durch Einfühlung oder indem er in seinem eigenen Innern etwas Ähnliches empfindet, etwa wenn ein Mensch veranlaßt würde, seine irdischen Bindungen vom Standpunkt seines nahenden Todes aus zu betrachten.

Derartige persönliche Erlebnisse sprechen unmittelbar an, denn sie sind von Bewußtsein erfüllt. Sie wenden sich an eine der menschlichen Vorstellung innewohnende Neigung — nämlich an das, was das Auge gerne sieht, das Ohr gerne hört, und an jede einzelne menschliche Fähigkeit, um ihr immer wieder neue Kraft zu geben. Der erste Gegenstand der Betrachtung, das Thema oder die Sache ist irgendein Erfahrungsganzes, worin diese Fähigkeiten ihre ineinandergreifenden Rollen spielen — wie Sinn, Verstand, Gefühl, Gedächtnis, alle zusammengefaßt in unmittelbarem Genuß, aber nicht ohne den gehörigen Abstand zu ihnen zu verlieren. Die schönen Künste durchdringen das ganze Menschenleben, weil solche Erlebnisse allezeit in der Reichweite des Bewußtseins aller Menschen liegen. Die Freude an ihnen liegt im Ästhetischen, das keine Fragen stellt. Die Wissenschaft dagegen fragt: „Wie erklärt sich das?" und stellt eine Theorie auf. Das praktische Leben fragt: „Was kann man damit tun?" und entwirft einen Arbeitsplan. Die Ästhetik aber verlängert, erneuert und genießt das Erlebnis selbst.

So kann das ganze ästhetische Leben eines Menschen sein — das gilt für viele —: ganz einfach aus den Erlebnissen, die sich auf dem natürlichen und menschlichen Schauplatz bieten, nach Belieben das Zusagende aussuchen. Das Leben ist so reich an Linien und Farben, langen und kurzen Erlebnissen und lyrischen Stimmungen. Aber die gleiche Regung, welche die Menschen veranlaßt, solche Erlebnisse in ihrem Gemüt zu bewahren, veranlaßt sie auch, diesen Erlebnissen eine bleibendere, gegenständliche Verkörperung zu verleihen, durch die sie einem nach Wunsch neu geschenkt oder anderen mitgeteilt werden können. So entsteht der zweite ästhetische Gegenstand, den wir Kunstwerk nennen. Es verkörpert das ursprüngliche Erlebnis durch das sinnliche Mittel der Worte, Töne, Farben oder Linien, durch die es eingefangen wurde und durch die es wieder eingefangen oder wiedererkannt werden kann. Diese Verkörperung muß ihrerseits persönlich erlebt sein. Dann hat die sinnlich wahrnehmbare Darstellung gleich den ursprünglichen Vorwurf — ihre eigene Köstlichkeit an Gehalt, Form und Wahrheitstreue.

So wirken mehrere Regungen und Neigungen zusammen — die Begeisterung am ursprünglichen Vorwurf, die Hingebung an die Mittel der Darstellung, das Glücksgefühl beim künstlerischen Schöpfungsakt und die neue Begeisterung über das gelungene Werk. Die schönen Künste können nach einem dieser Maßstäbe oder aber nach ihnen allen beurteilt werden.

Der Ausdruck „Beschauung" wird manchmal gebraucht, um anzuzeigen, daß der ästhetische Genuß sich nicht um den jeweiligen

Vorwurf kümmert. Die Beschauung befaßt sich mehr mit der Einbildung als mit der Wirklichkeit oder sie behandelt die Wirklichkeit als Einbildung. Sie kümmert sich mehr darum, **was** der Gegenstand ist, als darum, **daß** er ist oder nicht ist. So unterscheidet sie sich sowohl von der Erkenntnis wie von der Lebenswirklichkeit. Aber sie trägt zu beiden bei. Der Erkenntnis vermittelt sie die Werte der Unmittelbarkeit, der Gegenständlichkeit sowie die feine Unterscheidung von Eigenschaften und Verwandtschaften, der Lebenswirklichkeit bringt sie die Ideale wieder lebhaft zum Bewußtsein. Durch diese Beschauung kann der Geist, dessen Vorhandensein mitunter geleugnet wird und der erst errungen werden müßte, sich und seine Art selbst erkennen. Die schönen Künste rufen die Phantasie und geben ihr zugleich Antwort. So dienen sie ihr in allen ihren Anwendungsmöglichkeiten, den theoretischen wie den praktischen.

Die schönen Künste schöpfen ihre Vorwürfe und Themen aus dem wirklichen Erleben des Künstlers, und dieses wird seine natürliche und soziale Umwelt widerspiegeln. Wenn der Künstler ein Russe ist, wird sein Erleben russisch sein, wobei es etwas vom russischen Leben und seiner Verkörperung sowie etwas von russischen Überlieferungen, Gewohnheiten und nationalen Einstellungen an sich haben wird. Auch die Darstellung — ob hörbar oder sichtbar — wird in Gehalt und Form bis zu einem gewissen Grade russisch sein. Wir geben eine Beschreibung russischer Musik aus dem Jahre 1848 wieder, Glinkas sinfonische Bearbeitung zweier russischer Lieder, eines Hochzeits- und eines Tanzliedes:

> Die erste einfache Äußerung des russischen Themas ist nicht nur eine Tonfolge, sondern auch eine Landschaft und ein Volk. Es ist zeitlos. Das ganze russische Mittelalter hat daran geformt, so wie ein Wunder in einer Gedichtzeile geoffenbart werden kann, mit dem Unterschied, daß Glinka die Tonfolge nicht erfunden, sondern nur entdeckt und ihr dann Unsterblichkeit verliehen hat. Ursprünglich mag sie nicht besser gewesen sein als in hundert anderen russischen Liedern auch; aber sein Genius hat sie veredelt und verfeinert, so daß sie auf einmal russisch und zugleich Glinkas persönliche Äußerung ist. Das Tanzlied — russisch und charakteristisch in seinem Präludieren und in der Art, wie es sich selbst angekündigt — zeigt den jahreszeitlichen Gegensatz. Als erstes läßt es uns den russischen Winter erleben, dann folgt ein langer Sommerabend, tiefe Einsamkeit, verloren in endlosen Weiten, eingebettet zwischen hölzernen Häusern eines entlegenen Dorfes, das im Abenddunst liegt, während die Sonne als riesenhafte Scheibe untergeht. Nichts von der äußeren Welt konnte hierher dringen. Durch die Jahr-

hunderte ist alles gleich geblieben, seit jener Zeit, als die Menschen dort noch Heiden waren[86].

Mit einem Wort, diese Musik ist menschlich, mittelalterlich, national und endlich persönlich in dem Erlebnis, das sie wiedergibt. Wäre sie das nicht, so würde ihr die Tiefe und Echtheit fehlen. Diese Maßstäbe müssen an das Nationale in der Kunst angelegt werden. Die Nazipartei hat dagegen einmal folgende Stellungnahme kundgetan:

Solange es in Deutschland noch irgendeine unpolitische neutrale, liberale oder individualistische Kunst gibt, haben wir unsere Aufgabe noch nicht erfüllt. Es darf keinen Künstler mehr geben, der anders als national oder mit einer nationalen Zielsetzung schafft. Jeder Künstler, der sich dieser Hauptaufgabe entzieht, muß bekämpft werden als Feind der Nation, bis er seinen untragbaren Widerstand aufgibt. (Aus dem Amerikanischen rückübersetzt — d. Ü.)

Die Sowjetunion hat einmal in ähnlicher Weise verordnet, daß ihre Künstler „erfüllt sein sollen von dem heroischen Kampf des internationalen Proletariats[87]."

Hier geht es nicht nur um die Freiheit des Künstlers, sondern um die Reichweite und Ursprünglichkeit seines Erlebens. Ein Demokrat wird ganz mit Recht sein demokratisches Erleben künstlerisch ausdrücken, ein Christ sein Christentum, ein Nazi sein Nazitum, ein Kommunist seinen Kommunismus. Wenn er aber einem äußeren Druck ausgesetzt ist, wird das Erlebnis, das er ausdrückt, eng begrenzt und wahrscheinlich nicht glaubwürdig sein. Was in der Kunst örtlich und persönlich bedingt ist, sollte unausweichlich und von innen heraus ausgesagt werden können. Es darf weder übertrieben noch auf Kosten des Universellen eingeengt werden. Die Beziehung zwischen Kunst und Nationalität ist etwas Zufälliges. Die westliche oder europäische Musik zum Beispiel ist die am weitesten entwickelte und hat auch die größte Verbreitung gefunden. Ihre Komponisten und Kritiker haben unabhängig von engeren geographischen oder politischen Begrenzungen voneinander gelernt, und im Geiste der Musik selbst gibt es nichts, was die Verbreitung ihres Bereiches bis an die Grenzen der Mittelbarkeit verbieten könnte. „Große Kunstwerke können", wenngleich es noch nicht häufig der Fall ist, „wertvolle Erzeugnisse gemeinsamer Anstrengungen nicht nur eines Stammes, einer Gruppe oder Nation, sondern auch der ganzen Menschheit sein. Als solche geben sie uns Hoffnung und versprechen bessere Dinge für die Zukunft[88]."

Wenn ein künstlerisches Werk frei und ursprünglich ist, wird es sowohl das universelle als auch das Persönliche und örtlich Bedingte des Erlebnisses wiedergeben. Alles menschliche Erleben ist die besondere Art, wie ein Menschenwesen das allmenschliche Erleben oder das gemeinsame Los jeweils für seine Person empfindet. Es weckt die gleichen allgemeinen Fähigkeiten und läßt die gleichen irdischen Verstrickungen in Liebe, Arbeit und Tod fühlen. Und in der Wiedergabe ihrer Vorwürfe bedienen sich die schönen Künste — wieder mit örtlichen und persönlichen Abweichungen — der gleichen Mittel, der gleichen sinnlichen Kräfte und der gleichen Mannigfaltigkeit der Formen. Sie besitzen, nach der Persönlichkeit wie nach dem Gegenstand, eine doppelte Universalität — die Universalität der menschlichen Natur und die Universalität der Verwandtschaften und Bedeutungen, die durch die Einbildungskraft von den Begleitumständen getrennt und der Phantasie anderer mitgeteilt werden kann.

Mit der Vereinheitlichung des Lebens der Menschheit wird sich auch eine Weltkultur in doppeltem Sinne entwickeln. Es wird eine gemeinsame Grundlage der Gleichheit und eine Gemeinsamkeit von Verschiedenheiten geben. Alle Menschen werden dazu neigen, in ihren Arbeitsverfahren und Werkzeugen, mit denen sie ihre Bedürfnisse befriedigen, einander ähnlich zu werden. Auch durch das Zusammenleben werden sie sich angleichen, und wenn sie in Frieden und gegenseitiger Hilfsbereitschaft leben sollen, dann müssen sie in ihren gemeinsamen Angelegenheiten eine gewisse Gleichheit der Einstellung erreichen. Dichter und Künstler werden dann immer mehr ihre gemeinsamen Erlebnisse als Menschen und als Angehörige einer einzigen Welt wiedergeben.

Durch die weltumspannenden und verbesserten Nachrichtenmittel können die Menschen auch die geistigen und nicht nur die materiellen Güter austauschen. Auf wissenschaftlichem Gebiet kann jede Gemeinschaft neue Gedanken übernehmen und so ihren Reichtum an geistigen Hilfsquellen vermehren. Künstlerisches und ästhetisches Erleben kann nicht — wie ein Gedanke — unverändert von einem Gemüt auf ein anderes übertragen werden. Aber man kann sie auf andere aufpfropfen und mit ihnen verwachsen lassen, so daß sie jeder angestammten Kultur von außen her neue Antriebe bringen können[89].

Alle persönlichen und nationalen Errungenschaften und alle Denkmäler des menschlichen Genius werden für alle da sein. Diese Verschiedenheit des gemeinsamen Besitzes wird eine zu große Gleichförmigkeit verhüten, denn der gemeinsame Schatz wird — dank den Werken der Kultur im höheren Sinne — verschiedenartige Ideen, Ideale, Träume und Vorstellungen und einen weiten Bereich wirklichen Erlebens einschließen. Das ästhetische Erleben kann, weil es frei ist, die grenzenlosen Reiche der Ideale durchwandern. Es kann so traumhaft sein, wie es will, wenn seine Träume nur von echtem Leben beseelt und bedeutungsvoll sind. Es wird ständig vermehrt durch neue Bekundungen neuen Erlebens, denn verinnerlichtes Neues ist das wahre Wesen der Kunst, so wie Neuheit zum Wesen allen Erlebens gehört. So werden jedem Menschen unerschöpfliche Möglichkeiten geboten, und je größer die Auswahl, desto unwahrscheinlicher ist es, daß zwei sich für das gleiche entscheiden.

Eine Weltkultur kann, wenn sie richtig gepflegt und richtig aufgenommen wird, eine Welt gestalten, in der die Menschen trotz ähnlicher Mittel verschiedene Ziele und trotz ähnlicher Ziele verschiedene Mittel beibehalten werden, und alle lassen sich in den großen Rahmen der Übereinstimmung einfügen. Es wird sich eine gegenseitige Befruchtung und Überschneidung der Kulturen ergeben, wobei verschiedene Grade von Gleichförmigkeit zu beobachten sein werden; aber gleiche oder unveränderliche Kulturen wird es nicht geben. Menschen und Nationen werden nach wie vor an dem Abenteuerlichen wechselseitiger Entdeckungen Freude haben — aber ohne Eroberungen. Sie werden immer noch von verschiedenen Dingen auch in verschiedenen Sprachen sprechen und wo sie sich nicht mehr verstehen, werden Mitgefühl und Duldsamkeit eine Brücke schlagen. Nie aber werden die Menschen jenes letzte Wunderbare verlieren müssen, das ihnen ihr Gepräge und ihre Einmaligkeit verleiht.

SIEBENTES KAPITEL

Erziehung zum Weltbürgertum

Alle menschlichen Einrichtungen — sittliche, politische, gesetzliche und wirtschaftliche — sind verwurzelt im Fühlen und Denken der Menschen, die unter ihnen leben. Das Gefühl für diese Tatsache besteht freilich nur in geringem Ausmaß im wachen Bewußtsein. Aber wenn alle im Bereich einer solchen Einrichtung Lebenden durch irgendein Ereignis für eine Zeit in traumlosen Schlaf versänken, bliebe die Einrichtung dennoch im Unterbewußtsein in den Gewohnheiten, Fähigkeiten, Erinnerungen und Einstellungen und in den Beziehungen der Menschen zueinander weiter bestehen.

„Kultur bedeutete ursprünglich nicht die Erzeugnisse, sondern den Vorgang der Kultivierung, nicht die Ernte selbst, sondern die Vorarbeiten dazu — die Urbarmachung des Bodens, Wahl und Aussaat des Samens und die Pflege der wachsenden Pflanze. Diese Pflege wird nunmehr Erziehung genannt. Kultur ist somit gleichsam der Kleidervorrat, den ein Mitglied der Gesellschaft zur Verfügung hat, Erziehung dagegen das Ankleiden selbst, einschließlich der Auswahl der kleidsamsten und nützlichsten Stücke und des Anpassens an die betreffende Person.

Die grundlegende Aufgabe der Erziehung ist die Aufrechterhaltung einer kulturellen Stetigkeit im Einzelmenschen von Generation zu Generation. Der Ausgangspunkt der Erziehung ist die Tatsache, daß sie mit jedem einzelnen Menschenleben einen neuen Anfang machen muß. Die Gesellschaft setzt sich aus Einzelwesen zusammen, und dennoch beginnt jedes Einzelwesen als ein Nichts und ein Niemand und endet als Mitglied seiner Gesellschaft, nachdem es sich im Laufe seines Lebens jene Lebensweise angewöhnt hat, die unter den mehr oder weniger fertig gebildeten Einzelwesen seiner Umgebung vorherrscht. Die Gesellschaft sorgt ständig für den notwendigen

Menschennachwuchs und gibt ihm die Form, die er jeweils an seinem Platz braucht.

Bei seinem Eintritt ins Leben bringt der Mensch vielerlei Möglichkeiten mit, einschließlich einer Reihe von Trieben und Fähigkeiten, die bei ihrer Erweckung in Handlungen und aus Handlungen in Veranlagungen umgewandelt werden. Diese so erworbenen Veranlagungen bestimmen dann die Wirkungen neuer Reize auf die Menschen. Diese Wirkungen ergeben wieder neue Veranlagungen, die ihrerseits wieder neue Reizempfindlichkeiten auslösen und so fort, bis zur letzten Handlung des Lebens, den letzten Atemzug. Der Mensch hat durch das Leben leben und zuletzt sterben gelernt. Alles, was er lernt, bringt die Voraussetzungen für sein weiteres Lernen mit und schreibt zugleich vor, wie das geschehen muß.

Alle Erziehung ist Übung. Es ist sinnlos zu sagen, das Tun sei nur eine Art des Lernens, sei nur eine Lehrmethode, denn anders kann man ja gar nichts lernen. In der Erziehung lernt man gehen durch Gehen, sprechen durch Sprechen, benennen durch Benennen, handhaben durch Handhaben, beobachten durch Beobachten und denken durch Denken. Es ist ebenfalls müßig, vom Tun als solchem im Gegensatz zu dem, was getan wird, zu sprechen. Alles ist ein Tun in irgendeiner Form, so daß man, wenn man das Tun lernt, zugleich lernt, *was* man tut. Und dabei lernt man auch, *wie* man es tun muß — das heißt, eine bestimmte Art es zu tun und es *selbst* zu tun, also seine eigenen Handfertigkeiten, in denen die persönliche Entwicklung und die eigene Reizempfindlichkeit zum Ausdruck kommt.

Es gibt verschiedene Unterteilungen des Begriffs Erziehung, die sich zwar teilweise überschneiden, aber dennoch zur Verdeutlichung der Mannigfaltigkeit und Durchdringungskraft des Gegenstandes dienen können. Da ist einmal die sogenannte „Formalerziehung", das ist die Erziehung in der Schule durch Berufslehrer. Sie fällt für gewöhnlich in den frühen Lebensabschnitt, weil sie den Weg für andere Arten der Erziehung zu bereiten hat, nämlich für die Selbsterziehung, die Berufserziehung und die Erziehung durch die Öffentlichkeit.

In der Selbsterziehung ist der Mensch sein eigener Lehrer, wobei er die Wahl hat, was und wie er lernen will. Der genaue Punkt, wo dies beginnt, ist nicht bestimmbar; aber es ist klar, daß es zur Erziehung in der Schule gehört, dem jungen Menschen die Anfangsgründe mitzugeben, die er für seine künftige Selbsterziehung braucht. Die Berufserziehung soll die Kenntnisse vermitteln, die der Mensch für seine Rolle, die ihm das Leben bereithält, haben muß, das heißt, was auf seinem Platz in der Arbeitsteilung der Gesellschaft von ihm verlangt wird. Sie gibt ihm das geistige Werkzeug für seinen Beruf. Der Jüngling wird nicht nur ein erwachsener Mensch, sondern auch ein Metzger, Bäcker, Künstler, Mechaniker, Feuerwehrmann, Rechtsanwalt oder Geschäftsmann. Er muß auf seine Lebensaufgabe vorbereitet werden und lernt immer weiter durch die Erfahrung in der Berufsausübung. In letzterem Falle ist das Erziehungsergebnis eher zufällig als vorausgeplant. Man nennt das „die Schule des Lebens". Die Wünsche und Begabungen des Menschen können sich genau mit seiner Lebensaufgabe decken; das ist dann die innere Berufung; bei einer Entscheidung „zweiter Wahl" spricht man von Beruf, oder aber man muß den Menschen gewissermaßen anheuern, damit er eine Arbeit übernimmt, dann ist das sein Broterwerb oder seine Lohnarbeit.

Die vierte Art von Erziehung, die Erziehung durch die Öffentlichkeit, umfaßt das, was der Mensch aus Zeitungen, Büchern, Reden, Radio, Theater oder Kunstwerken lernt. Diese Mitteilungsformen wenden sich an die Öffentlichkeit, das heißt, wahllos an alle, die sie mehr oder weniger verstehen können und wollen.

Weitere Unterscheidungen gelten für alle Erziehungsgebiete, irreführend zwar, wenn sie zu streng genommen werden, jedoch nützlich darin, daß sie die Weite und Schwierigkeit des Gegenstandes deutlich machen. Die erste ist die Unterscheidung zwischen Freiheit und Zwang. Freilich gibt es keine völlig freiheitliche und keine völlige Zwangserziehung. Es ist dies eine Frage des Grades und der Betonung. Eine Erziehung ist in dem Maße freiheitlich, in dem sie den jungen Menschen zu einem menschenwürdigen Leben fähig macht.

Eine zweite Unterscheidung bezieht sich auf die Einteilung der menschlichen Natur in Verstandeskräfte. Willen und Körper. Eine Erziehung, die dem Menschen Urteilskraft gibt, heißt Unterweisung oder Belehrung. Die richtige Formung des Willens erfolgt durch die sittliche Erziehung, und einen gesunden Körper bekommt man durch die körperliche Erziehung. Nun kann man den Menschen allerdings nicht so aufteilen, denn der Gebrauch des Verstandes erfordert den

Willen zum Denken sowie Wahrheitsliebe, und ein durchgebildeter Wille braucht Intelligenz. Verstand und Wille sind an den Körper gebunden und verlangen eine Grundlage von körperlicher Kraft, eine gesunde Tätigkeit der Körperorgane und die Aneignung körperlicher Fertigkeiten. Das menschliche Verhalten ist Ausdruck der gesamten Körper- und Geisteskräfte. Im griechischen Altertum ist diese Unteilbarkeit in der Erziehung theoretisch und praktisch anerkannt worden. In neuerer Zeit wurde auf den Verstand unverhältnismäßig großer Wert gelegt, und die sittliche und körperliche Erziehung war — in der Regel — „nicht Pflichtfach".

Es gibt eine Unterscheidung von primären und sekundären Erziehungsquellen — zwischen Lernen von Gelerntem und Lernen von den Ursprünglichkeiten der Natur und des Lebens. Es gibt eine zeitliche Unterscheidung zwischen Lernen aus der Vergangenheit und Lernen aus der Gegenwart. Und es gibt eine hochwichtige Unterscheidung zwischen einer Erziehung, die Früheres wiederholt, und einer Erziehung, die Neues bringt. Erstere entspricht der Verteilung von Verbrauchsgütern nach bewährtem Muster und erhält das Erbgut der Gesellschaft — letztere gleicht der Verteilung von Produktionsgütern, mit denen Geschlechterfolgen von Menschen bessere Verbrauchsgüter herstellen und somit zum Fortschritt beitragen können.

Diese Darlegung wird der Leitfaden im Dickicht dieses Gegenstandes sein, wobei jenen Seiten des Erziehungsproblems, die in irgendwie bedeutsamer Beziehung zur Nachkriegswelt stehen, unsere besondere Aufmerksamkeit gelten wird.

Die Umstände, durch die Umfang, Leichtigkeit und Vielfalt des Verkehrs zwischen den Menschen vergrößert wurden, haben auch eine tiefe Wirkung auf die Erziehung — ob zum Guten oder Schlechten, hängt davon ab, was die Menschen daraus machen. Nie zuvor in der Geschichte des Menschen hat sich die Erziehung so großer Verbrechen schuldig gemacht — nie zuvor haben die Menschen so große Hoffnung auf die Erziehung als eine Macht des Guten gesetzt wie heute. Die Vorgänge, durch die der Grund zu den verschiedenen Veranlagungen gelegt wird, können jede Art von Veranlagung einpflanzen; je nachdem lenksame Gemüter geformt werden, können böse oder redliche Gesinnungen erzeugt werden, rechter oder falscher Glaube, einen im höheren Sinne menschlichen oder unmenschlichen Willen. Mit Sicherheit können wir nur bestätigen, daß den Menschen heute durch die Erziehung eine große Macht gegeben ist, die zum Guten und leider auch zum Bösen gebraucht werden kann.

Die gegenwärtige Gedrängtheit und gegenseitige Abhängigkeit in unserer Welt berührt drei erzieherische Fragen: Wer oder was soll erziehen? Wer soll erzogen werden? Wie und wozu soll erzogen werden? — Diese Fragen stehen in Beziehung zueinander, sie dürfen jedoch nicht durcheinandergebracht werden.

Alles, was international geschieht, deutet auf die Errichtung internationaler, für diesen Zweck bestimmter Stellen hin. Wie auf anderen Gebieten auch, können auf dem Gebiet der Erziehung diese Einrichtungen den bereits bestehenden öffentlichen und privaten nationalen Stellen angegliedert werden und durch Meinungsaustausch zu internationaler Wirksamkeit gelangen, wie dies anläßlich der Besprechungen der Erziehungsminister und sonstiger Regierungsvertreter, die kürzlich in London stattgefunden haben, der Fall war oder durch internationale Kongresse von Lehrern, Schülern und privaten führenden Persönlichkeiten des Erziehungswesens. Wenn aber Besprechungen und Kongresse regelmäßig stattfinden und ihr eigenes Verwaltungspersonal haben, so werden sie leicht zu feststehenden Einrichtungen, gleich dem in Aussicht genommenen ständigen Büro, Amt oder Rat für internationale Erziehung, wie sie im Rahmen einer allgemeinen Weltorganisation geplant ist[91]. Solche Stellen wirken befruchtend und ordnend, indem sie wiederum Unterabteilungen für besondere Aufgaben ins Leben rufen, wie den Austausch von Studenten und Lehrern oder die Verteilung von Erziehungs- und Lehrmitteln.

Die Leute, die sich für das internationale Erziehungswesen einsetzen, denken von Berufs wegen meist zuerst an die Formalerziehung, also an Schulen und Universitäten; deshalb vergessen sie aber keineswegs die durch die verbesserten Nachrichtenmittel neugeschaffenen Möglichkeiten. Die Welt-Radio-Universität (World Radio University) mit ihrem Kurzwellensender WRUL hat für einige Jahre als Erziehungsmittel gedient, durch das alle Teile der Erde und damit die wichtigsten Rassen der Menschheit jeweils sofort von einem einzigen Punkt aus erreicht werden konnten. Die Presse mit ihrer internationalen Verbreitung und ihrem weitverzweigten Vertreterstab bringt Nachrichten von überallher nach überallhin. Sobald wieder für friedlichen Austausch Platz sein wird, können Bücher,

Zeitschriften und Filme mit Schiff oder Flugzeug leicht und schnell in alle Welt befördert werden. Durch das Fernsehen konnten die Amerikaner bei der Eroberung von Iwo Jima schon tags darauf gleichsam Augenzeugen sein, und so wird das Bild als Lehrmittel bis in die äußersten Erdenwinkel getragen.

Kurzum, die Möglichkeiten für eine internationale Erziehung sind bereits vorhanden oder stehen doch unmittelbar bevor. Immerhin bleiben noch zwei weitere Fragen zu beantworten: wer soll erzogen werden und worin soll die Erziehung bestehen?

Internationale Erziehung heißt, daß auf der ganzen Welt jedermann mit jedermanns Hilfe eine Erziehung geboten wird. Sie bedeutet ferner, daß es im Interesse aller Menschen liegt, allen Menschen wenigstens ein Mindestmaß an Erziehung zu geben. Sie bedeutet, daß es ein menschliches Recht auf Erziehung gibt — einen allgemeinen Anspruch, der auch allgemein anerkannt zu werden verdient. Dieser Anspruch kommt darin zum Ausdruck, daß die Frage der Erziehung „rückständiger Gebiete" international behandelt wird, daß es einen internationalen Feldzug gegen das Analphabetentum gibt und daß man um die Wiederbelebung und den Wiederaufbau des Erziehungswesens in solchen Städten bemüht ist, deren Erziehungsmittel durch Kriegseinwirkung zerstört worden sind — wie in Louvain nach dem ersten Weltkrieg und heute in Warschau oder Nanking. Dies besagt nicht, daß eine Nation von einer anderen erzogen werden soll noch von einem aus allen Nationen zusammengesetzten internationalen Erzieherstab, sondern vielmehr, daß alle Nationen jeder Nation helfen sollen, sich selbst zu erziehen.

Es bleibt die dritte Frage. Ehe diese beantwortet ist, haben die Antworten auf die anderen Fragen wenig Wert. Wenn man das Ziel, jedermann Erziehung zu bieten, und die Mittel dazu hat: Worin soll nun jedermann erzogen werden? Wie soll der Gedanke der Internationalität sich auf den Inhalt der Erziehung auswirken? Hier geht es uns wie einem, der vor einem Mikrophon steht und der ganzen Welt etwas sagen möchte, aber einen Augenblick stockt, weil er noch nicht recht weiß, wie er es sagen soll.

Es ginge über den Rahmen dieses Kapitels wie über das Vermögen des Verfassers hinaus, hier einen Überblick über den ganzen Inhalt der Erziehung im Lichte der Internationalität zu geben. Es muß genügen, einige wenige weitgespannte und kaum anfechtbare

Betrachtungen anzustellen. Glücklicherweise wird man in den nächsten Jahren aus Sparsamkeit mehr auf eine großzügige Anpassung als auf umwälzende Neuerungen und eher auf eine neue Ordnung alter Unterrichtsgegenstände als auf die Schaffung neuer bedacht sein müssen.

Die Mathematik und die physikalischen und technischen Wissenschaften tragen durch ihren übernationalen oder neutralen Charakter zur Internationalität bei. Ihr jeweiliger Lehrgegenstand besteht aus einem System begrifflicher Beziehungen, die für die Natur in ihrer Gesamtheit gelten, sowie aus der Natur selbst, die allen Nationen gemeinsam gehört. Darauf sollte beim Unterricht in diesen Fächern hingewiesen werden, um so den Geist der Schüler sowohl für ihre Universalität als auch für ihre unendliche Nützlichkeit für die Menschheit empfänglich zu machen. Sie sollten auch als Beispiele für streng gezügeltes Denken herangezogen werden, das heißt für die Treue der Schlußfolgerungen gegenüber der Beweisführung. Und wie alle Gegenstände sollten sie in der Weise gelehrt werden, daß nicht nur eine Würdigung ihrer Werte, sondern auch die Anerkennung ihrer Grenzen damit verbunden wird. Der Schüler sollte aus seiner Wissenschaft selbst und nicht nur von dem Lehrer eines eifersüchtelnden Fachgebietes lernen, daß das Gute, das die Wissenschaft stiften kann, davon abhängt, was der menschliche Wille aus ihr macht, und daß die Wissenschaft, wenn sie zu einer friedlichen und fruchtbaren Ordnung der Menschheit beitragen soll, unter dem obersten Gesetz der Sittlichkeit stehen muß.

Der Unterrichtsstoff der Sozialwissenschaften ist schon seinem Wesen nach international. Durch die Erdkunde wächst die Vertrautheit des Menschen mit der Erde von seinem Wohngebiet bis in entlegene Weiten und machen ihm diese mehr und mehr vertraut. Durch Landkarten und Bilder unterstützt sie die Vorstellung von dem Erdenreich des Menschen. Die beschreibende Menschen- und Gesellschaftskunde schildert die Bräuche, die Sitten und die verschiedenen Familien der einen großen Menschheitssippe.

Die Geschichte lehrt uns das Leben der Menschheit, soweit die Forschung zurückreicht, und die Beziehungen zwischen den Gruppen und Nationen. Geschichte muß ehrlich, genau und frei von nationalen Vorurteilen und begehrlichen Gedankengängen sein. Aber die Strenge der geschichtlichen Lehre und Forschung schließt deren vorwiegende

Beschäftigung mit den höchsten menschlichen Angelegenheiten nicht aus. Es gehört zum Wesen der Geschichte, daß sie gewisse Gebiete auswählt, denn es soll ja die Geschichte von etwas Bestimmtem und nicht nur ein Sammelsurium menschlicher Begebenheiten und ihrer Ursachen dargestellt werden. Man kann mit gleicher Gewissenhaftigkeit die Geschichte von Fürsten, Herrschergeschlechtern und Höfen, von Schlachten und Feldzügen, von Glaubenslehren oder der Lebensbedingungen des kleinen Mannes untersuchen. Und so haben sich die Geschichtsforscher mit dem Wachstum ihrer Meisterschaft im Aufspüren von Tatsachen mehr und mehr der sozialen und Geistesgeschichte zugewandt. Das erklärt sich daraus, daß auch in der Geschichte die Antworten von den Fragen abhängen, und daß die Fragen der Historiker wiederum deutlich erkennen lassen, welche Probleme im Brennpunkt der Aufmerksamkeit der Öffentlichkeit stehen. Wenn denkende und verantwortungsvolle Männer, gehorsam dem sittlichen Gebot der Stunde, etwas über Aufstieg und Verfall der Zivilisation, über weltumspannende Beziehungen und Abhängigkeiten oder die Ursachen von Krieg und Frieden, über die Gründe der gegenwärtigen Katastrophe und der Hoffnung auf Verhütung ihrer Wiederholung wissen wollen, wenden sie sich an die Historiker. Und wenn diese dann die richtigen Antworten nicht geben können, finden allerlei Behauptungen und Trugschlüsse bald willige Ohren.

Es ist nicht notwendig, daß die Geschichtsforscher über internationale Geschichte Bücher schreiben oder Vorlesungen halten. Zweifellos muß das Gleichgewicht in der Welt wieder hergestellt und manche Lücke ausgefüllt werden, um provinzielle Überbewertungen zu überwinden. So zum Beispiel brauchen wir bessere geschichtliche Unterlagen über Rußland und China. Auf jeden Fall wäre es für die öffentliche Meinung wie für den Gegenstand der Geschichte selbst besser, wenn die Historiker in alle Schriften und Lehren die internationalen Ausblicke und Hintergründe einbezögen. Ihre Leser und Hörer kämen dann los von dem Trugbild des Isolationismus. Sie würden dann lernen, die griechische, amerikanische oder englische Geschichte jeweils als eine Sammlung örtlicher Ereignisse zu sehen, die zu einer weiteren menschlichen Umwelt in Wechselwirkung stehen — die Geschichte des zwölften oder des achtzehnten oder irgendeines anderen Jahrhunderts als einen Abschnitt in der Entwicklung oder des Rückschritts in der Einigung der Menschen, und die Vergangenheit als ein Nebeneinander von Teilentwicklungen, die in der Gegenwart zusammenlaufen.

Die Geschichte wiederholt sich und ist doch immer wieder neu. Jedes geschichtliche Ereignis erinnert in manchem an Vergangenes, bringt aber gleichzeitig in anderer Hinsicht etwas Neues und ist, alles in allem genommen, sogar etwas Einmaliges. In den geschichtlichen Ähnlichkeiten liegt ein gewisser Wert: durch sie können die Lehren der Vergangenheit auf die Probleme der Gegenwart angewandt werden und es liegt ein Trost in dem Gedanken, daß jedes Übel — oder ein noch schlimmeres — schon einmal da war. Es gibt keine bessere Kur für den Pessimismus als eine genauere Untersuchung der „guten alten Zeit". Aber auch die Einmaligkeit der Geschichte hat ihren Wert. Sie beweist, daß ein Unglück sich nicht wiederholen muß, und daß alte und neue Probleme mit der nötigen Findigkeit gelöst werden können — und wenn nicht heute, so doch mit der Zeit, die in ihrer Fruchtbarkeit ohne Grenzen ist. So ist die Geschichte die große Lehrerin der Geduld, nicht der stillen Geduld, die untätig leidet, sondern der sprungbereiten Geduld, die nur so lange ausharrt, wie es erforderlich ist, und die nicht wankend wird in ihrem Kampf für ein Gut, dessen sich vielleicht erst die fernste Nachwelt wird erfreuen dürfen.

Es gibt aber bestimmte Wissensgebiete, die der Internationalität noch unmittelbarer dienen. Das Studium der physischen Natur aus Physik und Chemie, der menschlichen Natur aus der Menschenkunde und der Wirklichkeit in ihren großen Zusammenhängen aus den Systemen der Philosophie — dies alles wendet sich an die Probleme der menschlichen Organisation, einschließlich des letzten: der Ordnung der Welt. Diese Wissenschaften stimmen — eine um die andere — mit den wichtigsten menschlichen Einrichtungen überein, deren jede einem bestimmten Ziel innerhalb des gemeinsamen Zieles der Sittlichkeit dient, und deshalb sind sie sittliche Wissenschaften. Wer sich ihnen widmet, wird — bewußt oder unbewußt — jede soziale Ordnung nach ihrer sittlichen Zielsetzung beurteilen. Wenn bewußt, dann erkennt er das Ziel aus der Moralphilosophie. Wenn unbewußt, dann drängt es sich ihm auf aus der Literatur seines Forschungsgegenstandes oder er atmet sie mit der geistigen Luft seiner Zeit ein.

Hierher gehören auch Staats-, Wirtschafts- und Rechtswissenschaft, zusammen mit den mehr ordnenden als den nur beschreibenden Teilen der Psychologie und Soziologie. Es wäre besser, sie würden ihre sittlichen Ziele von vornherein deutlich machen, anstatt dies ihren Lesern und Studenten zu überlassen, die durch andere Studien eine mehr abgerundete Vorstellung von den Dingen bekommen und so nun ihrerseits diese ihren Lehrern vor Augen halten könnten.

Wenn wir die Einigung der Welt mehr als nüchternen Plan denn als Liebhaberei oder Wunschtraum ansehen, so ist sie ein Werk planvoller Ordnung. Wie können die Menschen zu einer gemeinsamen Verfassung und einem gemeinsamen Rechtssystem kommen, die der ganzen Menschheit nützlich sein sollen? Wie sollen sie die materiellen Güter in weltweitem Ausmaß und unter höchstem Nutzen für die menschliche Wohlfahrt erzeugen und verteilen? Wie sollen sie mit geringsten Reibungen, mit geringsten Verletzungen der menschlichen Selbstachtung und im Geist höchster gegenseitiger Hilfsbereitschaft zusammenleben? Das will man heute von den Sozialwissenschaftlern hören, und das müssen sie uns auch sagen. Solches Wissen kann nicht länger als das ausschließliche Gebiet von Sachverständigen betrachtet werden, die sich Diplomaten nennen. Mit dem Wachsen der gegenseitigen Abhängigkeit der Menschen und der Ausweitung des Gemeinwesens, der Gesetzgebung und der Wirtschaft über nationale Grenzen hinweg wird die Außenpolitik Sache eines jeden Bürgers — oder, mit anderen Worten, alle Politik wird Innenpolitik.

Was von den allgemein üblichen Studiengängen noch behandelt werden muß, fällt unter den Sammelbegriff „humanistische Fächer". Sie umfassen Sprachen und Literatur, die schönen Künste und Religion. Geschichte gehört so weit dazu, als sie sich mit der im höheren Sinne menschlichen Kultur der Vergangenheit befaßt, Philosophie so weit, als sie mehr Selbstausdruck und Betrachtung als eigentliche Wissenschaft ist. Die besondere Betonung der humanistischen Fächer wird als Merkmal einer „freiheitlichen Erziehung" angesehen. Jede Erörterung des Erziehungsproblems ohne die Behandlung dieser Frage würde heutzutage als betrügerische Enttäuschung berechtigter Erwartungen aufgefaßt werden.

Der Gegenstand ist durch historische Zufälligkeiten und durch Eifersüchteleien zwischen den einzelnen Fachgebieten in Verwirrung geraten. Um davon frei und zu klaren Schlüssen über das Wesen der Sache zu kommen, dürfen wir nicht mit der Aufzählung einer Reihe von Gegenständen beginnen, die freiheitlich und humanistisch zu sein beanspruchen, sondern vielmehr mit der allgemeinen Bedeutung jener schönen Sache, der wir so schmeichelhafte Namen geben. Haben wir erst den Maßstab, dann können wir ihn auf die einzelnen Gegenstände anwenden.

Präsident Eliot von der Harvard-Universität hat einen Schritt in dieser Richtung unternommen, als er den Versuch machte, die Ziele eines freiheitlichen Studienganges von dem genau vorgeschriebenen Lehrstoff der alten Klassik zu trennen. Er wollte nicht nur der alten Klassik, sondern auch der Wissenschaft gerecht werden, die in dem Maße einen größeren Raum einnehmen sollte, in dem sie geeignet schien, einen bestimmten Männertyp zu formen, den er wie folgt beschrieben hat:

> Er soll keine schwächliche, kritische, launenhafte Kreatur sein, die sich auf ein bißchen besonderes Wissen oder auf vielleicht überdurchschnittliche Kenntnis lateinischer Verse oder mathematischer Logik etwas einbildet. Er soll ein Mann von schneller Auffassungsgabe, vielerlei Neigung und großer Anziehungskraft sein — empfänglich und doch selbständig, selbstbewußt und doch bescheiden. Er soll Wahrheit und Offenheit, aber auch Mäßigung und Gleichmaß lieben, tapfer und doch sanftmütig, nicht vollendet, aber doch der Vervollkommnung zugewandt sein[92].

Der humanistische Gedanke in der Erziehung erstrebt die Weiterentwicklung des Menschen sowohl gattungsmäßig wie in seinem persönlichen, inneren Gehalt. Die Erziehung sollte den Menschen für die allgemeine und gemeinsame Berufung zum Menschentum und nicht nur für die besonderen Kenntnisse eines Berufes vorbereiten. Es erübrigt sich zu betonen, daß beides sich häufig überschneidet, weil auch der Beruf zum Menschentum gehört. Aber man kann auf zwei Wegen an das Gebiet der Überschneidung herankommen: man kann von dem Menschen ausgehen, der das Beste aus sich machen will, oder aber von dem Beruf, indem man fragt, welche besonderen Fähigkeiten er verlangt.

Die Entwicklung des inneren Gehalts des Menschen bedeutet die Entwicklung seiner besonderen menschlichen Gaben — seiner Vernunft, seiner Vorstellungsgabe, seines Geschmacks und seiner Willensfreiheit. Hier sind wir auf der Schwelle zwischen Menschlichkeit und Ungebundenheit. Willensfreiheit erfordert die Kenntnis der Wahlmöglichkeiten und die Fähigkeit, sie gegeneinander abzuwägen. Sie erfordert die Fähigkeit, Wahlmöglichkeiten als noch unverwirklichte Ziele, das heißt als vorgestellte Möglichkeiten zu betrachten. Die Freiheit in der Wahl der Ziele ist größer als in der Wahl der Mittel, weil das einmal gewählte Ziel den engeren Bereich der Mittel vorschreibt und die Mittel zu entgegengesetzten Zielen ausschließt. So kann der Mensch, wenn er im höheren Sinne menschlich erzogen ist, in der Jugend aus allen Zielen mit allen ihren wechselnden Mitteln wählen, während er im späteren Leben durch den Gebrauch, den er von seiner damaligen Freiheit gemacht hat, gebunden ist. Es ist zwar richtig, daß der Mensch in der Wahl der Ziele weitgehend davon abhängig ist, ob er die dazu erforderlichen Mittel besitzt und wo die Grenzen seiner Befähigung liegen. Aber ihm zu helfen gegen die Beengungen der äußeren Umstände, ihm die günstigen Gelegenheiten einschließlich der Möglichkeit einer Erziehung zu geben, ist Sache anderer sozialer Einrichtungen auf dem politischen, gesetzgeberischen und wirtschaftlichen Gebiet. Die Erziehung muß den Menschen mit den Gaben nehmen, die er von Natur und Gesellschaft mitbekommen hat, und muß ihm die größte Freiheit zur Entwicklung der einen und Nutzung der anderen Gaben gewähren.

Es wird zuweilen behauptet, freiheitliche Erziehung verleite zu Mißbrauch der Freiheit, andere Erziehungsmethoden dagegen erzögen zur Arbeit. Das ist aber nichts weiter als eine Redensart, in diesem Zusammenhang sogar eine gefährliche. Der Studierende ist nur allzu bereit, das Evangelium der Freiheit nachzubeten und auch gleich danach zu leben. Freiheit wird oft mit Untätigkeit und Müßiggang verwechselt. Es gibt nichts Lohnendes im menschlichen Leben, das einem mühelos zufiele. Der Mensch soll nicht wie die Lilien auf dem Felde sein, die nicht säen noch ernten, sonst macht er nur eine traurige Figur. Freiheit im guten Sinn ist nicht Ruhe und Entspannung, die nur als Ausgleich für vollbrachte oder bevorstehende Anstrengungen gerechtfertigt sind, sondern ist die Möglichkeit, eine gewählte Arbeit so zu tun, wie man sie tun will, und zwar um der Arbeit selbst willen, nicht unter Zwang.

Alle Lehrstoffe können im höheren Sinne menschlich und freiheitlich gelehrt werden; aber es gibt keinen Lehrstoff, der bei jeder Art der Darbietung immer freiheitlich und im höheren Sinne menschlich bleibt. Geistige Enge in den sogenannten humanistischen Fächern ist nicht weniger verwerflich als der krasseste Nützlichkeitsstandpunkt in der Wissenschaft, der reinen wie der angewandten — und Pedanterie ist nicht einmal nützlich. Aber es gibt immerhin Unterschiede in der Eignung der verschiedenen Lehrstoffe für freiheitliche und im höheren Sinne menschliche Darstellung. So ist denn auch die reine Wissenschaft menschlich freiheitlicher als die Technik, weil sie dem Geist die freie Wahl ihrer Anwendung überläßt. Die Sozialwissenschaften sind freisinniger und menschlicher als die physikalischen Wissenschaften, weil sie den Menschen für das Leben als Ganzes ausrüsten und nicht nur für jenen Teil, der sich mit der physischen Umwelt beschäftigen muß. Geschichte und Philosophie sind menschlicher und freiheitlicher als die physikalischen und die Sozialwissenschaften, weil sie den Menschen auf verschiedenartigen Wegen in seine gesamte Welt einführen und ihm ein Höchstmaß an Entscheidungsmöglichkeiten vermitteln.

Aber zu sagen, die humanistischen Fächer seien unnütz, hieße sie wehrlos ihren Feinden ausliefern. Es ist immer ein Fehler, wenn die Verfechter einer Sache die Aufmerksamkeit darauf lenken, was diese Sache *nicht* ist — das kann man getrost den Gegnern überlassen. Beurteilt man sie nach ihren positiven Beiträgen zum Leben, dann sind die humanistischen Fächer — Literatur, die schönen Künste und die Religion, zusammen mit der Geschichte und der Philosophie — menschlich und freiheitlich, weil sie die Aufmerksamkeit darauf lenken, was im höchsten Sinne menschlich ist — das heißt auf die Denkmäler und Meisterwerke des menschlichen Genius —, und weil sie mehr die Zielsetzungen und inneren Werte betonen als die Mittel, Tatsachen und ursächlichen Zusammenhänge.

Freiheitliche Erziehung im weiteren sozialen Sinne bedeutet, daß die Einrichtungen für die Menschen und nicht die Menschen für die Einrichtungen da sind. Sie bedeutet ferner, daß die Menschen nicht in ein soziales Prokrustesbett gezwungen werden, sondern Raum bekommen sollen innerhalb einer biegsamen sozialen Ordnung, die sich ihrer fortschreitenden Entscheidungsfreiheit anpassen soll. Im Sinne der Einigung der Welt bedeutet freiheitliche Erziehung, daß internationale Einrichtungen so geartet sein sollen, daß sie dem Ziel der Freiheit für alle Menschen entweder unmittelbar oder durch deren staatliche Stellen dienen, indem die letzteren von der Furcht vor dem Krieg und von seinen Härten und Entbehrungen befreit werden und durch Zusammenarbeit ihren Völkern noch mehr Nutzen bringen können. Freiheitliche Erziehung heißt, daß alle Menschen aus ihrer gemeinsamen Vergangenheit und voneinander durch Austausch und Verständigung Ausblicke und Einblicke gewinnen, die ihre Entscheidungsfähigkeit anreizen und erweitern. Sie bedeutet, daß alle Menschen, nachdem sie erst einen Vorsprung vor ihren rein leiblichen Bedürfnissen errungen und ihren Organismus zu beherrschen gelernt haben, in wachsendem Maße jenes Leben leben sollen, das bisher nur ein unerfülltes Versprechen oder das seltene Vorrecht weniger gewesen ist.

Der wichtigste Teil der Erziehung, der aber trotzdem am meisten vernachlässigt wurde, ist die sittliche Erziehung. Jedermann redet von ihrer Wichtigkeit, aber keiner will damit Ernst machen. Nur Prediger und Eltern haben den Mut einzugestehen, daß sie sich mit dieser Art Erziehung befassen, wobei die Prediger aber beileibe keine „Moralprediger" und die Eltern gleichsam zu Füßen ihrer Kinder sitzen wollen.

Als Grund — freilich als ein oberflächlicher — für dieses Zögern wird angegeben, die sittliche Erziehung verletze die Gesetze der Bescheidenheit. Nun darf angenommen werden, daß der Lehrer einiges mehr weiß als seine Schüler — mindestens weiß er es um eine gewisse Zeitspanne früher, und das wird von den Schülern im allgemeinen eher begrüßt als übelgenommen. Warum soll man also nicht anerkennen, daß ein Lehrer der Moral mehr von Moral weiß als ein Schüler der Moral? Aber die Rolle des Lehrers ist hier eher damit in Verbindung gebracht, was er ist, als damit, was er weiß, und die Leute — einschließlich der Schüler — lieben es nicht, mit den ihnen übergeordneten Menschen zusammenzusein, besonders dann nicht, wenn diese ihnen wirklich überlegen sind und das auch ganz offen erkennen lassen. Auch fühlt sich der Lehrer in dieser Rolle der Überheblichkeit nicht besonders wohl, weil er nach dem Sittengesetz jeden Überlegenheitsanspruch für sich ablehnen muß.

Dagegen braucht ein Lehrer der Gesundheitskunde nicht gesünder zu sein als seine Schüler. Es genügt, wenn er sein Lehrgebiet beherrscht. Der Mangel an Bereitwilligkeit, Sittlichkeit zu lehren oder zu lernen, kann auf der Ablehnung beruhen, die Sittlichkeit tatsächlich als etwas anzuerkennen, von dem der eine mehr, der andere weniger wissen kann. Es können sittliche Zweifel darin liegen, eine zwar unbegründete, aber weitverbreitete Annahme, daß sittliche

Feststellungen etwas rein Persönliches sind und daß es daher eine unschickliche Zurschaustellung des Privatlebens des Lehrers und einen Einbruch in das Privatleben des Schülers bedeutet, solche Feststellungen zum Unterrichtsgegenstand zu machen. Aber „gut" und „recht" hat seinen Sinn, und so sind manche Dinge gut und recht, manche böse und unrecht, das eine Verhalten führt zum Glück, das andere zum Unglück, manche Formen der sozialen Ordnung fördern Rechte, andere verletzen sie. Zu solchen Wertungen sind manche Menschen ganz ohne Überheblichkeit und Anmaßung mehr berechtigt als andere.

Man könnte ja sagen, daß jede Erziehung ihre sittliche Wirkung habe und daß man die moralische Erziehung als solche daher ruhig sich selbst überlassen könne. Was allgegenwärtig und unausbleiblich ist, braucht nicht künstlich und vorsätzlich erzeugt zu werden. Aber dabei wird übersehen, daß die Wirkungen der Erziehung auf Charakter und Handlungsweise genau so unsittlich wie sittlich sein können. Unachtsamkeit in dieser Hinsicht kann Irrtum, Verwirrung und falsches Verhalten zur Folge haben. Wenn die Erziehung auch sittlich wirken soll, muß zuerst klargestellt werden, was Sittlichkeit überhaupt bedeutet.

Ein weiterer Einwand gegen die sittliche Erziehung beruht auf der eigenartigen Beziehung zwischen der sittlichen Erkenntnis und dem Willen. Es ist bezeichnend für alle sittlichen Urteile, daß ihre Anerkennung einen Drang zum Handeln mit sich bringt. Wenn zum Beispiel ein Lehrer seinen Schüler davon überzeugt, daß Lügen unrecht ist, wird dieser wahrscheinlich das Lügen bleiben lassen. Sittliche Erziehung beruht also auf der Anwendung einer Macht, der sich der Lernende widersetzt, weil sie ihm seine Freiheit nimmt, oder die von der Gesellschaft als mit der Entschlußfreiheit des einzelnen unvereinbar mißbilligt wird. Zusammen mit dem Vorwurf der Verlogenheit macht gerade das den Beigeschmack aus, der heutzutage der „Propaganda" anhaftet. Ist es möglich, daß die Freunde der Freiheit sich der sittlichen Erziehung annehmen, ohne auf den niedrigen Standpunkt ihrer Feinde hinabzusteigen?

Jede Lehre hat den Hang, zum Glauben zu werden, jeder zu fester Form verdichtete Glaube duldet keinen anderen Glauben neben sich. Der Glaube drückt sich im Fühlen und Denken des Gläubigen aus und nimmt ihm so bis zu einem gewissen Grade die Macht, anders zu sein oder zu handeln. Es muß zugegeben werden, daß viele sogenannte Lehrer gar keine wirklichen Lehrer sind und auch gar keine sein wollen, wenn sie nicht müssen — aber wer zwingt sie denn dazu? Viele Angestellte sogenannter Erziehungsunternehmen sind nur dem Namen nach „Erzieher", haben aber weder Lust noch Begabung dazu. Sie können zum Beispiel zu Physik oder Volkswirtschaft eine Neigung haben und vielleicht auch in gewissem Maße für die Ausbildung künftiger Physiker oder Volkswirtschaftler, nicht aber für die Vorbereitung der Jugend auf die persönlichen und sozialen Probleme des Lebens. Wer aber Lehrer sein will, muß sich entscheiden, ob er seine Schüler zu Zweiflern oder zu gläubigen Menschen erziehen will. Im letzteren Falle muß er sich wiederum klarmachen, welche Neigungen als besonders wertvoll in die jugendlichen Gemüter gepflanzt werden sollen, damit sie mit einiger Wahrscheinlichkeit zu bleibenden Eigenschaften werden. Wenn er aber zögert, seinen Schülern überhaupt Glauben einzuimpfen, so bedeutet dies, daß er die Geistesfreiheit seiner Studenten achtet und daß er ihnen durch das Beispiel, wenn nicht durch Gewissenszwang mindestens die Achtung vor dieser Freiheit beibringen will.

Sollte diese Neigung zufällig mit der inneren Einstellung seines Landes oder mit der der geordneten Menschheit übereinstimmen, so ist das kein Grund für den Lehrer, sie in der Jugend nicht noch besonders Fuß fassen zu lassen; denn weder Logik noch Sittlichkeit verlangen, daß eine sonst wertvolle Gefühls- oder Denkrichtung lediglich deswegen vernachlässigt werden soll, weil sie die Menschen noch stärker an ihre Heimat oder an die Menschheit bindet.

Manchmal will man auch an die sittliche Erziehung nicht herangehen aus Angst, man könne in den Ruf der Beeinflussung, Verdummung oder Gefühlsduselei kommen. Aber von der gleichen Seite wird die Lehre von der akademischen Freiheit als der Grundsatz der Erziehung verkündet. Nur eine Lehre wird ohne Zögern verkündet, und das ist die, mit der dieses Zögern entschuldigt wird. Man redet von Wahrheitsliebe und von der Achtung der Tatsachen, als wären Liebe und Achtung keine Gefühle. Eine Leidenschaft gibt es, der man die Zügel ruhig schießen lassen kann — die Leidenschaft, gegen Leidenschaft argwöhnisch zu sein und Gemütsverrohung zu beklagen. Es gibt nur einen Weg, die Erziehung rein zu halten, nämlich durch die aufnahmebereite Lernbegierde des Schülers und seine Hingabe an die persönliche Freiheit und die Organisation von Freiheiten, die für alles Lernen unerläßlich ist.

Schon für die Kleinen, die zu einer eigenen Wahl noch nicht fähig sind und für die deshalb verantwortungsbewußte Erwachsene entscheiden müssen, sind Einrichtungen da, Wiege und Kinderzimmer zum Beispiel. Später, wenn eigene Wahlen schon getroffen werden, gibt es die beruflichen oder religiösen Einrichtungen und solche Einrichtungen, die für die Jugend bestimmt sind, deren Wahlfähigkeit bereits vorhanden ist, die aber unausgerüstet, unbeaufsichtigt und bindungslos auf der Schwelle steht. In derartigen Einrichtungen sollte die Freiheit planmäßig den Schülern mit allen akademischen Mitteln eingehämmert werden — durch ihre Sinnbilder, durch ihre Auswirkungen, durch die Wahl der Lehrer, die Zusammenstellung des Studiengangs und Aufgelockertheit ihrer Geistigkeit. Unfreiheit sollte den Angehörigen einer solchen Einrichtung äußerst schwer, wenn nicht unmöglich gemacht werden.

Der Kult einer gerechten Freiheit, in dessen Namen manche Menschen eine sittliche Erziehung verwerfen oder doch erschweren, ist selbst etwas Sittliches — jedenfalls teilweise. Er ist Bekenntnis und Gesetz, und deshalb muß von Leuten, die sich zu ihm bekehren, erwartet werden, daß sie auch danach leben. Das Sittengesetz leidet darunter, daß man es nicht als Gesetz anerkennen will und daß es nicht planmäßig durch Aufklärung und Willenslenkung den Menschen eingepflanzt ist. Infolge derartiger falscher Bedenken oder durch Zweifel und Verwirrung tritt es hinter andere Bekenntnisse und Gesetze zurück, die, auch wenn sie unsittlich sind, durch Stärke und Reichweite ihres Einflusses ungleich mehr Durchschlagskraft besitzen. Das Sittengesetz der Freiheit und Gerechtigkeit entwaffnet sich so schon im voraus selbst und überläßt seinen Feinden die Oberhand.

Jene Einigkeit der Welt, die wir Frieden und internationale Zusammenarbeit nennen, ist eine sittliche Einigkeit. Die Einrichtungen, die sie verkörpern und verwirklichen — Politik, Gesetz und Wirtschaft — sind sittlich, und ihr Wirkungsbereich ist so allesumfassend, wie es ihre sittliche Universalität voraussetzt. Diese Einrichtungen haben im Fühlen und Denken der Menschen Fuß gefaßt, nicht nur in ihren Gewohnheiten und Vorstellungen, sondern auch in ihrem Urteil, in dem sich das ausdrückt, was man Gewissen nennt. Die Schaffung dieses Gewissens auf dem ganzen Erdball ist der Beitrag der sittlichen Erziehung zu den internationalen Einrichtungen.

Dieses sogenannte Weltgewissen muß in jedem einzelnen Menschen den festen Entschluß und die Leidenschaft erzeugen, für die Allgemeinheit ein gleiches und wahres Glück zu erstreben. Das scheint freilich nicht mehr als ein Gemeinplatz zu sein, aber er besagt doch, daß die Menschheit, wenn sie eine bestimmte Art von Welt formen will, dies auch ernsthaft wollen muß. Vor allem muß dieses Wollen lebendig sein in denen, die kraft ihrer Stellung und ihres Einflusses Wortführer sind für die anderen Menschen, es muß leben in denen, die schon Weltbürger sind und in der Führung und Leitung mitzureden haben. Es muß ein weitverbreiteter und beherrschender Wille geschaffen werden, der *für* den Frieden und *gegen* den Krieg ist, *für* das Glück und Wohlsein und *gegen* das Elend, und zwar *für* das Glück und Wohlsein *aller* Menschen und *gegen* das Glück und Wohlsein der Wenigen auf Kosten der Vielen. Dieser Wille muß stark und standhaft genug sein, um so lange auszuhalten, bis die Hindernisse beseitigt sind und der Weg freigemacht ist. Er muß jenen Mut besitzen, den die Schwierigkeiten eher stärken als schwächen.

Der weltweite Verkehr zwischen den Menschen erleichtert die Bildung eines solchen Willens, aber nur dann, wenn dieses Ziel unbeirrt mit allen erzieherischen Mitteln der Familie, Kirche, Schule, Presse und der öffentlichen Meinungsäußerung verfolgt wird.

Nachdem die Menschen an den schrecklichen Folgen dieses Krieges ihre gegenseitige Abhängigkeit am eigenen Leibe verspürt haben, sind sie empfänglich geworden für diese sittliche Erziehung der Welt. Vor allem wendet sich diese an jene Gefühle im Menschen, die man Mitgefühl, Mitleid, Kameradschaft und Menschlichkeit nennt und die in jedem Menschen für einen anderen geweckt werden können — ungeachtet sonstiger trennender Unterschiede.

Diese Gefühle liegen in der Menschennatur und sind die stärksten Stützen der Sittlichkeit. Auch im Kriege müssen die Menschen zuweilen zur Feindseligkeit angestachelt oder durch Todesdrohungen an der Verbrüderung mit dem Feind gehindert werden. Bei allem Abscheu vor dem Feind lebt im einfachen Soldaten immer noch das Gefühl, daß dieser gerade so ein armer Teufel ist wie er selber. Ein verwundeter Amerikaner sagte einmal zu seinem Arzt: „Wenn ich den Jerry nicht gerade durch mein Visier sehe, habe ich weiter gar nichts gegen ihn." (Jerry = Spitzname für den deutschen Soldaten, d. Ü.)

Vor lauter Politikern, Rechtsgelehrten und Wirtschaftlern auf der einen und Zynikern auf der anderen Seite vergessen wir, wie sehr der gegenwärtige Krieg eine Empörung gegen die Grausamkeit ist. Ein amerikanischer Flugzeugführer soll folgendes gesagt haben:

> Ich könnte ruhig dabeistehen und zuschauen, wenn Bilder von Rembrandt, Lionardo da Vinci oder Michelangelo eins nach dem anderen auf einen Scheiterhaufen geworfen würden, ohne daß ich mehr als ein tiefes Bedauern empfinden könnte. Wollte man aber irgendeinen kleinen Polenbalg auf den gleichen Scheiterhaufen werfen, bei Gott, ich zöge ihn heraus oder ich weiß nicht, was ich sonst täte. Dafür und für nichts anderes kämpfe ich... Eines Tages wird ein amerikanischer Landser in einem amerikanischen Panzer in ein kleines polnisches, tschechisches oder französisches Dorf hineinrasseln; wenn es dann das Schicksal will, daß er dort die Peiniger niederknallen und die Menschen befreien kann, dann wird er alles verstehen können[93].

Die Vervollkommnung der Nachrichtenübermittlung hat die menschliche Grausamkeit und das menschliche Elend immer weitere Kreise miterleben lassen. Kaum ein Sperling kann heute vom Dache fallen, ohne daß wir darüber lesen und Abbildungen seines zerschmetterten Körpers zu sehen bekommen. Um Mitgefühl für den Mann, der unter die Räuber gefallen ist, zu bekommen, brauchen wir nicht wie der barmherzige Samariter erst zu ihm hinzufahren; sein Unglück kann uns heute überall vor Augen geführt werden. Wir können uns schwerlich gegen die Pein des Mitleids abschließen. Der Mann, der erklärte, er halte sich in der Straßenbahn eine Zeitung vors Gesicht, um nicht sehen zu müssen, wie Frauen stehen, sieht jetzt in der Zeitung Dinge abgebildet, die noch schwerer erträglich sind.

Aber selbst wenn sie den Anblick menschlichen Jammers vor sich haben, können die Menschen noch den Erschütterungen des Mitleids ausweichen. Sie können nämlich das Ganze als Heldenepos auffassen und sich an der blutigen Geschichte eines Krieges mit seinem tragischen Glanz noch freuen — wie Homer in seiner „Ilias" —, oder sie finden es malerisch und haben ihren Spaß an den Kopfjägern von Borneo. Aber die Nachrichten über menschliches Elend häufen sich jetzt zu schnell, als daß man sie noch dichterisch gestalten könnte, und sie werden für uns zu bedrohlich, als daß sie noch malerisch oder spaßhaft empfunden werden könnten. Und die Gegenmittel sind zu naheliegend, als daß die Flucht vor der Verantwortung noch zu rechtfertigen wäre.

Es ist wahr, daß die Quelle des Mitleids versiegt und das Mitgefühl schwindet. Es ist wahr, daß die Gegenwart eines Mitmenschen Zuneigung ebenso wie Abneigung erwecken kann. Und es ist wahr, daß Mitgefühl unzeitgemäß und fehl am Platze sein kann. Das alles beweist aber nur, daß die richtige Erregung dieses Gefühls eine Kunst ist, nämlich die Kunst der sittlichen Erziehung. Man hat den Deutschen nachgesagt, daß sie es verstanden hätten, „Mitgefühl zu organisieren".[94] Die Partei des Friedens und der Gerechtigkeit sollte das auch verstehen — wie man Mitgefühl und Zuneigung erweckt und lenkt, wann man sie gerechtem Zorn unterordnen muß und wie man sie wieder mit jenen Formen planmäßigen Handelns verbinden kann, die so viel dazu beigetragen haben, sie abzutöten.

Die Gefühlsroheit der Menschheit, das ironische Lächeln, mit dem jeder Hinweis auf menschliches Kameradschaftsgefühl abgetan wird, ist weitgehend auf die „Organisation" zurückzuführen. Die Arbeit führt die Menschen zusammen und spaltet dann die so gewonnenen Einheiten wieder gegeneinander auf. Deshalb muß der Geschäftsmann, der Politiker, der Rechtsvertreter so oft die Hoffnungen und Anstrengungen anderer Menschen zunichte machen. Und weil er das mindestens sechs Tage lang in der Woche tut, sagt er schließlich: „So ist das Leben und so ist der Mensch." Die Menschenliebe überläßt er seiner Frau, dem Priester oder dem Moralisten und duldet sie mit Nachsicht, wenn sie nur dem Forum und dem Marktplatz fernbleibt. Dabei kann derselbe Mann, der in seinen Arbeitsstunden so unbarmherzig ist, in seiner Freizeit und in seinem Wesen freundlich und liebenswürdig sein.

Menschlichkeit kann durch keine Organisation erreicht werden, wenn diese die Menschlichkeit bereits an der Wurzel erdrückt, das heißt, wenn sie den menschenfreundlichen Trieb abtötet, einem Mitmenschen in seinen Schwierigkeiten zu helfen, statt daraus zu profitieren. Alle Menschen sind immer mehr oder weniger in Schwierigkeiten. Aber die Menschen sind dazu erzogen, diese Tatsache zu übersehen und ihre Mitmenschen nur als Angehörige einer Organisation zu betrachten, die ihnen den Rang ablaufen will. Der Trieb zur Menschenliebe ist noch nicht zerstört. Während er aber als Teil der ursprünglichen menschlichen Natur bestehen bleibt, wird ihm eine zweite menschliche Natur übergelagert. Kein Reizmittel vermag ihn auszulösen, außer wenn in Katastrophenzeiten das allgemeine Unglück plötzlich das Gesicht der Dinge verändert und wenn die Menschen auf einmal wieder Menschen schlechthin werden — arme, ringende, genarrte, enttäuschte, leidtragende Sterbliche. Da überspringt das Herz alle Schranken und will zu seinesgleichen.

So berührt das Problem der sittlichen Erziehung alle planmäßig geordneten Unternehmungen des Lebens und fordert gebieterisch die Vermenschlichung jeder Berührung und Beziehung in Amt, Fabrik, Partei, Schule, Familie und Kirche. Auch auf die Gefahr hin, für sentimental oder geschwätzig gehalten zu werden, muß ein jeder seine Menschenliebe offen zeigen und anderen ein Beispiel sein. Jeder muß den Mut zur Menschlichkeit haben, selbst auf die Gefahr hin, daß man ihn darum beruflich oder geschäftlich vielleicht nicht ganz ernst nimmt.

Mitleid an sich ist kein bloßes Gefühl, sondern kann auch ein Antrieb zum Helfen sein. Es trägt zur sittlichen Erkenntnis wie auch zum sittlichen Wollen bei; denn durch das Mitgefühl leben wir das Leben anderer mit und erkennen, wie es dem unseren ähnlich ist. Mitgefühl ist die einzige Grundlage der goldenen Regel, denn es bestätigt ihre Richtigkeit und drängt dazu, sie in die Tat umzusetzen.

Die Erziehung durch Schule und Universität ist nur ein kleiner Teil der Gesamterziehung des Menschen und kommt nur verhältnismäßig wenigen zugute.

Obwohl also ein großer Teil der Erziehung der breiten Allgemeinheit erst außerhalb oder nach dem Schulbesuch zuteil werden kann, räumen ihr dennoch die eigentlichen Erziehungsinstitute keinen Platz ein; höchstens lassen sie sie als Nebensache gelten unter der Benennung „Erwachsenenerziehung" oder „Fortbildungskurse" oder „Schulungsbriefe", und die höchstrangigen Lehrer der höchstrangigen Schulen sehen mit Herablassung, wenn nicht mit Verachtung auf sie hinunter. Solche Lehrer bleiben in ihren Büchern, im Klassenzimmer, Hörsaal oder Laboratorium stecken, während der Großteil der Erziehung der Welt — einschließlich ihrer eigenen — irgendwo anders vor sich geht. Wenn die Studierten und die Nichtstudierten einmal das Leben kennengelernt und ihre Erfahrungen gemacht haben, unterscheidet sich ihr Fühlen und Denken nicht mehr viel voneinander. Zwei Absolventen verschiedener Hochschulen, die Geschäftsleute werden, entwickeln gleichartige Anschauungen, die ihr Denken tiefer durchdringen, als die Verschiedenheit ihrer Schulung das konnte. Zwei Absolventen der gleichen Hochschule aber, die eifrige Leser verschiedener Parteiblätter sind, werden von ihrer gleichen akademischen Entwicklung bald nichts mehr spüren, und die verschiedene Richtung ihrer Zeitungen wird sich auch in ihrer geistigen Einstellung abzeichnen.

Die Mittel der Veröffentlichungen aller Art sind in ihrem Wirkungsbereich und ihrer Wirksamkeit weiter entwickelt worden und stellen immer höhere Ansprüche an die Zeit und die Aufmerksamkeit der Menschheit. Bücher, Zeitschriften und Zeitungen werden in ungeheuren Mengen verteilt, die Luft ist erfüllt von Nachrichten, die vom Sender zum Hörer durch den Äther schwingen, Redner wenden sich durch Lautsprecher an ihr Publikum, Bilder in Hülle und Fülle erscheinen in Presse und Film, und der Durchschnittsmensch ist nicht so sehr beschäftigt, daß er keine Zeit hätte, zu hören, zu lesen und zu schauen. Es zwingt ihn niemand dazu; aber es ist eben alles so gemacht, daß es seine Neugier reizen und ihn beeindrucken soll. Im allgemeinen wird diese weitgehende Ausgestaltung der Publizistik als einer der Hauptvorteile der Zivilisation betrachtet, dessen ein fortschrittliches Land wie die Vereinigten Staaten sich erfreuen kann. Wir sind uns jedoch auch ihrer Gefahren und Nachteile voll bewußt. Vieles davon ist kaufmännisch begründet und enthält nicht mehr Wahrheit, als das Gesetz vorschreibt. Vieles ist reine Massenerzeugung und muß deshalb dem Massenverbrauch und dem Geschmack der Masse angepaßt sein.

Die erzieherischen Werte der Publizistik können auf verschiedene Arten geschützt werden. Einmal durch ein — sagen wir — Gesetz über den Verkehr mit geistiger Nahrung, das die Verbreitung schwindelhafter oder schädlicher Gedanken verbietet, zum andern durch die staatliche Inbesitznahme und Betrieb der Kanäle, durch welche die Veröffentlichungen aller Art geleitet werden. Diese politischen Methoden sind durch bürgerliche Freiheitsrechte eingeschränkt, und außerdem möchte man nicht gern die Bildung der öffentlichen Meinung unter die Aufsicht gerade derjenigen Obrigkeiten stellen, die ihr dienen sollten. Eine weitere Möglichkeit besteht darin, solche Kanäle Lehrern oder Erziehungseinrichtungen zur Verfügung zu stellen, deren Unvoreingenommenheit über allen Zweifel erhaben ist. Dieser Weg ist zwar gut, solang man ihn gehen kann, aber er führt nicht weit, denn die Öffentlichkeit zieht nun einmal die geschickt aufgemachte Unterhaltung der Belehrung und Erbauung vor.

So ist die Masse Verlockungen ausgesetzt, die auf hohe wie auch auf niedrige Absichten zurückgeführt werden können. Sie wird von ehrlichen und unehrlichen Meinungen überfallen, wobei es in jeder Frage ehrliche Überzeugungen jeder Schattierung gibt. Es ist sehr unwahrscheinlich, daß diese Flut in einem Lande des freien Unternehmertums und der freien Meinungsäußerung jemals an der Quelle überwacht wird. Darum ist es so wichtig, daß das Opfer schwimmen kann oder einen Rettungsgürtel hat. In einem Zeitalter wahlloser Massenpublizistik ist es die erste Pflicht der Erziehung, den Menschen zu lehren, wie er sich seine eigene Meinung zu bilden hat — in einer Welt, in der so viele Einrichtungen eifrig bemüht sind, ihm diese Arbeit abzunehmen. In einer Welt, die nur verkaufen will, müßte man die Menschen dahin bringen, daß sie wählerisch sind und sich nicht alles aufhängen lassen. Damit kann und soll nicht erreicht werden, daß sie gar nichts mehr glauben, aber daß sie — wie ein weiser Mann des siebzehnten Jahrhunderts es nannte — „mit Verstand glauben[95]". Man sollte sie lehren, aus den Nachrichten die Tatsachen herauszulesen, Erkenntnisse von Meinungen und gut von schlecht zu unterscheiden. Sie sollten lernen, ihre Meinung nach mehreren Quellen zu bilden und so die Einseitigkeit durch Vielseitigkeit zu ersetzen. Sie sollten in einem Zeitalter, das ohnehin gegen das Analphabetentum vorgeht, etwas mehr können als nur lesen und schreiben; sie sollen selbst etwas leisten und nicht nur Lautsprecher oder Leitungsdraht sein. Sie sollen für die Gesellschaft und für sich selbst ruhende Pole sein, wo die Meinungen in reiflicher Überlegung durchdacht werden können. Neue Gedanken am laufenden Band lassen kein gesammeltes Denken zu. Mit einem Wort, die Menschen müssen lernen, die vielen Veröffentlichungsmöglichkeiten richtig zu n ü t z e n, damit in die Köpfe etwas Rechtes hineinkommt und sie nicht einfach zu geduldigen Wiederkäuern der verschiedenen Einflüsse werden.

Die modernen Mittel der Publizistik umspannen und beherrschen heute die ganze Welt. Von einem Sender aus sind alle Empfänger zu erreichen. Das Gebotene ist dementsprechend umfangreich und verwirrend, und die Überwachung wird immer schwieriger. Um so notwendiger ist es, den einzelnen vor seiner überwältigenden Einwirkung zu schützen. Die Erziehung hat unter diesen Umständen die Pflicht, dem denkenden, unterscheidenden, zweifelbelasteten Menschen weiterzuhelfen, jenem Menschen, dem mehr Einfluß zugetraut wird, als er tatsächlich hat, während gleichzeitig seine Unantastbarkeit nur noch schwerer bedroht ist.

Der Geist, der erzogen werden kann, kann auch umerzogen werden. Tatsächlich ist eigentlich alle Erziehung Umerziehung, denn keine Erziehung fängt ganz von vorne an. Sie beginnt mit einem bereits geformten Geist und arbeitet mit alten Anlagen, um neue entstehen zu lassen. Noch niemals war man sich über die Macht der Erziehung so einig wie heute. Die üblen Erscheinungen des Nazismus und des japanischen Militarismus werden allgemein der planmäßigen Formung des Denkens durch Schulung und Publizistik zugeschrieben. Und doch betrachten wir diese Erziehungsfolgen in eigenartiger Folgewidrigkeit als unabänderlich. Und während wir an der Umerziehung anderer verzweifeln, sprechen wir dauernd von unserer eigenen.

Die Schwierigkeiten in der Umerziehung einer Nation sind unermeßlich groß. Der Charakter einer Nation hat unzählige Wurzeln, so in der Form ihrer Einrichtungen, in ihrer Literatur, ihren Sinnbildern, in den Bedeutungen, die alle vertrauten Dinge des Lebens erlangt haben, und in dem Zusammengehörigkeitsgefühl, das ihre Bürger miteinander verbindet. Alle diese Kräfte haben im Lauf der Jahre den Deutschen oder den Japaner so werden lassen, wie er ist. Sie haben die Deutschen zu Nazis und die Japaner zu Militaristen gemacht. Es ist unsinnig anzunehmen, der Nazismus sei nicht deutsch[96] und der Militarismus nicht japanisch. Auch ist keine dieser Erscheinungen außergewöhnlich und nur vereinzelt anzutreffen. Die große Mehrheit der Bevölkerung dieser Nationen, die die letzten Jahrzehnte erlebt hat, ist von diesen Kulten tief beeindruckt, viele davon während ihrer empfänglichsten Jahre.

Aber trotzdem braucht man die Hoffnung nicht aufzugeben. Wie es viele Wege zum Ziele gibt, so gibt es auch noch viele Menschen, die geformt werden können — die heranwachsenden, noch unbeeinflußten Generationen und die vielen, die Leiden und Verfolgungen ausgesetzt waren, die enttäuscht wurden oder die in den unterlegenen Ländern die Bitterkeit des Fehlschlages erleben mußten.

Die Umerziehung beginnt mit den vorhandenen Anlagen der Menschen als Voraussetzung für jeden Erfolg. Diese Veranlagungen sind begründet in der Erbmasse und geformt durch die Persönlichkeit des einzelnen, so daß der Ruf an sie sich zugleich an die Natur und an die Kultur richtet. Die Anthropologen und Soziologen haben somit recht, wenn sie sagen, daß Umerziehung mit einer kulturellen Untersuchung beginnen muß[97]. Das ist zwar schwierig, aber nicht unmöglich.

Manche der Ergebnisse liegen auf der Hand und sind allgemein anerkannt. Der Deutsche hält sich an seine Einrichtungen. Sie sollen seine Schwächen ausgleichen und ihn gegen sie schützen. Seine Gelehrigkeit läßt ihn sich seinen Führern beugen und macht aus dem Gehorsam eine Tugend. Da ihm persönliches Selbstvertrauen fehlt, schöpft er seine Selbstachtung aus Massenbewegungen. Aus Furcht vor seiner Weichheit unterwirft er sich einem Kult der Gewalttätigkeit und Disziplin. Er fürchtet das Gefühl und ersetzt es durch Methode. Diesen Deutschen ist es gelungen, sich durch Anbetung der Pflichterfüllung und der Technik gegen das Mitleid zu betäuben, und sie vergaßen so durch eine völlige Umkehrung aller Werte, daß Pflichterfüllung und Technik keinen anderen vernünftigen Zweck haben können, als Menschen glücklich zu machen und sie vom Leiden zu erlösen.

Aus Angst vor dem Weltbürgertum, das er selbst gegen Ende des achtzehnten Jahrhunderts in so beachtlicher Weise erreicht hatte, ist der Deutsche geneigt, die Kultur dem Staate unterzuordnen. Er verwirft die sachlichen Maßstäbe der Wahrheit, Schönheit und Nützlichkeit, macht sich eine persönliche Sittlichkeit zurecht und wälzt die persönliche Verantwortung ab, indem er seine Persönlichkeit in der Rasse und Nation untertauchen läßt. Dadurch ist sein Vorgehen und seine Gefühllosigkeit mit einem romantischen Schimmer und einem Anschein von Gefühlstiefe umgeben.

Der Charakter Japans scheint ursprünglicher zu sein, und zwar sind daran die Abgelegenheit des Landes und die Unwissenheit der breiten Masse schuld. Deutschland, das mit seinen Gegnern die Geschichte Europas und der Christenheit geteilt hat, ist in sich selbst zerfallen und leidet an inneren Zwistigkeiten, die einen an Geisteskrankheit erinnern. Japan verwaltet ein unverfälschteres Erbe. Sein Lebensgesetz ist im wesentlichen das des Krieges und ist durch seinen religiösen Glauben und seine völkische Zusammengehörigkeit geheiligt. Japan konnte die Machtkämpfe zwischen den europäischen Nationen von ferne beobachten und seine Zeit abwarten. Es hat nur ihre technischen Errungenschaften, nicht aber ihre menschenfreundlichen Bedenken übernommen. Wissenschaft, Industrie und alle praktischen Kunstfertigkeiten wurden nicht Werkzeuge der Wohlfahrt, sondern der militärischen Eroberung und des von Japan selbsterwählten Schicksals.

Angesichts solcher nationalen Merkmale und der gemeinsamen Wurzeln aller menschlichen Natur, des Stolzes und des Gemeinschaftsgefühls aller Nationen muß die Umerziehung die ursprünglichen Triebkräfte aufspüren, durch die Deutsche und Japaner zu einer anderen Einstellung gebracht werden können, um — wie wir sagen — gute Nachbarn auf unserer Erde zu werden, friedliebend wie wir selbst, oder besser, wie wir zu werden hoffen, indem wir ununterbrochen an unserer eigenen Umerziehung arbeiten.

Ohne den Glauben an die Erziehbarkeit und die Umerziehbarkeit aller Menschen und Völker gibt es keine Hoffnung auf die Weltordnung, von der wir träumen. Dieser Glaube hat nichts zu tun mit den Strafen, Wiedergutmachungsleistungen, Sicherungsmaßnahmen und der Überwachung, wie sie in den nächsten Jahren zur Sühne und zur Sicherung der Welt gegen ihre Wiederholung angewandt werden. Aber selbst diese Maßnahmen, die aus Vorsicht und Gerechtigkeit ergriffen werden, müssen nach ihren erzieherischen Auswirkungen auf lange Sicht erwogen werden; denn die Grundgedanken der Weltordnung müssen auch die fernere Zukunft einbeziehen.

Alle Zukunftshoffnungen liegen in der ständigen Formbarkeit der Menschennatur. Soweit diese als das Ergebnis teils angeborener, teils erworbener Fähigkeiten und Veranlagungen anzusehen ist, ist nichts Gutes unvermeidlich und nichts Schlechtes unmöglich. Aber unter den gleichen Voraussetzungen ist auch kein Übel unvermeidlich — wie der Krieg — und alles Gute erreichbar — wie der Friede. Die Zukunft der Menschheit wird letztlich durch das bestimmt, was der Mensch durch Einsicht und Verstand und durch seine von einem sittlichen Willen geleiteten Einrichtungen aus sich macht.

Mit der Ausbreitung der sittlichen Maßstäbe und Einrichtungen, die wir Demokratie nennen, setzt sich dieser sittliche Wille aus den Willensmeinungen der einzelnen zusammen, die durch Erörterung und

Überzeugung zur Übereinstimmung gebracht und einer freigewählten Obrigkeit übertragen werden. „Jede Reform", sagt Emerson, „war einmal eine private Meinung, und wenn sie wieder zur privaten Meinung geworden ist, dann wird sie das Zeitproblem lösen[98]". Das Hinüberführen der Welt aus Zwistigkeiten und Ausbeutung in Frieden und Zusammenarbeit ist eine Reform, in der jeder Mensch zugleich Bekehrer und Bekehrter ist. Ein solcher Umschwung fordert von jedem Menschen Vertrauen auf seine Fähigkeit, sein eigenes Urteil, das er sich durch reifliches Nachdenken gebildet und durch Hinzulernen bereichert hat, zur öffentlichen Meinung und Politik werden zu lassen. Diese Politik der öffentlichen Hand wird ihrerseits die Freiheit, durch die sie geschaffen wurde, bestärken und zugleich ordnen.

Es gibt Entwicklungsabschnitte bei Einzelmenschen und Menschengruppen, in denen diese zur Freiheit hingeführt werden müssen. Aber in dem Maße, wie die Erziehung wirksam wird, werden die Lernenden und die Lehrenden unter der Herrschaft der Gerechtigkeit die gleichen Freiheiten genießen und gemeinsam an deren Vervollkommnung arbeiten. Nach diesem Maßstab muß in der Erziehung der Menschen zu Bürgern einer einigen Welt jeder Fehlschlag verurteilt und jeder Fortschritt gemessen werden. Es soll durchaus nicht von oben herab Weisheit verbreitet oder von einer Zentralstelle aus Propaganda betrieben werden, sondern jeder einzelne soll aus vielen Quellen sein Wissen sammeln und der Möglichkeit zur Selbstbestimmung durch persönliche Entscheidungen froh werden — einer Selbstbestimmung, die nur begrenzt ist durch den breiten Rahmen der Gerechtigkeit und den sittlichen Willen, auf den allein eine gerechte Selbstbestimmung sich stützen kann.

Sieht man die Geschichte als ein Zusammenwirken von Schulung und Publizistik, von Überlieferung und Neuerungen, von Zucht und Bereicherung des Geistes sowie der Formung von Charakter und Geschmack, der Fülle der Tatsachen und der Anregung der Phantasie — und gilt dies alles für alle Menschen auf der ganzen Erde, dann ist der Ablauf der Geschichte, einschließlich ihrer letzten und kühnsten Hoffnungen, die Geschichte der Selbsterziehung der Menschheit.

ACHTES KAPITEL

Die Menschlichkeit der Religion — die Religion der Menschlichkeit

Den Menschen drängt es zu wissen, was jenseits seines Erden- und Lebenshorizontes liegt. Die Religion ist Ausdruck dieses Verlangens und der damit verbundenen tiefsten und geheimsten Gedanken, und in ihr findet sich beides zusammen. In ihr sieht der Mensch das, was er aus seiner Erkenntnis des Wirklichen als das Ideal erhofft. Das Verlangen muß nicht immer sehr hoch und die Erkenntnis nicht immer sehr tief gehen. Der Begriff des Idealen kann nur ein Abbild seiner Triebe und der Begriff des Wirklichen lediglich ein Hinnehmen der Erscheinungen sein. Das ist der Fall bei primitiven Religionen. Hochentwickelte Religionen vereinigen die Einsichten der Denker und Sittenlehrer mit den Verfeinerungen der Wissenschaft und Metaphysik. Als Zusammenfassung des Höchstmaßes an Wahrheit und des Höchstmaßes an Güte ist die Religion die Krönung der menschlichen Kultur.

Wie die Religion behandelt die Philosophie zugleich die Ordnung der Werte und des Daseins. Während aber die Philosophie ein theoretisches Streben ist, ist die Religion ein im Leben verwirklichter Glaube. Gelebte Philosophie wird zur Religion und gedachte Religion zur Philosophie.

In der Religion muß immer der Glaube stärker sein als der Zweifel und die Hoffnung größer als die Verzweiflung. Aber die Hoffnung kann von Gewißheit zu Wahrscheinlichkeit und von Wahrscheinlichkeit zu reinem Vertrauen werden, und sie kann positiv oder negativ sein — die Hoffnung auf ein Ereignis oder die Hoffnung auf Erlösung, wobei das Böse so sehr gefürchtet wird, daß tatsächlich schon eine solche Selbstverständlichkeit wie die Vermeidung des Bösen als gute Tat empfunden wird.

Am einfachsten scheint es zu sein, Religion gleich Gottesverehrung zu setzen. Aber dann muß man Gott erklären, und das führt uns wieder zu den gleichen beiden Vorstellungen zurück. Gott vereinigt in sich die Schöpfung und die Beherrschung der Natur mit allen Merkmalen der Vollkommenheit, sein Wille ist zugleich mächtig und gut — eine allmächtige Fähigkeit zum Guten an sich. Das Wort Gottesverehrung bezeichnet aber nur einen Teil des religiösen Lebens, nämlich Verehrung und Gebet. Religion verlangt aber außerdem noch Gehorsam gegen den Willen Gottes und seine Gebote.

Ebensowenig kann Religion mit Kirche gleichgesetzt werden. Religion kann auch in einer einsamen Seele erlebt werden oder kann selbständige Gestalt gewinnen in einem einzelnen Menschen, der gar keiner Kirche angehört. Aber im allgemeinen wird ein und derselbe Glaube von vielen Menschen geteilt und wird so zum Bekenntnis, die gemeinsame Gottesverehrung zum Ritual, die gemeinsame Religionsübung zum Kult, und die Gläubigen werden Mitglieder einer Gesellschaftseinrichtung, die man Kirche nennt.

Während der religiöse Glaube als Ganzes zweiteilig ist, nämlich die Vereinigung der Vorstellung von einem höchsten Wert mit der Vorstellung von einer höchsten Wirklichkeit, wird die Bezeichnung „Religion" oftmals auch von einem dieser beiden Teile für sich allein in Anspruch genommen. Die Rechtfertigung hiefür liegt in der Tatsache, daß die meisten Menschen diese beiden höchsten Dinge aus ihrer Religion herleiten. Aus ihr gewinnen sie ihre Vorstellung vom Weltall, in dem sie leben, von ihr auch ihre Vorstellung von all dem, was das Leben lebenswert macht. So wird die Religion zum wichtigsten Vermittler zwischen diesen Vorstellungen und dem Glauben, dem Gefühl und der Lebensführung der breiten Masse.

So leiten heute aus der Religion auch die meisten Menschen ihr Ideal der Nachkriegswelt her. In Europa und den beiden Amerika haben die christlichen und die jüdischen Religionsgemeinschaften die Sache der Welteinigung aus sittlichen Gründen unterstützt. Mit den politischen, wirtschaftlichen und rechtlichen Begründungen befassen sie sich sowenig wie mit den Gründen der Klugheit, des verständigen Eigennutzes und der Kriegsangst. Sie wenden sich nur an die Vernunft, an das Gewissen und an die Menschlichkeit. Im Herbst 1943 wurde eine Catholic, Jewish, and Protestant Declaration on World Peace[99] (Katholisch-Jüdisch-Protestantische

Erklärung zum Weltfrieden) von hundertfünfzig Vertretern dieser religiösen Körperschaften in den Vereinigten Staaten angenommen und an mehr als siebenhundertfünfzigtausend Personen verteilt. Sie beginnt mit der Feststellung: „Das Gesetz des Sittlichen muß die Weltordnung beherrschen" und läßt sechs weitere Forderungen folgen:

Sicherung der Rechte des einzelnen; Schutz der Rechte unterdrückter, schwacher oder kolonialer Völkerschaften; Wahrung der Rechte der Minderheiten; Schaffung internationaler Einrichtungen zur Erhaltung eines gerechten Friedens; Ausbau der internationalen Zusammenarbeit in der Wirtschaft; gerechte soziale Ordnung in den einzelnen Staaten.

Der Federal Council of Churches (Bundes-Kirchenrat), der verschiedene protestantische Sekten in den Vereinigten Staaten vertritt, hat ein Statement of Guiding Principles for a Just and Durable Peace (Zusammenstellung von Leitsätzen für einen gerechten und dauerhaften Frieden) angenommen, das u. a. folgende Sätze enthält:

Als Mitglieder der christlichen Kirche sind wir bemüht, alle Probleme der Weltordnung im Lichte der Wahrheit über Gott, den Menschen und Gottes Zielsetzung für die Welt, wie sie durch Jesus Christus kundgetan worden ist, zu sehen. Wir glauben, daß der in Christus geoffenbarte ewige Gott der Herr über Menschen und Völker ist und daß sein Ziel sich in der Geschichte verwirklichen wird. Für uns ist Er die Quelle der sittlichen Rechtsordnung und zugleich die Macht, sie wirksam werden zu lassen.

Auf diesem Glauben beruhen für uns Christen die ethischen Grundsätze für eine neue Weltordnung.

Die Catholic Association for International Peace (Katholische Vereinigung für den Weltfrieden) hat gleichzeitig eine Zusammenfassung herausgegeben, worin die Grundsätze der Atlantik-Charta Punkt für Punkt durch päpstliche Aussprüche bekräftigt werden. Sie beginnt mit dem Ruf nach „einer neuen Ordnung, die auf der Beachtung des Sittengesetzes durch die Völker und Regierungen beruht".

Alle diese und viele ähnliche Veröffentlichungen[100] stimmen in ihrer Forderung danach überein, was eine von ihnen als „eine neue Ära" bezeichnet, „die Ära, nach der sich die Völker seit Jahrhunderten gesehnt haben und in der alle Nationen in Gerechtigkeit und Nächstenliebe zusammenleben werden[101]."

In allen diesen Äußerungen stellen die einzelnen religiösen Körperschaften ihre besonderen Lehren zurück, um ihre Übereinstimmung in gemeinsamen sittlichen Grundsätzen hervorzuheben. Und sie wollen die Zustimmung nicht nur aller Christen gewinnen, sondern aller sittlich fühlenden Menschen auf der ganzen Welt. So fährt die Vorrede der erwähnten Stellungnahme des Bundeskirchenrates nach einem umfassenden Bekenntnis zum christlichen Glauben fort:

Von diesem Glauben leiten die Christen die ethischen Grundsätze ab, auf denen die Weltordnung ruhen muß. Wir sind überzeugt, daß diese Grundsätze von allen Menschen, die guten Willens sind, als Bestandteile des Sittengesetzes anerkannt werden. Das ist uns eine hohe Freude, denn der Friede wird die Zusammenarbeit der Menschen aller Nationen, Rassen und Bekenntnisse erfordern.

Ähnlich enthält eine Bekanntmachung der National Catholic Welfare Conference (Nationale Katholische Wohlfahrtskonferenz) den folgenden Absatz:

Es gibt uns neuen Mut, die weitgehende Übereinstimmung feststellen zu können, die über die sittlichen Erfordernisse eines gerechten Friedens unter den religiösen Führern besteht, die sonst durch eine tiefe Kluft grundlegender doktrinärer Unterschiede voneinander getrennt sind. Diese bedeutsame und hoffnungsvolle Übereinstimmung hat kürzlich in drei von verschiedenen religiösen Gruppen Amerikas nebeneinander herausgegebenen Stellungnahmen zum Weltfrieden Ausdruck gefunden. Dieses Beispiel eines auf dem Gesetz der Sittlichkeit aufgebauten Friedens hat die Aufmerksamkeit der ganzen Nation erregt und wird — so hoffen wir — von allen Menschen, die guten Willens sind, gewissenhaft beachtet werden[102].

Diese sittliche Übereinstimmung in der ganzen Christenheit und darüber hinaus bei allen gutgesinnten Menschen läßt die wachsende Macht des Weltgewissens erkennen, ohne das keine internationale Einrichtung etwas nützen kann. Es verpflichtet die Organe und Einrichtungen der Weltordnung immer wieder auf das sittliche Ziel. Und es sollte nicht unterschätzt werden, weil es unirdisch ist und keine Halbheiten duldet. Nehmen wir an, die Politik sei irgendwann einmal ein Geschäftsabschluß zwischen dem Ideal und den gegebenen Umständen. Wie und wo man sich einigt, hängt von den Ansprüchen der Parteien ab, wobei die Partei, welche die sittlichen Forderungen vertritt, alles verlangen muß, um das Erreichbare zu erzielen. Wie Wissenschaft und Kunst sollte auch die Sittlichkeit durch ihre volkstümlichste Fürsprecherin, die Religion, die Lauterkeit ihrer Gründe hochhalten und zum Ausdruck bringen. Aber die reine Moral ist — im Gegensatz zur reinen Wissenschaft und reinen Kunst — leicht zu verstehen. Ihre Worte sind scharf, aber ihre Sprache ist vertraut. Durch ihre starke Vereinfachung der menschlichen Probleme und das geradezu Selbstherrliche ihrer Vorschriften ist sie auch dem Durchschnittsmenschen verständlich, der nicht Politiker, Rechtsgelehrter, Wirtschaftler, Psychologe, Soziologe oder Historiker sein muß, um ihr Anhänger zu werden.

Der Streit zwischen der alten und der neuen Ordnung hat sein religiöses Gegenstück in den Unterschieden zwischen Stammesreligionen und Universalreligionen. Eine Stammesreligion betet einen Gott an, der zugleich Parteigänger der Gemeinschaft ist, zu der seine Anbeter in allen ihren Streitigkeiten mit anderen Gemeinschaften gehören, die ihrerseits wieder jeweils unter dem Schutz eines göttlichen Nebenbuhlers stehen. Der Stammesgott ist ein Kriegsgott, und zwar nicht der gemeinsame Gott der Krieger auf beiden Seiten, sondern nur der Gott der einen der kämpfenden Parteien. Im ganzen Verlauf der Geschichte trennen die Stammesreligionen somit die Menschen und lassen zugleich auch die sonstigen entzweienden Kräfte erkennen.

Das Wesen einer Universalreligion ist ihr gleichmäßiger, unterschiedloser Ruf an alle Nationen und Rassen der Erde, das heißt an alle Menschen ungeachtet ihrer Nationalität oder Rasse. Ihr Gott ist ein Gott der ganzen Menschheit. Ihr Erlösungsversprechen richtet sich an die Mängel und Hoffnungen, die allen Menschen gemeinsam sind. Ihre Lehren gründen sich auf das gemeinsame Erlebnis von Leben und Tod, so daß jeder Mensch sie an sich selbst nachprüfen kann. Das christliche Evangelium der Wiedergeburt, die buddhistische Lehre der immer wiederkehrenden Lebensbegierde und ihre Überwindung durch Selbstentäußerung sowie die schlichtere Weisheit des Konfuzianismus sind alle universal. Wenn über den Islam und den Judaismus Zweifel bestehen, dann nur wegen des Verdachts, daß sie sich nicht gänzlich von der Bindung an ihre Ursprungsrasse freigemacht haben.

Die Ausbreitung einer Religion, wie des Islam, über die ganze Erde hat an sich mit ihrer Universalität nichts zu tun. Der Islam hat den Nahen Osten erobert und seinen Bereich nach Asien, Indonesien und Westeuropa ausgebreitet. Soweit diese Eroberung durch die Araber unter Anwendung von Waffengewalt erfolgte, hat sie zu der Universalität des Islam nichts mehr beitragen können. Sein einer Gott, sein Bekenntnis zu Mohammed und dem Koran als Quellen der Weisheit und seine Lehre von der Auferstehung und Vorherbestimmung sind universal. Sein Heiliger Krieg, sein Pilgerzug nach Mekka und sein politischer Panarabismus dagegen sind stammesgebunden. Der Judaismus wurde universal, als der Gott Israels seine ausschließliche Obsorge für das auserwählte Volk über diese Begrenzung hinaus erweiterte und sich zum Richter über alle Völker machte, denen er untersagte, das Schwert gegeneinander zu erheben. Eine Stammesreligion ist darum nicht weniger stammesgebunden, wenn der Stamm die Rolle des Eroberers annimmt. Dann kann die Religion die Flamme des Nationalismus anfachen und den Anmaßungen einer Herrenrasse, die sich selbst dazu erklärt hat, die Krone aufsetzen.

Die Einteilung ist also keineswegs klar und scharf. Auch dem Universalen gegenüber kann man sich nur schwer des Gefühls eines Eigentumsrechts erwehren. Man hat von der Christianisierung der pazifischen Inseln gesagt, daß „die katholischen Missionare den Bekehrten keinen besonderen nationalen Stempel aufdrücken, wie es die Protestanten taten. Ein kongregationalistischer Bekehrter begrüßte einen Inselbewohner mit der einfachen Vorstellung: „Ich bin ein Bostoner Christ[103]". Die überlieferten Lehren und heiligen Bücher aller Religionen enthalten etwas von der menschlichen Weisheit, und alle Religionen können, so universal sie auch in ihren wesentlichen Lehren sein mögen, unter Umständen auf das Mittel des Krieges zurückgreifen, um die Feinde ihres Glaubens zu vernichten. Wenn der Islam wiederholt den „Heiligen Krieg" gegen das Christentum führte, so zahlte das Christentum mit gleicher Münze zurück. Die Kreuzzüge der christlichen gegen die mohammedanische Welt haben nicht zur Einigung der Welt beigetragen, und das Kreuzesbanner, unter dem die Portugiesen im sechzehnten Jahrhundert die Mohammedaner in Afrika, Asien und Indonesien mit Krieg überzogen, hat ihre räuberischen Handelsmethoden nur noch verschärft[104]. Der religiöse Glaube spricht zwar im Namen der Menschlichkeit — und dennoch hat er Christen gegen Heiden, Katholiken gegen Protestanten und Protestanten gegen Protestanten bewaffnet.

Zu einer universellen Religion muß nicht zwangsläufig auch eine universelle Kirche gehören. In einer Weltordnung, die religiöse Freiheit gewährt, können die Menschen im Gebrauch dieser Freiheit voneinander abweichen. Stammesreligionen können erlaubt sein, wie

Nationalitäten, wenn sie nur Frieden halten. Und selbst Universalreligionen werden ihre religiösen Verschiedenheiten haben, die gewisse Unterschiede der gesellschaftlichen Überlieferung, der Klasse und der Persönlichkeit widerspiegeln. Die Menschen können einen gemeinsamen Gott auf vielerlei Art verehren, erklären und ihm gehorchen. Die Kirche kann die weitere Gemeinsamkeit oder die engere Verschiedenheit darstellen. Im ersten Fall neigt der Ritus zu Farblosigkeit, das Dogma zu Abstraktheit, und die Religionsübung wird sich kaum mehr von der weltlichen Sittlichkeit unterscheiden. Im anderen Falle besteht die Neigung, die große Gemeinsamkeit zu vergessen oder ihr nur eine rein äußerliche Übereinstimmung zu geben.

Die christliche Vorstellung von einer Universalkirche hat immerhin dazu beigetragen, die Christenheit auf eine Weltorganisation vorzubereiten, und die römisch-katholische Kirche ist die erste — und bis jetzt vielleicht die einzige — wirklich internationale Einrichtung. Man muß in ihr nicht gerade das Vorbild für eine kirchliche oder weltliche Ordnung sehen; aber sie hat die Möglichkeit einer dauerhaften und starken Einrichtung bewiesen, die ihre eigene internationale, einem weltumfassenden Ziele dienende Leitung hat und deren Mitglieder allen Völkern des Erdballs angehören.

Obgleich viele kriegerische Dinge in seinem Namen unternommen worden sind und obgleich es der letzte Unterschlupf für manchen Raufbold und Friedensstörer war, ist das Christentum ein Evangelium des Friedens. Im Namen des Christentums auf Eroberungen auszuziehen, heißt mit seinem Namen Mißbrauch treiben.

Man macht es Papst Pius XII. zum Vorwurf, daß er jahraus, jahrein ständig das Thema des Friedens behandelt. Aber dazu veranlaßt ihn das richtige Gefühl für seine Aufgabe. In seiner Eigenschaft als Sprecher des Christentums in dessen wesentlicher, zeitloser Lehre kann er auf Frieden drängen, auch wenn es nicht zeitgemäß erscheint. Die katholische Kirche hat nie geleugnet, daß es auch gerechte Kriege geben kann oder daß der Friede bis zu ihrem siegreichen Ende warten muß. Aber als ein Organ des Christentums besteht sie mit Recht darauf, daß ein solcher Krieg nur dann als rechtmäßig gelten kann, wenn die harte Notwendigkeit hinter ihm steht oder wenn er das einzige Mittel zur Erreichung des letzten Zieles, des Friedens, ist. Das hat nichts zu tun mit der Unzeitigkeit eines faulen Friedens, der doch nur einen neuen Krieg nach sich ziehen würde. Ob der Papst neben seiner geistlichen auch weltliche Macht ausüben soll, ist eine Streitfrage. Aber für die große Masse der Gläubigen ist diese Doppelrolle unvermeidlich. Wenn auch das Christentum den Menschen im Gebrauch seiner Bürgerrechte beeinflußt, so enthebt es ihn doch in keinem Falle seiner Verpflichtungen gegen seine Mitbürger, mit denen er auf Gedeih und Verderb verbunden ist. Seine Frömmigkeit kann seine Vaterlandsliebe dämpfen, aber wohl kaum auslöschen. Man findet daher in den Kriegen innerhalb des Christentums auf beiden Seiten christliche Kämpfer.

Legt man den Plan für eine neue Weltordnung im Lichte der christlichen Lehre aus, so ist man gleich auf vertrautem Boden. Der christliche Gott ist der Gott der ganzen Menschheit, und das christliche Erlösungsversprechen gilt für alle Menschen, wenn sie nur gläubig sind. Ein moderner katholischer Schriftsteller faßt das wie folgt zusammen:

> Nach der Lehre der Kirche sind alle Menschen gleich erschaffen, haben die gleichen Rechte und mußten im Sündenfall das gleiche erleiden. Christus hat sie alle in gleicher Weise erlöst ... Nur fünfzehn v. H. der Menschheit sind katholische, weitere fünfzehn v. H. nichtkatholische Christen. „Liebe deinen Nächsten wie dich selbst", bezieht sich ... auf die siebzig v. H. der Menschen, die Nichtchristen sind, genau so wie auf die kleine Minderheit, die wir zu den Unseren zählen können[105].

In der christlichen Lehre wird dem Menschen als der Krone der Schöpfung Gottes, als seinem Ebenbild und als Gegenstand seiner besonderen Fürsorge eine eigene Würde verliehen. Alle Menschen ohne Unterschied sind seine Kinder, die er wie ein Vater liebt. Ihr Verhältnis zu diesem Schöpfer und Vater — ihr Abfall und ihre Wiedergeburt — bildet den Grundgedanken der Schöpfung. Der christliche Gott ist in seinem tiefsten Wesen ein Gott der Liebe und nur deshalb auch ein Gott der Gerechtigkeit, weil gegen die Liebe gesündigt wurde oder weil sie wieder in ihre Rechte eingesetzt werden muß. Liebe beruht auf Gegenseitigkeit und durchdringt alles — Gott liebt die Menschen mit väterlicher Liebe, die sie ihm mit kindlicher Liebe zurückgeben, und die Menschen lieben einander mit brüderlicher Liebe. Man vergegenwärtige sich dazu noch den Kult Mariä als Mutter und Christi als Bräutigam sowie dessen Ausspruch: „Lasset die Kindlein zu mir kommen ..." — und es hat den Anschein, als wäre jede zärtliche Empfindung im Menschen herangezogen worden, um die religiöse Liebe zu bereichern. Christus selbst, nach dem diese Religion benannt ist, ist das Symbol menschlichen Leidens und Mitleidens. In ihm wird geoffenbart, daß Gott um seiner Göttlichkeit willen an der Menschheit teilnehmen muß.

Die Hoffnungen der Welt richten sich auch auf eine Verbesserung der Lebenshaltung aller Menschen. Diesem sittlichen Ziel menschlicher Wohlfahrt gewährt nun das Christentum seine mächtige Unterstützung. Es ist ihm hoch anzurechnen, daß es seine Auffassung von der Wohlfahrt der Menschen geändert hat, um mit der Zeit Schritt zu halten. Es hat sich nicht darauf beschränkt, den allgemeinen Grundsatz der brüderlichen Liebe zu verkündigen, sondern hat auch den weltlichen Fortschritt einbezogen, wodurch dieser Grundsatz mehr Halt und größere Wirkungskraft bekommen hat.

Das Christentum hat mit der Lehre vom jenseitigen Leben begonnen und ist niemals davon abgegangen. Von Anfang an hat es die Aufmerksamkeit der Menschen auf das Nachher gelenkt, von dem sie sich ein größeres und dauerhafteres Glück erhoffen können, als es für sie während ihres irdischen Daseins erreichbar war. Aber die Betonung hat sich von der Vorstellung einer ewigen Wohlfahrt *statt* einer irdischen auf die Vorstellung einer ewigen *und* einer irdischen Wohlfahrt verlagert. Dadurch kann sich das Christentum nunmehr mit allen Freunden der irdischen Wohlfahrt verbünden.

Man hat dem Christentum Gleichgültigkeit gegenüber dem allgemeinen Problem des menschlichen Elends vorgeworfen. Dies bedeutet nicht, daß es jemals des Mitleids bar gewesen wäre. Seine Mildtätigkeit und sein Samaritertum sind unbestreitbar. Nach seinem Gebot wie nach seinem Beispiel gehörte es zum Wesen Jesu, daß er die Kranken heilte, den Armen half und von den Leiden der Menschen sogar tiefer erschüttert war als von ihren Sünden. Aber die christliche Mildtätigkeit schien unbeständig und oberflächlich zu sein. Der gute Samariter kam ganz zufällig des Wegs, als er den Mann sah, der unter die Räuber gefallen war. Er ließ ihm wohl erste Hilfe zuteil werden, ging der Sache aber nicht auf den Grund, indem er etwa nach Maßnahmen suchte, um künftig etwas Ähnliches unmöglich zu machen. Die Betonung liegt außerdem nicht so sehr auf dem Verbinden von Wunden als auf der Hilfsbereitschaft überhaupt. Das Gleichnis legt den Gedanken nahe, daß das menschliche Elend ein Betätigungsfeld für eine sittliche Einstellung ist und nicht einfach ein Übel, das behoben werden muß.

Diese besondere Betonung des Verdienstes durch das Geben an Stelle der dem Empfänger erwiesenen Wohltaten gibt dem Samaritertum einen Beigeschmack von Herablassung. Der Gebende gibt freiwillig aus seinem Überfluß das, was er geben will. Mildtätigkeit ist eine Art von unverdienter Vergünstigung, wie die Gnade Gottes, und es wird erwartet, daß sie dankbar angenommen wird. Das christliche Evangelium in seiner ursprünglichen, einfachsten Form erweckt somit den Eindruck einer beständigen Gesellschaftsordnung, in der das Elend der vielen als etwas schicksalhaft Feststehendes, als ein Teil der Ordnung aller Dinge seit der Vertreibung des Menschen aus dem Paradies hingenommen wird. Folglich wäre es Aufgabe der Religion, aus dem Elend nicht nur eine Tugend zu machen, sondern auch die Menschen dazu zu bringen, daß sie sich geduldig damit abfinden. Die Religion wird mehr zu einem Mittel gegen die Unzufriedenheit, die durch das Elend immer größer wird, als zu einem Mittel gegen das Elend selbst. Sie lehrt die Menschen, sich freudig in ihr Los zu fügen, anstatt es zu verbessern.

Endlich ist die bereitwillige Hinnahme dieser Lehre durch die wenigen Glückskinder nicht ganz unverdächtig. Die Vorschrift der freudigen Ergebung in sein Schicksal wird gern befolgt von denen, die leicht freudig sein können. Sie gehen ohne Beschwer durch das Nadelöhr, indem sie ihr gutes Geschick dankbar hinnehmen, die Glücksgüter verachten, die sie nie entbehren mußten, und Almosen geben, die ihnen nicht wehetun. Deshalb sucht man die Religion zuerst auf der Seite des Status quo und bringt sie mit denen in Verbindung, die aus ihm am meisten Nutzen ziehen.

Während des Mittelalters und im Anfang der Neuzeit erhielt das Christentum die Forderungen der Menschlichkeit noch lebendig und tat etwas gegen die Auswüchse der Profitgier, indem es Ausbeutung und übermäßigen Gewinn verurteilte. Als die industrielle Revolution die menschliche Fähigkeit zur Erzeugung und Verteilung materieller Güter stark förderte, erkannte das christliche Gewissen die Mißbräuche sehr schnell und unterstützte die gesetzlichen Maßnahmen zu ihrer Unterbindung. Aber in den protestantischen Ländern, in denen die neue Wirtschaftsweise sich zuerst durchsetzte, war der Einfluß des Christentums geteilt. Christliche Sozialisten verurteilten das System in Bausch und Bogen unter Hinweis auf seine Unvereinbarkeit mit der christlichen Lehre, wonach die Früchte der Erde und der menschlichen Arbeit von Rechts wegen allen Menschen als gleichberechtigte Teilhaber in einem gemeinsamen Unternehmen gehören. Aber zugleich sprach die protestantische und insbesondere die kalvinistische Hervorhebung der Anstrengung, der Sparsamkeit, der Selbstzucht und des Selbstvertrauens des einzelnen dem Streben nach eigennützigem Gewinn und der Anhäufung von privatem Reichtum die christliche Billigung aus. Menschliches Elend wurde als verdiente Strafe für sittliche Schwäche angesehen. So konnte es kommen, daß Christen durch Ausübung dieser Tugenden und in dem Bestreben, sich als Auserwählte Gottes zu erweisen, sich auf Kosten ihrer Mitmenschen bereicherten und in frommer Selbstzufriedenheit eine immer größer werdende Kluft zwischen reich und arm duldeten.

Wir müssen uns bei diesen weniger erfreulichen Punkten der christlichen Geschichte schon etwas aufhalten, wenn wir die Anschuldigungen der Feinde des Christentums und den Grad, in dem diese Vorwürfe nunmehr an Bedeutung verloren haben, verstehen wollen. Ohne eine nüchterne Anerkennung der Berechtigung der Anklage kann man unmöglich den Sinn moderner sozialer Revolutionen und die Tatsache verstehen, daß sie so oft die Form des Antiklerikalen, des Antichristlichen und des Antireligiösen angenommen haben. Auf die Dauer wollen sich die Menschen den Brotkorb nicht immer höher hängen lassen, wenn sie glauben, es stehe in ihrer Macht — und in der der Gesellschaft, wenn sie besser geordnet wäre — mehr Brot zu bekommen. In der kommunistischen Auffassung, nach der die Religion ein Betäubungsmittel für die Armen und die Kirche ein Werkzeug für die Reichen ist, liegt mehr als ein Körnchen Wahrheit. In allen Erscheinungsformen des Sozialismus, den christlichen und den weltlichen, den gemäßigten und den extremen, findet man den Leitgedanken, daß etwas grundverkehrt sein muß in einer Wirtschaft, die ihre Wohltaten derart ungleich verteilt und die große Masse der Menschheit, einschließlich der Arbeiter, von der Gnade einzelner abhängig macht. Und der Sozialismus macht keinen Hehl daraus, daß eine Religion, die den jetzigen Zustand beschönigt oder sich einer Änderung widersetzt, beiseitegeschoben werden muß. Aber die führenden Köpfe des Christentums beschönigen heute nicht mehr und widersetzen sich nicht mehr.

Die heutige Vorstellung von menschlicher Wohlfahrt beruht auf dem Glauben, daß die Stiefkinder des Glücks ein Recht auf bessere Lebensbedingungen haben, und zwar nicht von der Glückskinder Gnaden, sondern, wenn nötig, durch Anwendung der eigenen Kraft, daß die Stiefkinder ferner — einschließlich derer, die durch ihrer Hände Arbeit nur notdürftig das nackte Leben fristen können — ein Recht haben, sich zusammenzutun und ihre Vielzahl zu ihrem Vorteil zu nützen, und daß schließlich die Errungenschaften der Wissenschaft und Technik überall auf die sozialen Ziele abgestellt werden und jedermann ein hohes Mindestmaß an Bequemlichkeit, Selbstentfaltung und Entscheidungsfreiheit ermöglichen helfen. Dieser Glaube und diese Hoffnungen werden nun von den führenden Männern der Christenheit geteilt und verkündet. Ob das einen Wechsel in der Gesinnung und ein spätes Einsehen eines Irrtums bedeutet oder nur eine Entwicklung oder Anpassung an schon in der Lehre selbst enthaltene Wesenszüge, ist nicht weiter von Bedeutung. Wichtig ist, daß die katholische und protestantische Christenheit sich mit dem Sozialismus und dem kapitalistischen Liberalismus in einem gemeinsamen sozialen Programm zusammenfindet.

Die „gemeinsamen Vorschläge", die im Jahre 1940 von den Erzbischöfen von Canterbury und York, dem katholischen Erzbischof von Westminster und dem Präses des Free Church Federal Council (Bundesrat der Freien Kirche) als Vertreter der Dissidenten in England gemacht wurden, hatten verkündet, daß „die Hilfsquellen der Erde Gottesgaben für die gesamte Menschheit sind, die mit Berücksichtigung der Bedürfnisse gegenwärtiger und künftiger Generationen genützt werden müssen[106]".

Das berühmte Malvern Manifesto der anglikanischen Kirche (Church of England) (1941) enthält folgenden Absatz:

Es ist eine altüberlieferte christliche Lehre, daß Eigentum für das persönliche Leben unerläßlich ist. Allen Bürgern sollte es ermöglicht werden, solches Eigentum zu besitzen, das zur Vermehrung ihrer Unabhängigkeit und geistigen Freiheit beiträgt, ohne die Unabhängigkeit und Freiheit anderer zu beeinträchtigen. Wo aber die Eigentumsrechte mit der sozialen Gerechtigkeit oder der allgemeinen sozialen Wohlfahrt im Widerspruch stehen, müssen sie zurückgestellt, abgeändert oder, wenn nötig, abgeschafft werden[107].

Der gleiche Grundgedanke findet sich in der Botschaft der Nationalen Studienkonferenz über die Kirchen und einen gerechten und dauerhaften Frieden (A Message from the National Study Conference on the Churches and a Just und Durable Peace), herausgegeben von den Führern des amerikanischen Protestantismus im Jahre 1942:

> Jede Wirtschaftsform, die zuläßt, daß das Streben nach Privatgewinn die menschliche Wohlfahrt mißachtet, das die Menschen unter Zwang stellt, ihnen die Freiheit zu umfassenden Lohnabreden versagt und so die Arbeit lediglich zu einer Ware macht — jeder Plan, der zu Massenarbeitslosigkeit oder bitterer Armut in Industrie und Landwirtschaft führt... ist offensichtlich verkehrt. Gegen derartige Übelstände sollte die Kirche das Gewissen in jedem Volke aufrütteln. Die Kirche muß wirtschaftliche Vorkehrungen fordern, die die menschliche Wohlfahrt voll berücksichtigen, das heißt, sie müssen beitragen zur Sicherung des Arbeitsplatzes, zur Schaffung anständiger Wohn- und Lebensverhältnisse, zur Förderung der Jugend, sie müssen die Freiheit der Beschäftigungswahl und kulturellen Betätigung sichern, den Rechtsgrundsätzen der Arbeit zur Anerkennung verhelfen und Hilfe gewähren im Alter und bei Krankheit. Um diese Forderungen durchzusetzen, ruft die Kirche das christliche Gefühl der Hilfsbereitschaft an, das hoch über jedem persönlichen oder staatlichen Zwang steht[108].

Die bedeutsamsten aller Stellungnahmen zu diesen Fragen sind die des Vatikans wegen ihrer Folgerichtigkeit und wegen ihres großen Einflußbereiches. Sie gehen zurück auf thomistische Lehrsätze, die in den Enzykliken Papst Leos XIII. Rerum Novarum von 1891 und Papst Pius' XI. Quadragesimo Anno von 1931 auf moderne Verhältnisse angewandt und immer wieder bis zuletzt zur Weihnachtsbotschaft Pius' XII. bekräftigt wurden. Sie enthalten eine klare Absage an den Laissez-faire-Kapitalismus, soweit dieser dem persönlichen und nationalen Eigennutz Raum gibt; ferner stellen sie fest, daß die Hilfsquellen der Erde für alle Menschen und Völker gleichermaßen da sind, sie bringen eine Verbindung des Rechts auf Privateigentum mit der Verpflichtung, es zum allgemeinen Wohle zu nützen, eine Anerkennung des Rechts aller Menschen auf materielle Güter als unerläßliche Vorbedingung für ihre Entwicklung als freie Persönlichkeiten, eine Bestätigung der besonderen Rechte der Arbeiter, die Früchte ihrer Arbeit zu genießen und allgemeine Lohnabreden zu treffen, eine Bekräftigung der Pflicht des Staates, gegen wirtschaftliche Ungerechtigkeiten einzuschreiten, sowie die Verpflichtung wohlhabender Nationen, den weniger begünstigten und abhängigen Gebieten zu helfen, und endlich ein mutiges und bedingungsloses Eintreten für eine Weltwirtschaft als die einzige Lösung der Aufgabe, als die logische Folge des Allgemeinbesitzes der Erde und als Erfüllung der Erfordernisse der „neuen, auf sittlichen Grundsätzen aufgebauten Ordnung[109]".

Dieses christliche Programm spricht sich weder für noch gegen den Kapitalismus, weder für noch gegen den Sozialismus, weder für noch gegen den Kollektivismus, weder für noch gegen die Arbeiterrechte in irgendeinem dogmatischen Sinne aus. Es stellt sich dem verantwortungslosen Eigennutz des Kapitalismus und der Zwangsorganisation des Sozialismus in gleicher Weise entgegen. Nach den grundlegenden christlichen Maßstäben sind sowohl Kapitalismus wie Sozialismus und auch eine Mischung der beiden nur Mittel und nicht Zweck, sie sind Versuche und keine endgültigen Lehren. Sie sind so weit gerechtfertigt, als sie zwei Bedingungen erfüllen: die gerechte, reichliche Befriedigung der menschlichen Bedürfnisse und die Sicherung der Entfaltung und der Freiheit der menschlichen Persönlichkeit.

Alle großen Religionen sehen sich vor das gleiche Problem gestellt, ihre nichtweltlichen Lehren ihrem Platz in der Welt und der weltlichen Betätigung ihrer Anhänger anzupassen. Mohammedaner, Buddhisten, Brahmanen und Konfuzianer sind auch Menschen wie die Christen; als solche leben sie in einer sehr indischen Umwelt und müssen für ihre materiellen Bedürfnisse sorgen. Sie müssen sich nähren, kleiden, Heimstätten schaffen und vor Krankheit schützen, sie brauchen Werkzeuge und technische Fertigkeiten, Nachrichten- und Transportmittel, sie müssen industrielle Güter erzeugen und verteilen — und für all das brauchen sie eine Wirtschaft. Das Christentum ist in Asien geboren, aber in Europa aufgewachsen und gereift, wo auch die industrielle Revolution und die modernisierte Wirtschaft sich entwickelt haben. Christen, Industrielle und Wirtschaftler, alle sind die gleichen Menschen. Daher ist es erklärlich, daß das Christentum von dieser Entwicklung stark beeinflußt wurde und nunmehr bereit ist, die menschliche Wohlfahrt durch eine fortschrittliche Technik und industrielle Organisation zu fördern.

Zu gleicher Zeit herrschten in den Verbreitungsgebieten der anderen großen Religionen noch primitive oder veraltete Wirtschaftsformen. Die Modernisierung kommt unvermittelt, und sie kommt von außerhalb, als etwas „Europäisches" oder „Westliches" oder aber mit den Kennzeichen des jeweiligen Ursprungslandes. Sie erzeugt daher Widerstand, sei es aus Lokalpatriotismus, aus kultureller Eigenständigkeit oder aus den Bindungen an die Überlieferung. Die Religion ist oft der Mittelpunkt des Widerstandes, weicht aber meist weltlichen Lehren oder paßt sich den neuen Verhältnissen an[110].

In der islamitischen Welt kommen beide Formen der Angleichung vor. Die Bewohner des Nahen Ostens brauchen bessere Transportmittel; für die ebenen Wüsten sind nun eben Flugzeug und Kraftwagen besonders geeignet, auch wenn die Autohupe den Gebetsruf vom Minarett herab übertönt. Der mit den verkehrstechnischen Verbesserungen verbundene größere Kapitalbedarf führt zur Aufnahme von Krediten und damit zu Zinszahlungen, die nach dem Gesetz des Propheten eigentlich verboten sind[111]. Die Hebung der Bildung führt zur allgemeinen Forderung nach den Wohltaten der Zivilisation, zur Emanzipation der Frauen und zu tiefgreifenden Änderungen der ursprünglich für Nomadenvölker bestimmten Gesellschaftsform. Das Ergebnis dieser Gegensätze ist die Mißachtung des alten Mohammedanismus. Daraus kann sich — wie in der Türkei — eine Laienbewegung entwickeln, die mit dem rein diesseitigen Liberalismus und der Kirchenfeindschaft Westeuropas und dem kommunistischen Kult der Religionslosigkeit vergleichbar wäre. Aber andere wiederum finden in der Lehre Mohammeds oder im Koran oder in der Geschichte der moslemitischen Wissenschaft Keime des Fortschritts, die eine Aussöhnung der alten Frömmigkeit mit der neuen Zeit ermöglichen.

Alle diese Veränderungen und Spannungen treten in Indien in einem Grade in Erscheinung, der seiner zahlreicheren Bevölkerung, seiner philosophischen Begabung, seiner geistigen Beweglichkeit und seinen reichen Schätzen an religiöser Literatur entspricht. Keine Religion war ursprünglich mehr auf das Jenseits gerichtet als der Hinduismus, keine war geheimnisvoller, aber auch keine hat mehr enttäuscht. Nirgendwo gab es einen so krassen Widerspruch zwischen der Gesellschaftsordnung, wie sie von der Religion gebilligt wurde, und dem neuen Evangelium der menschlichen Wohlfahrt, das im gemeinnützigen Gebrauch von Wissenschaft und Technik wurzelt. Aber Asketentum, Fatalismus, Bettlertum, priesterliche Ränke, das Kastenwesen, die Rechtlosigkeit der Frau und der Unberührbaren sind im Schwinden und Industrialisierung, persönliche Freiheit und soziale Gerechtigkeit sind im Kommen, und das mit voller Unterstützung von Männern wie Gandhi und Nehru, die für ihre Frömmigkeit bekannt sind. Ohne Verzicht auf wesentliche religiöse Werte finden die indischen Kulte einen Weg, das menschliche Elend zu beseitigen anstatt es auszunützen oder es als Anlaß zur Versenkung in Brahma oder das Nirwana zu nehmen.

Unter allen asiatischen Religionen ist der Konfuzianismus, wenn man ihn losgelöst vom alten chinesischen Kaiserreich betrachtet, am ehesten für ein wissenschaftliches Programm der menschlichen Wohlfahrt geeignet. Der Kern seiner Lehre ist rationalistisch und utilitaristisch, in seiner Ethik ist er individualistisch und humanitär und die Wichtigkeit von Wissenschaft und Handel sowie die Einheit der Menschheit werden von ihm anerkannt[112]. Der chinesische Taoismus, der seinen Ursprung in den Lehren des Laotse hat, ist von einem Kult der persönlichen Moral kaum mehr zu unterscheiden. Der chinesische Buddhismus hat sich vom Mönchs- und Asketentum abgekehrt und hat sich der Erziehung, der Sozialreform und dem Dienst an der Menschheit zugewandt. Nimmt man den Einfluß des Kommunismus noch hinzu, so könnte es tatsächlich scheinen, als läge die Gefahr in China nicht im Widerstand der Religion gegen Neuerungen, sondern vielmehr im gänzlichen Verschwinden der Religion.

Während der Buddhismus durch seine Ablehnung des Unternehmertums in bestimmten Teilen Ostasiens, wie in Thailand, ein Hindernis für die Industrialisierung war, wurde seine Lehre des Mitleids in Japan und China mit einem Plan zur Förderung der Wohlfahrt in Verbindung gebracht. Solange es der wachsende Nationalismus gestattete, entwickelte sich der japanische Buddhismus rasch in der Richtung der Sozialreform, des Missionswesens, der Universalität und der Zusammenarbeit mit den anderen Weltreligionen, besonders mit dem Christentum. Ja, der Buddhismus hat sogar für sich in Anspruch genommen, in seiner undogmatischen Freizügigkeit und uneingeschränkten Aufnahmebereitschaft für die vordrängenden Wahrheiten der Philosophie und der Wissenschaft dem Christentum überlegen zu sein.

In Japan aber hat sich die universale Religion wieder zur Stammesreligion zurückgebildet oder ist dieser unterlegen. Doch hat Japan unter allen östlichen Ländern als einziges vom Westen Industrie und Technik übernommen und mit ihrer dortigen Entwicklung Schritt gehalten, der Shintoismus macht die neuen Errungenschaften den militaristischen und nationalistischen Zielen dienstbar.

Das Bündnis zwischen den beiden Endpunkten der Achse war auch religiös bedingt und nicht nur politisch oder opportunistisch. Shinto steht hoch über den Albernheiten und der Geschmacklosigkeit eines Rosenberg. Aus einer Mischung von Vergottung des Kaisers und primitiver Gläubigkeit hat Japan eine wahrhaft totalitäre und imperialistische Religion entwickelt, die im heimatlichen Boden wurzelt und im weiten Bereich äußerer Machtentfaltung wirksam ist. Der Shintoismus ist ein „Überrassismus", der alle Rassen in sich zu vereinigen beansprucht, und ein Übernationalismus, der sich zum Nachfolger des Völkerbundes machen will.

Der Gedanke der menschlichen Wohlfahrt als ein gleiches Recht für alle Menschen und ihrer ständigen Entwicklung durch Wissenschaft und Technik wird in Japan, solange der Shintoismus vorherrscht, und in Deutschland, solange das Christentum dort nicht wieder voll in seine Rechte eingesetzt ist, kaum eine religiöse Billigung erfahren.

Die Religionen bieten in weltweitem Ausmaß die gleichen Gefahren zu Auseinandersetzungen, wie sie früher innerhalb der Völker und zwischen ihnen so entsetzliche Verheerungen angerichtet haben. Die Vereinten Nationen haben sich feierlich verpflichtet, das Problem lieber durch Duldung als durch Zwang zu lösen, indem sie die Freiheit der Religion in jene Freiheitsrechte einreiht, die sie zu achten versprochen haben. Weil Präsident Franklin Roosevelt auf diese Freiheit besonderen Wert legte, darf angenommen werden, daß hier die amerikanische Auffassung gemeint ist.

Die Freiheit der Religion ist in den Vereinigten Staaten genau bestimmt durch Artikel VI der Bundesverfassung sowie durch Zusatz 1 und 14, ferner durch die Verfassungen der einzelnen Bundesstaaten und eine Reihe von Gerichtsentscheiden, in denen diese Bestimmungen ausgelegt wurden[113]. Weder der Kongreß noch ein Bundesstaat darf eine Religion von Staats wegen einführen oder verbieten. Weder der Kongreß noch ein Bundesstaat (mit Ausnahme vielleicht einiger weniger Fälle) darf die Übertragung öffentlicher Ämter von religiösen Dingen abhängig machen.

Das Wesen dieser Bestimmung ist die wohlwollende Neutralität der Obrigkeit in religiösen Angelegenheiten. Das Recht irgendwelcher Gruppen auf Religionsfreiheit ist — wie alle Rechte — durch die gleichen Rechte anderer Gruppen sowie durch das gesamte System religiöser und nichtreligiöser Rechte, die im Landesrecht verankert sind, beschränkt. Wie ein moderner Schriftsteller es zusammengefaßt hat, gibt es „ein Recht, jeden religiösen Grundsatz zu befolgen und jede religiöse Lehre zu lehren, die . . . weder die persönlichen Rechte anderer verletzte noch die Gesetze, die zur Festigung des Friedens und der Moral aufgestellt wurden[114]."

Diese Einschränkung ist zwar auf dem Gebiet der Handlungsfreiheit sehr wirksam, wird aber auf dem Gebiet des Glaubens und der religiösen Verehrung sehr frei ausgelegt. Sogar die Gesetze gegen die Gotteslästerung werden nur selten in Anwendung gebracht, obgleich sie in der Gesetzgebung einzelner Staaten noch immer bestehen[115]. Die Verfassung der Vereinigten Staaten enthält keine ausdrücklichen Bestimmungen über antireligiöse Propaganda, und deren Stellung im Gesetz ist nicht genau festgelegt. Aber es ist nicht ungesetzlich, sich zum Atheismus zu bekennen und atheistische Lehren zu verbreiten, vorausgesetzt, daß sich dies im Rahmen des Anstandes hält[116].

Daraus geht aber nicht hervor, daß die amerikanische Demokratie religionslos, gottlos oder unchristlich ist, im Gegenteil, ihre Maßnahmen zum Schutz der religiösen Freiheit zeugen von einer großen Hochachtung vor der Religion. Gott hat in der Unabhängigkeitserklärung einen weithin sichtbaren Platz inne. Sie ist ja auch von Männern verfaßt worden, die an Gott geglaubt haben. Der Oberste Gerichtshof hat erklärt, daß die Vereinigten Staaten eine „christliche Nation" sind[117]. Das kann auch kaum anders sein, wo doch die Mehrheit des Volkes aus Christen besteht und die Gesamtbevölkerung, samt allen ihren Einrichtungen, von christlicher Überlieferung erfüllt ist.

Über die Geschichte und den Inhalt des Grundsatzes der Religionsfreiheit sei folgendes kurz gesagt: Während das Christentum im Mittelalter verhältnismäßig einig war und nur Andersgläubige bekämpfte, kam es im fünfzehnten und sechzehnten Jahrhundert zu Bürgerkriegen zwischen Katholiken und Protestanten oder zwischen protestantischen Sekten. Die Menschenschlächterei und das menschliche Elend des 30jährigen Krieges und der puritanischen Revolution erschütterten die Zeitgenossen ähnlich wie die beiden Weltkriege dieses Jahrhunderts. Das geordnete Leben der menschlichen Gesellschaft und das ganze Gewebe der Zivilisation war aufs höchste bedroht. Darum gilt religiöse Duldsamkeit nicht als Ausdruck religiöser Gleichgültigkeit, sondern als eine Lösung des Problems der verschiedenen und leidenschaftlichen Überzeugungen der Menschen. Denn die gleiche Kraft der Überzeugung, welche die einen dazu treibt, ihren Glauben auch anderen Menschen aufzuzwingen, treibt diese wiederum dazu, Widerstand zu leisten oder ihren eigenen Glauben durchzusetzen. Jede Religion strebt nach politischer Macht als Mittel zur Einheitlichkeit. Es ist ein Kampf bis ans Ende — bis ans Ende allen Glaubens und bis zur Entweihung der Ziele, denen allein die politische Macht dienen soll. Denn es ist eindeutig bestimmt, daß die Verfassung in erster Linie den Frieden zu erhalten hat. Ihre öffentliche Aufgabe ist es, den privaten Wünschen der Menschen ohne Behinderung oder Unterdrückung anderer zur Erfüllung zu verhelfen. Dazu gehört auch die Religion, aber sie muß, wie alles andere, mit der bürgerlichen Verfassung im Einklang stehen, wenn sie deren Schutz genießen will.

Im vermeintlichen Interesse der Religion ist diese Auslegung der bürgerlichen Verfassung aus zwei Gründen verworfen worden. Zum ersten wurde gefordert, daß eine Religion, wenn sie wahr ist, jedermann gepredigt werden dürfe, daß aber widersprechende Irrlehren verboten werden sollten. Aber aus einer Hypothese kann man nichts beweisen. Wenn eine Lehre richtig ist, so wird ihr zur Anerkennung nicht geholfen durch das Verbot, Widersprechendes zu lehren, sondern durch Beweise für ihre Richtigkeit, durch freie Meinung und Wahl. Es gibt keinen anderen Weg; denn wenn ein Mensch eine Lehre annimmt, weil er noch keine andere gehört hat, oder weil er gestraft wird, wenn er etwas anderes glaubt, wird er sich zu ihr bekennen, vielleicht sogar daran glauben, aber ohne ihre Wahrheit erkannt zu haben. Der andere religiöse Einwand gegen die Religionsfreiheit ist der Wert der Übereinstimmung. Es wird behauptet, daß der volle Sinn einer religiösen Lehre nur in einer Gesellschaft verwirklicht werden kann, in der sie allgemein befolgt wird und folglich alle Einrichtungen und menschlichen Beziehungen beherrscht: das Christentum kann nur in einem christlichen Gemeinwesen vervollkommnet werden, das katholische Christentum nur in einem katholischen, das kalvinistische nur in einem kalvinistischen, der Buddhismus nur in einem buddhistischen.

Aber der erzwungenen religiösen Übereinstimmung stellen sich unüberwindliche Hindernisse entgegen. Die Geschichte zeigt die Schwierigkeiten in der Schaffung und Erhaltung religiöser Übereinstimmung sogar innerhalb verhältnismäßig kleiner und gesicherter Gemeinschaften. Mit der Entwicklung der Volkserziehung und der Erweiterung und Vervielfachung der menschlichen Berührungen können diese Schwierigkeiten nur größer werden. Die Religion gehört eben zu den Dingen, die man nicht erzwingen kann. Mit Gewalt kann man höchstens äußerliche Übereinstimmung herstellen oder gar nur den Anschein der Übereinstimmung erwecken — der Versuch, den Glauben selbst zu erzwingen, kann nur zur Heuchelei führen. „Kein Gott findet an widerwilligen Betern Gefallen", sagt John Robinson[118]. Eine echte, verinnerlichte Frömmigkeit, die die Herzen der Menschen erfaßt und sie zu Gott hinführt, muß mit anderen Mitteln erreicht werden, als da sind Erziehung, Predigt und gemeinsame Andacht. Deshalb wird nicht einmal von denen die Staatsgewalt angerufen, die eine religiöse Übereinstimmung erstreben, sondern auch von ihnen wird die geistige Freiheit vorgezogen, um die echte Übereinstimmung zu erreichen und sie dann im Kern gesund zu erhalten.

Man kann auch behaupten — und es ist auch geschehen —, daß ein Christentum, das Zwangsmittel gebraucht, wie die spanische Inquisition und die puritanische Theokratie in Neu-England es taten, mehr an christlichem Geist einbüßt, als es durch die wachsende Zahl von Nachbetern gewinnt. Eine solche äußerliche Übereinstimmung durch Verfolgung muß gegen die Herzensverhärtung der Verfolger in die Waagschale geworfen werden. Das Ergebnis kann vielleicht eine Vermehrung der Auchchristen, wird aber sicher eine Schädigung des Christentums sein. Endlich liegt in der Vielfältigkeit ein Gewinn, wenn man voraussetzen darf, daß die Offenbarung etwas Fortschreitendes ist und daß Religionen voneinander lernen können. Viele Fäden vereinigen sich im Gewebe einer Religion und viele Quellen sind es, aus denen sie, wie alle menschlichen Einsichten, gespeist wird.

Folgende Gründe sprechen also für die Freiheit der Religion in einer unter internationalen Einrichtungen geeinigten Welt: die Vermeidung von Religionskriegen mit ihren zerstörenden Auswirkungen auf alle menschlichen Interessen, einschließlich der Religion selbst; Schutz des religiösen Geistes selbst vor der Vernichtung durch die

Verderbtheit der Verfolger; die Ausbreitung der religiösen Wahrheit durch die Möglichkeit der Zuflucht zu stichhaltigen Beweisen; die gegenseitige Bereicherung aller Religionen durch freundliche Beziehungen untereinander; die allgemeine Kenntnis der Einsichten der Seher aller Rassen und Zeiten; endlich das allgemeine Wachsen der Frömmigkeit durch das gegenseitige Sichkennenlernen der verschiedenen Arten der Frömmigkeit.

In der Geschichte des Einzelmenschen wie in der Geschichte der Gesellschaft wird die Sittlichkeit im allgemeinen mit dem Willen eines übergeordneten Wesens gleichgesetzt — dem Willen der Eltern, des Herrschers, des Priesters, des Propheten oder sonst eines Menschen, der als Sprecher des göttlichen Willens gelten kann. Derartige Zugeständnisse tragen wesentlich zur Kraft der Moral bei, und es wäre Unsinn, ihre Hilfe zurückzuweisen. Die Menschen sind ohne Zweifel mehr dem Guten zugeneigt, wenn sie ein Wesen dazu anhält, dem sie aus Liebe, Furcht oder Ehrerbietung ohnehin gehorchen. Nun steht noch die Frage offen, ob Recht auch noch Recht bliebe, wenn es nicht in dieser Weise gefordert würde. Die theistische Ethik sagt: Nein! Es gibt keine sittliche Bindung, keine Pflicht, kein Recht, sie seien denn dem menschlichen Willen von einem höheren Willen auferlegt. Nach dieser Auffassung haben daher Menschen, die nicht an Gott glauben, auch keine Veranlassung, gerecht und im höheren Sinne menschlich zu sein oder ihre Rollen in einer nationalen oder internationalen sozialen Ordnung zu spielen, die auf diesen Grundsätzen aufgebaut ist.

Diese Lehre kann von jedem Menschen schon aus seinem Erfahrungsbereich widerlegt werden. Er braucht sich nur zu fragen, ob die Moral ihre eigene, innere Kraft verlöre, wenn Gott ausgeschaltet würde, so wird er eine klare Antwort finden. Gerechtigkeit bliebe immer noch Gerechtigkeit und Güte bliebe Güte. Gerechtigkeit gebührt denen, die etwas zu beanspruchen haben, Güte denen, die ein fühlendes Herz in der Brust tragen — Leiden ist an sich schon ein ausreichender Anlaß zum Mitleid. Jeder rechte Wille hat — weil er Entscheidungsfreiheit besitzt, der Hüter seiner eigenen Interessen ist und durch sein Handeln den Interessen anderer förderlich oder hinderlich sein kann — auch Pflichten. Jede Zielsetzung trägt die Verpflichtung in sich, die Mittel zu ihrer Erfüllung anzuwenden. Natürlich soll man den Eltern, dem Sonntagsschullehrer, dem Priester oder

Gott selbst Freude machen: aber das erste Ziel einer Wohltat muß die Befriedigung des Empfängers sein.

Wer dies leugnen will, muß sicher mit schwerwiegenden Folgen rechnen. Erstens ist es sinnlos, von Gott als einem Gott der Gerechtigkeit zu sprechen, wenn diese nicht an sich ihre Bedeutung hätte, ob Gott sie nun besitzt oder nicht. Es wäre für Gott ganz gewiß nicht schmeichelhaft, wenn man sagen wollte, er sei das Wesen, welches alles zu Recht werden lassen kann, wenn es nur will. Sein Wille ist dann eine bloße Laune, bar jeglichen Verdienstes mit Ausnahme der Macht. Ebenso wenig wäre es für den Menschen schmeichelhaft, wenn man sagen wollte, er sei ein Wesen, das Gott gehorcht, ganz gleich was Gott will, sein Gehorsam wäre dann reine Unterwürfigkeit. Zweitens stellt sich einer mit der Behauptung, Moral sei vom Theismus untrennbar, auf fast denselben Standpunkt wie deren erbittertste Feinde. Denn der Marxismus hat behauptet, Moral sei untrennbar von dialektischem Materialismus — also vom Atheismus. Der Theist und der Atheist stimmen darin überein, daß Moral von einer Stellungnahme zu Gott — sei sie nun Zustimmung oder Ablehnung — nicht getrennt werden kann. Nun ist es eine glückliche Fügung, daß die bürgerliche Ordnung der Menschheit nicht verpflichtet ist, die Schüttelfröste und Fieberschauer von Glaube und Unglaube mitzumachen. Jacques Maritain sagt uns, daß eine Gesellschaft freier Menschen gläubig sein muß[119]. Wenn er damit meint, daß sie gläubig werden müssen, weil sie frei sind, so wäre darüber noch vieles zu sagen. Wenn er aber damit sagen will, das Gesetz der bürgerlichen Freiheiten müsse die Bekehrung der Menschen zum Glauben abwarten, so würde man ihnen die besten Möglichkeiten zum wahren Verständnis des Guten abschneiden, und gerade in diesem Verstehen müssen alle Gläubigen einen wesentlichen Bestandteil der Gläubigkeit sehen.

Und schließlich muß die sittliche Einigung der Welt, die nunmehr das gemeinsame Ziel der Menschen ist, die sich für aufgeklärt und gutgesinnt halten, sich noch für einige Zeit mit Glaubensfreunden und Glaubensfeinden abfinden und sie muß durch deren gemeinsame Anstrengungen errungen werden. Die führenden Katholiken sind in der Anerkennung dieser Tatsache sehr weit gegangen. Papst Pius XII. hat gesagt, „dieses hohe Ziel und dieses kreuzzugsähnliche Ringen“

sollte „alle selbstlosen und hochherzigen Menschen an sich ziehen" und fährt dann fort:

In der Gestaltung des Friedens muß die durch tatkräftigen Willen gestärkte und auf großartige Teilhaberschaft aller gerichtete Mitarbeit, nicht nur dieser oder jener Partei, nicht nur dieses oder jenes Volkes, sondern aller Völker, ja der ganzen Menschheit, gesichert werden. Es ist dies ein umfassendes Unternehmen für das Gemeinwohl, das die Zusammenarbeit der gesamten Christenheit für die religiösen und sittlichen Teile des neuen Baues erfordert... Wir wenden uns an alle, die mit uns wenigstens durch das Band des Glaubens an Gott vereinigt sind[120].

Der Papst kommt immer wieder auf diese große gemeinsame Sache zurück, die durch die gemeinsamen Anstrengungen der ganzen Menschheit oder doch aller Menschen, „die guten Willens sind", erkämpft werden muß[121]; meist tut er dies allerdings mit der Einschränkung, daß sie an Gott — „den Allmächtigen Schöpfer und Vater aller, den Obersten und Absoluten Gesetzgeber und Allweisen und Gerechten Richter menschlichen Tuns" glauben müßten. „Wenn Gott geleugnet wird, gibt es keine haltbare Grundlage der Moral[122]." Diese Einschränkung hebt die Allgemeingültigkeit des Aufrufs auf. Von den siebzig v. H. der Erdbevölkerung, die zugegebenermaßen keine Christen sind, lehnt ein erheblicher Teil einen Gottesglauben überhaupt ab oder verehrt einen Gott, der mit dem christlichen wenig oder nichts gemein hat. Das sind nicht etwa nur Reste rückständiger Völker, von denen man zuversichtlich erwarten kann, daß sie mit ihrer fortschreitenden Bildung und Zivilisierung sich auch zu Gott bekehren werden. Es handelt sich vielmehr um Millionen von Menschen „guten Willens", die in China, Sowjetrußland und weit verstreut unter den Nationen Europas und Amerikas leben, die, mit der modernen Wissenschaft vertraut, für jede Mahnung an die Menschlichkeit empfänglich sind und die grundlegenden sittlichen Forderungen der neuen Weltordnung richtig verstehen.

Nach den derzeitigen Plänen soll das Menschenreich auf die Ausmaße eines einzigen Imperiums ausgedehnt werden. Dies hindert jedoch nicht, daß es in ein Reich Gottes eingefügt werden kann.

Die Unabhängigkeit der bürgerlichen Moral steht allerdings einem Übernaturalismus im Wege, der das Leben des Menschen auf diesem Planeten übersehen oder herabsetzen wollte. Die Erde kann nicht einfach als Sprungbrett zum Himmel betrachtet werden, auch nicht als Versuchsboden für die Entwicklung der Tugenden, die den Menschen für ein jenseitiges Leben vorbereiten. Das irdische Dasein des Menschen hat seine eigenen Werte, und diese Werte sind durch ein neues Zusammengehörigkeitsgefühl vertieft und erweitert worden. Wie immer man es auffaßt, das Reich Gottes muß dem Reich des Menschen Platz machen.

Der Mensch kann dem Zusammenleben mit anderen Menschen auf dieser Erde nicht ausweichen. Es ist ein Teil dessen, was mit dem Menschen beabsichtigt war. Selbst Dichter haben ihre Nachbarn neben sich, mögen ihre Geister sich auch noch so hoch erheben, auch heiligmäßige Männer haben Mitbrüder, die für ihre leiblichen Bedürfnisse sorgen, wenn sie nicht überhaupt selbst einen Hausstand haben, und auch die Propheten unterwerfen sich dem Cäsar. Ob die Menschen Angehörige eines Gottesreiches sind oder nicht, auf jeden Fall sind sie Angehörige eines Menschenreiches. Ob religiöse Lehren wahr sind oder nicht, wahr ist, daß ihre Anhänger Teile der menschlichen Gesellschaft bilden. Welche Ansprüche man auch für die Kirche als göttliche Einrichtung erheben mag, eine menschliche Einrichtung ist sie eben doch. Ob es im Jenseits ein Leben gibt oder nicht, wissen wir nicht, aber daß es im Diesseits eines gibt, das wissen wir bestimmt.

Wie die Wechselbeziehungen der Menschen unvermeidlich sind, so sind es auch ihre Gesetze. Sie stellen an jeden religiösen Glauben die gleiche allgemeine Anforderung, daß nämlich die Gläubigen alle in Frieden, gegenseitiger Anerkennung und menschlicher Güte zusammenleben. Nur Kulte, die Sklaverei, Verdummung und Unmenschlichkeit auf ihr Banner geschrieben haben, sind ausgeschlossen.

Daß der Mensch mehr als nur eine Bindung hat, ist nichts Neues. Es ist durchaus nicht widersinnig, daß der Mensch neben seiner Bindung an die Menschheit auch noch eine Bindung an ein höheres Wesen hat. Es darf auch angenommen werden, daß Glaubenswerte in gewissem Sinne höher stehen als die Werte der menschlichen Sittlichkeit. Die bürgerliche Moral schreibt Bedingungen vor, die der Mensch erfüllen muß; aber darüber hinaus kann er sich zu jeder Höhe erheben. Die bürgerliche Ordnung ist die Vorhalle, durch die jeder menschliche Glaube gehen muß. Manche Menschen bleiben dort, andere wieder gehen nur durch in bessere Räume. Sie ist das Erdgeschoß des Lebens, von dem aus alle Treppen emporführen — nur

Engel kommen durch das Fenster oder vom Dach aus in den Himmel. Die Sittlichkeit, die vorschreibt, wie die Menschen zusammenleben sollen, gibt ihnen einen größeren Ausblick — zurück zu den ersten Anfängen, vorwärts zu ihrer letzten Bestimmung, hinab zu den Grundfesten und empor aus der Zeit zur Ewigkeit. Zur Gesellschaft gehört nur der Seher selbst, nicht aber seine Gesichte.

Eine vollkommene Religion hat ihre metaphysische wie ihre menschliche Seite. Humanismus und Humanität können dem unablässigen Grübeln des menschlichen Geistes über das Jenseits nicht genügen — gleichgültig ob dieses Jenseits als eine übernatürliche Ordnung, die dem Menschen von Gott geoffenbart ist, oder als das Unbekannte aufgefaßt wird, das die Reichweite der Wissenschaft und der Philosophie begrenzt. Je mehr der Mensch weiß, desto demutsvoller wird er sich der Abgründe seiner Unwissenheit bewußt, je vertrauter ihm die Erde ist, desto lebhafter empfindet er ihre Kleinheit inmitten des Weltalls. Religion in des Wortes voller Bedeutung verbindet die Endlichkeit des Menschen mit dieser Unendlichkeit.

Aber die Bindung an das Reich des Menschen hat sogar dann Anteil an gewissen Merkzeichen der Religion, wenn ein solcher weiterer kosmischer Ausblick fehlt. Diese Bindung kann auch eine Religion in jenem beschränkteren Sinne der Hingabe an etwas sein, das man als größer und besser empfindet als sich selbst. Sie verleiht dem Menschen jenen Adel, der ihn würdig erscheinen läßt, der menschlichen Rasse anzugehören. Ein moderner katholischer Schriftsteller hat über die natürliche Würde des Menschen gesagt: „Wenn die menschliche Persönlichkeit nicht mit einer geistigen und unsterblichen Seele ausgestattet und von ihr erfüllt ist, dann hat der Mensch nicht mehr sittliche Würde und inneren Wert als ein Pferd, eine Kuh oder ein Elefant[321]." Und er geht dann noch weiter, indem er zu der natürlichen Würde auch noch die übernatürliche hinzutreten läßt. Der Mensch hat sie bitter nötig. Diese zusätzlichen Würden aber dürfen jene Würde nicht verwischen, die dem Menschen bleibt, ob er nun an Gott und an ein Jenseits glaubt oder nicht. Es gibt einen Unterschied zwischen Sokrates, Mark Aurel, Jesus, Buddha, Konfuzius, dem heiligen Franz von Assisi, Thomas von Aquino, Shakespeare, Jefferson oder Lincoln und einem Pferd, einer Kuh oder einem Elefanten, den keine materialistische oder geistige, keine rationale oder übernatürliche Weltanschauung erzeugen oder verschwinden lassen kann. Solche Männer müssen dem Konto des Menschen bei jeder Art Würdigung seines Wertes gutgebracht werden. Ganz gleich wie übermenschlich sie sind, menschlich sind sie in jedem Falle, und ihre menschlichen Eigenschaften geben der Rasse, die sie als Angehörige für sich in Anspruch nehmen darf, hohe Würde. Und weniger großen Menschen kommt Würde nicht nur wegen ihrer Artverwandtschaft mit jenen zu, sondern auch kraft ihres Gefühls der Unwürdigkeit. Denn vielleicht der größte Anspruch des Menschen auf seine Würde liegt in seiner Scheu, ihn geltend zu machen.

Die natürliche Würde kann sogar gerade durch das Fehlen einer übernatürlichen Würde, durch die Fähigkeit der Menschen, sich einfach als Menschen würdig zu betragen, nur noch gesteigert werden. Wie André Gide sagt:

> Menschen sind als Märtyrer in den Tod gegangen, obgleich sie keine Dogmen als Richtschnur und ganz allein an ihrer geistigen Rechtschaffenheit eine Stütze hatten. Es war ein Märtyrertum ohne Ruhmesglanz, ohne Hoffnung auf künftige Belohnung, und aus diesem Grunde war es nur noch mehr bewundernswert. Auch ohne in ihre Fußtapfen zu treten, können wir doch sagen, daß menschliche Würde und jene Art von sittlicher Haltung oder Standhaftigkeit, von denen unsere Hoffnungen nun abhängen, die Stütze und die Tröstungen des Glaubens entbehren können[124].

Die Religion ergänzt Erkenntnis durch Glauben, Ringen durch Hoffnung und Vernunft durch Liebe. Aber das Reich des Menschen, auch im wörtlichen Sinn verstanden und losgelöst von irgendeinem göttlichen Reich, kann diese Tugenden den klassischen der Tapferkeit, Weisheit, Mäßigung und Gerechtigkeit anreihen. Der sittliche Wille ist Entschlossenheit und nicht Zweifel oder Weigerung — ausgenommen die Weigerung, in der Entschlossenheit wankend oder durch Zweifel zaghaft zu werden. Er erfordert einen Glauben an die Zukunft, auch wenn er sich nur auf die Kenntnis der Vergangenheit stützen kann, er füllt die durch Unkenntnis weiß gebliebenen Blätter mit Hoffnung, damit nicht die Verzweiflung sie fülle, und er hebt das Verlangen nach Ordnung der Menschheit von der Ebene der Notwendigkeit und Bequemlichkeit auf die lichtere Höhe der Liebe empor.

Die neue Weltordnung soll eine Ordnung der Freiheit werden; aber es gibt auch in der Freiheit eine Einsamkeit. Das Dach der einigen Welt deckt zwar jedermann; aber es ist hoch und vom freien

Himmel kaum zu unterscheiden. Viele ziehen die Umklammerung durch eine Tyrannei vor. Man muß „der Freiheit entrinnen", wie ein moderner Schriftsteller es genannt hat[126]. Die Halbreligion der menschlichen Sittlichkeit kann diese Einsamkeit lindern helfen. Liebe besteht, wie Antoine de Saint-Exupéry gesagt hat, nicht nur darin, „daß man sich gegenseitig anstarrt, sondern gemeinsam in die gleiche Richtung schaut. Es gibt keine Kameradschaft ohne die Vereinigung in einer gemeinsamen hohen Aufgabe[126]"

Die Sache einer sittlich geeinten Menschheit auf einer physisch-einheitlichen Erde ist eine solche „hohe Aufgabe". Sie trachtet nach Frieden und fruchtbarer Zusammenarbeit, nicht nur unter der heutigen Menschheit, sondern auch zwischen Vergangenheit, Gegenwart und Zukunft, dem Alten und dem Neuen. Sie ist ebenso schwer wie groß und langwierig. Sie ruft die ritterlichen Tugenden auf zum Kampf gegen das Böse oder geringere Gute — gegen Krieg, Haß, Vorurteil, Unwissenheit und Elend, gegen Selbstgefälligkeit durch Teilerfolge und gegen Entmutigung durch Teilniederlagen[127]. Sie fordert von der Menschheit jenen Mut, den Winston Churchill meinte, als er sagte: „Das wahre Maß der Völker liegt darin, was sie leisten können, wenn sie müde sind[128]."

Das Ideal einer sittlich geeinten Menschheit hat alle Merkmale, die ein Ideal haben soll, um die menschlichen Fähigkeiten zu höchster Entfaltung und Leistung aufzurufen. Es ist nichts Unmögliches, sondern etwas Erreichbares. Es ist nicht rasch erreichbar, sondern nur nach und nach und erzeugt in der Zwischenzeit ein Gefühl von Bewegung und Richtung. Es ist nicht leicht erreichbar, aber Einsicht und Anspannung werden doch zum Ziele führen. Es ist erreichbar nicht durch einen Menschen allein, sondern nur durch jeden einzelnen im Zusammenwirken mit seinen Mitmenschen, durch richtig eingeteilte und richtig verteilte Arbeit und mit dem Ziel, daß alle Menschen sich gemeinsam an dem fertigen Werk erfreuen können, das sie mit so viel Zuversicht begonnen haben.

ANMERKUNGEN

Erstes Kapitel

1] Zitiert bei B. H. M. Vlekke, *"Nusantara; A History of the East Indian Archipelago"*, Harvard University Press, 1943, S. 117.
2] Entfällt.
3] R. E. Harrison, *"Saturday Review of Literature"*, Bd. XXVII, Nr. 27 (1944), S. 6.
4] Vgl. Julius Kaerst, *„Die antike Idee der Ökumene in ihrer politischen und kulturellen Bedeutung"*, Leipzig, 1903.
5] Zitiert bei Winthrop M. Daniels, *"American Railroads"*, Princeton University Press, 1932, pp. 10—11.
6] Diese statistischen Angaben über Eisenbahnstrecken und Schiffstonnagen sind der *„Encyclopaedia Britannica"*, 14. Aufl., entnommen.
7] Vgl. Eugene Staley, *"World Economy in Transition"*, Royal Institute of International Affairs, London, 1939, S. 14. Die meisten Angaben über Reisezeiten sind diesem Buch entnommen.
8] "Clive Day", pp. 58—61.
9] Ibid., pp. 270—71.
10] Staley, op. cit., pp. 20—35.

Zweites Kapitel

11] Zitiert bei D. A. Maclean, *"The Christian Basis for a New World Order"*, abgedruckt aus dem *"American Journal of Economics and Sociology"*, 1942, S. 419.
12] F. S. Churchill, *"The Children of Germany and Permament Peace"*, abgedruckt aus den *"Cape Cod Standard-Times"*, 28. Mai 1943.
13] Abgedruckt aus dem *"American Journal of Public Health"*, Bd. 34, No. 11 (Nov. 1944), S. 1138.
14] Papst Pius XII., *"Christmas Message"*, 1941, abgedruckt bei Guido Gonello, *"A World to Reconstruct, Pius XII on Peace and Reconstruction"*, ins Engl. übers. v. T. L. Bouscaren, Bruce Publishing Company, 1944, S. 298.
15] *"The Time for Decision"*, Harper, 1944, S. 401.
16] Vgl. John O'Grady, "Test of a Good Neighbor",*"Commonwealth"*, 16. Febr. 1945, pp. 438—441.

17] Carl L. Becker, "*The Heavenly City of the Eighteenth-Century Philosophers*", Yale University Press, 1932, pp. 39—40.
18] Abbé de Saint-Pierre, «*L'État de guerre et le projet de paix perpétuelle*», *par J. J. Rousseau,* herausg. v. S. G. Patterson, 1920, S. 23. (Übersetzt vom Autor.)
19] Unterhausrede v. 23. Febr. 1944, veröffentlicht in den "*New York Times*" gleichen Datums.
20] Shelley, „Der entfesselte Prometheus", metr. Übers. v. H. Richter, Reclam Nr. 3321/22, S. 109/10.
21] Unter den in letzter Zeit erschienenen Büchern, die die Vielseitigkeit des vorliegenden Problems erkennen, verdienen die folgenden besonders erwähnt zu werden: George B. de Huszar, "*New Perspectives on Peace*", University of Chicago Press, 1944; Lyman Bryson, L. Finkelstein & R. M. McIver, "*Approaches to World Peace*", Harper, 1944; John B. Whitton, "*The Second Chance*", Princeton University Press, 1944.
22] Über eine von einem Wirtschaftler stammende Widerlegung der These, derzufolge alle Kriege wirtschaftlichen Ursprungs seien, vgl. Jacob Viner, "International Relations between State-controlled National Economies", "*American Economic Review*", Bd. XXXIV (1944), Ergänzungsband, pp. 322—25.
23] Arthur B. Hall, 12. Juli 1943.
24] Vgl. Margaret Mead, "*And Keep Your Powder Dry*", Morrow, 1943, pp. 196—209.

Drittes Kapitel

25] "*Complete Works*", herausg. v. John A. Nicolay und John Hay, 2 Bde., "Century", 1902, Bd. II, S. 64.
26] Immanuel Kant, „*Zum ewigen Frieden, ein philosophischer Entwurf*", Leipzig 1917, Inselverlag, S. 80/81 (Anhang I, „Idee zu einer allgemeinen Geschichte in weltbürgerlicher Absicht").
27] Ibid., pp. 76, 85, 86/7.
28] Quincy Wright, "*The Protection by International Action of the Freedom of the Individual within the State*", Universities Committee on Post-War International Problems, Problem X, S. 7. Diese Freiheiten sind alle der Atlantic Charter oder Präsident Roosevelts „Vier Freiheiten" entnommen.
29] A. Barr Comstock, "*New York Times*", 11. Febr. 1945.
30] J. B. S. Haldane, "*Nation*", 3. Okt. 1942, S. 294.
31] Nicholas Spykman, "*America's Strategy in World Politics*", Harcourt, Brace, 1942, zitiert in "*Saturday Review of Literature*", 22. April 1944, S. 31.
32] George Catlin, "Britain and Europe„ "Commonweal", Bd. XXXIX (1944), S. 538.
33] Walter Lippmann, "*U. S. War Aims*", Little, Brown, 1944, S. 174.

34] Vgl. Charles G. Fenwick, *"International Law"*, "Century", 1924, pp. 44—45.

35] Zitiert in *"New York Times"* v. 16. Okt. 1943 (Hervorhebungen vom Autor).

36] Zitiert in *"New York Times"* v. 25. Mai 1944.

37] Vgl. William T. R. Fox, *"The Super-Powers"*, Harcourt, Brace, 1944, pp. 95 ff.

Viertes Kapitel

38] Für diese Zusammenfassung habe ich Fenwick, *"International Law"*, herangezogen. Vgl. auch C. C. Hyde, *"International Law, Chiefly as Interpreted and Applied by the United States"*, Little, Brown, 1922.

39] *„Zum ewigen Frieden"*, vorzit. Ausg., S. 30.

40] *"New York Times"*, 6. Febr. 1945.

41] *"New Yorker"*, 15. April 1944, S. 46.

42] „Op. cit.", Anhang II, „Über den Gemeinspruch: Das mag in der Theorie richtig sein, taugt aber nicht für die Praxis", S. 97.

43] Vgl. Manley Hudson, "The International Law of the Future", *"International Conciliation"*, Carnegie Endowment for International Peace, Dez. 1944, S. 767.

44] *"War and the Working Class"*, zitiert nach den *"New York Times"* v. 7. Jan. 1945. Vgl. auch *"Information Bulletin"*, herausgegeben v. d. Sowjet-Botschaft in Washington am 5. Dez. 1944, pp. 1—2.

45] Gedruckt und herausgegeben von der Vereinigung "Americans United for World Organization, Inc.", New York City.

46] Vgl. Quincy Wright, *"Human Rights and the World Order"*, Commission to Study the Organization of Peace, 1942, und ferner seine Schrift *"The Protection by International Action of the Freedom of the Individual within the State"*, Universities Committee on Post-War International Problems.

47] Vgl. John Westlake, *"Chapters on the Principles of International Law"*, Cambridge University Press, 1894, II. Kap.

48] Fenwick, „Op. cit.", pp. 83—84.

49] Eine aufschlußreiche Diskussion über diesen Gegenstand findet sich bei Westlake, *„Op. cit."*, VII. Kap.

50] Vgl. Fenwick, *„Op. cit."*, pp. 22—23.

Fünftes Kapitel

51] Aus einer von der National Association of Manufacturers angenommenen, in den *"New York Times"* v. 8. Dez. 1944 wiedergegebenen Entschließung.

52] Aus einer im *"Boston Herald"* v. 28. April 1943 abgedruckten Rede.

53] Vgl. Staley, *"World Economy in Transition"*, Teil I, II.

54] Ibid., pp. 24—35.

55] A. M. Lowe, *"The Study of World Affairs"*, für das Institute of World Affairs von der Oxford University Press 1944 herausgegeben.

56] Vgl. Staley, „*Op. cit.*", pp. 30—35.

57] Über nichtwirtschaftliche Kriegsursachen vgl. Jacob Viner, "The Economic Problem" in *"New Perspectives on Peace"*, herausg. v. Huszar.

58] Vgl. Gabriel Javsicas, *"Shortage of Victory"*, "Appleton-Century", 1943, pp. 4, 6 ff.

59] Kirtley F. Mather, "Economic Cooperation", zweite Radiobotschaft über die „Sechs Pfeiler des Friedens" (Six Pillars of Peace), Massachusetts Council of Churches, 4. Juni 1944.

60] Vgl. John F. Timmons, *"Free World"*, April 1945, pp. 77—80.

61] Vgl. die von der Internationalen Arbeitskonferenz in Philadelphia am 12. Mai 1944 angenommene Entschließung (*"New York Times"*, 13. Mai).

62] Mather, „*Op. cit.*", pp. 3—4.

63] Zitiert in *"New York Herald Tribune"* v. 6. April 1943.

64] Vgl. G. P. Marsh, *"Man and Nature"*, Scribner, 1865, pp. 326—329.

65] *"Annual Message to Congress"* (Jahresbotschaft an den Kongreß), 6. Jan. 1941.

66] *"World Trade and Employment: Report from the Advisory Committee on International Economic Policy"*, New York City, 1944. Vgl. andere Schriften in dieser Reihe, sowie J. B. Condliffe, *"Agenda for a Postwar World"*, Norton, 1942.

67] *"British Moralists"*, herausg. v. L. A. Selby-Bigge, 3 Bde., Oxford University Press, 1897, Bd. I, pp. 309—310.

68] Edward H. Carr, *"Conditions of Peace"*, Macmillan, 1942, pp. XVIII bis XIX.

Sechstes Kapitel

69] Vgl. C. Kluckhohn und W. H. Kelly, "The Concept of Culture" in „*The Science of Man in World Crisis*", herausg. v. Ralph Linton, Columbia University Press, 1945, pp. 78—106.

70] Kronzeuge ist hier Josef Stalin, *"Marxism and the National Question"*, International Publishers, 1942. Vgl. auch Hans Kohn, *"Nationalism in the Soviet Union"*, übersetzt v. E. W. Dickes, Columbia University Press, 1933, und Erich Hula, "The Nationalities Policy of the Soviet Union", *"Social Research"*, Mai 1944.

71] P. O. Lapie, *"Foreign Affairs"*, Bd. 23 (Okt. 1944), pp. 107—109.

72] „*Die Welt von gestern, Erinnerungen eines Europäers*", Bermann-Fischer Verlag, Stockholm, 1942, S. 168.

73] *"New Republic"*, 22. Nov. 1943, S. 724.

74] Harper, 1943, pp. 307, 321.

75] *"The Republic"*, übersetzt v. Benjamin Jowett, Oxford University Press, 1897, III. Buch, S. 399.

76] Entfällt.
77] *„Op. cit.“*, S. 167.
78] «*Demander la victoire et n'avoir pas envie de se battre, je trouve que c'est mal élevé*», *Basic Verities; Prose and Poetry*, übers. v. Ann und Julian Green, Pantheon Books, 1943, S. 165.
79] W. H. Auden, "Henry James and the Dedicated", *"New York Times"*, 17. Dez. 1944, Buchbesprechungen, S. 3.
80] *"Art"*, Stokes, 1913, pp. 252, 274—275.
81] G. P. Murdock, "The Common Denominator of Cultures", bei Linton, *„Op. cit.“*, pp. 124—125.
82] Williard Price, *"Japan's Island of Mystery"*, John Day, 1944, pp. 171—172.
83] *„Paideia“*, Bd. I, 396/97.
84] „Diuturna“, Milano, 1924, pp. 374—377 (*„Relativismo e Fascismo“*); zitiert bei Franz Neumann, *"Behemoth, The Structure and Practice of National Socialism"*, Oxford University Press, 1942, pp. 462—463.
85] *„Paideia“*, Bd. I, pp. 14/15.
86] Unveröffentlichtes "Memorandum on the Activities and Future Plans of International Scientific Organizations", für den National Research Council, Abt. f. d. Beziehungen m. d. Ausland verfaßt von W. B. Cannon und R. M. Field.
87] Sacherell Sitwell, «*Valse des Fleurs*», Ryerson Press, 1941, pp. 58—59.
88] Beide Zitate stammen von W. H. Chamberlain, *"Collectivism"*, Macmillan, 1937, S. 236.
89] Vgl. Arnold M. Walter, "Music a Means to Unify Mankind", bei Bryson Finkelstein und McIver (Herausg.), *"Approaches to World Peace"*, S. 521.
90] Vgl. W. G. Constable, "Can the Arts Help toward International Unity?" *Ibid.*, pp. 494—495.

Siebentes Kapitel

91] Vgl. *"Education and World Peace, Problem Analysis Prepared for the Universities Committee on Post-War International Problems"*, Boston, 1943; vgl. auch zahlreiche Veröffentlichungen der verschiedenen amerikanischen Vereinigungen für das Erziehungswesen.
92] Charles W. Eliot, *"The Cultivated Man"*, Houghton, Mifflin, 1909, S. 4.
93] W. T. Van Stockum *"Commonweal"*, 26. Jan. 1945, S. 372.
94] *"International Affairs"*, Jan. 1944, pp. 9—10.
95] Joseph Glanvill, *"The Vanity of Dogmatizing"* (Faksimile-Text), Columbia University Press, 1931, S. 183.
96] Wer den Nazismus für eine oberflächliche und vorübergehende Laune hält, tut gut daran, die über die deutsche Geisteshaltung während und nach dem ersten Weltkrieg angestellten Studien zu lesen. Er könnte feststellen, bis zu welchem Grade Symptome, Diagnosen und Prognosen von 1914 bis

1918 jenen von 1945 ähneln. Friedrich von Hügels *"The German Spul in Its Attitude towards Ethics and Christianity"*, Dutton 1916, sei besonders empfohlen. Vgl. auch des Autors *"The Present Conflict of Ideals"*, Longmans, Green, 1922, Kap. XXVII/XXVIII.
97] Entfällt.
98] *"Essays, First Series"*, "History", 1884, pp. 10—11.

Achtes Kapitel

99] Herausgegeben von der Commission to Study the Bases of a Just and Durable Peace, und am 11. Dez. 1942 angenommen.
100] Vgl. Paul Hutchinson, *"From Victory to Peace"*, Willett, Clark, 1943, Anhang; *"The Popes' New Order ... from Leo XIII to Pius XII"*, herausg. v. Philip Hughes, Macmillan, 1944.
101] Aus dem *"Bishops' Statement on International Order"*, von der National Catholic Welfare Conference herausgegeben im Nov. 1944.
102] Lt. *"New York Times"* v. 14. Nov. 1943.
103] Vgl. *"New Yorker"*, 24. Febr. 1945, S. 20.
104] Vgl. Vlekke, *„Nusantara"*, pp. 72—73.
105] J. J. Considine, *"Catholic Action"*, *"Commonweal"*, 3. Nov. 1944. Wenn Sühne und Erlösung als beschränkt aufgefaßt werden, so heißt das nicht, daß ihre Beschränkungen nicht mit Unterschieden der Rasse, Nation oder Klasse zusammenfallen.
106] Hutchinson, „Op. cit", S. 191. Vgl. auch die bemerkenswerte und vielgelesene Schrift des verstorbenen Erzbischofs von Canterbury (William Temple), *"Christianity and the Social Order"*, Penguin Books, 1942.
107] Hutchinson, *„Op. cit."*, S. 194.
108] *Ibid.*, S. 206.
109] Gonella, *"A World to Reconstruct"*; Hughes, *„Op. cit."*, S. 298 und passim.
110] Eine hervorragende Zusammenfassung dieser Wandlungen findet sich bei Charles S. Braden, *"Modern Tendencies in World Religions"*, Macmillan, 1933.
111] *Ibid.*, S. 179.
112] Vgl. "Summary of Neo-Confucianism", *Ibid.*, S. 118.
113] Vgl. G. I. Haight und C. H. Lorch, "Freedom of Religion", *"Bill of Rights Review"*, 1942, pp. 111—118.
114] V. W. Rotnem und F. G. Folsom jr., "Recent Restriction upon Religious Liberty", *"American Political Science Review"*, Bd. XXXVI (1942), S. 1054.
115] Vgl. Zechariah Chafee, *"The Inquiring Mind"*, Harcourt, Brace, 1928, S. 108 ff.
116] Über eine Zusammenstellung von Entscheidungen sowie Würdigung der allgemeinen Tendenz, vgl. A. W. Scott, *"Harvard Law Review"*, Bd. XXXI (1917—1918), pp. 289—293.

117] Haight und Lorch, „*Op. cit.*", S. 112.
118] "*Works*", 3 Bde., London, 1851, Bd. I, S. 41.
119] "*Rights of Man and Natural Law*", übersetzt von Doris C. Anson, Scribner, 1943, S. 21.
120] J. C. Murray, "*The Pattern for Peace and the Papal Peace Program*", Catholic Association for International Peace, 1944, pp. 7—8. Eine eingehendere Erörterung dieses Gegenstandes findet sich in der Schrift des Verfassers "Catholicism and Modern Liberalism", *Proceedings of the American Catholic Philosophical Association*, 1943.
121] Vgl. W. Parsons und J. C. Murray, "*Intercredal Cooperation*", Catholic Association for International Peace, 1943, S. 26 und passim.
122] Enzyklika Pius' XII. v. 20. Okt. 1939. H. C. Koenig, "*Papal Peace Mosaic*", Catholic Association of International Peace, 1944, S. 47.
123] John A. Ryan, "*New Republic*", 20. Sept. 1943, S. 396.
124] "*Imaginary Interviews*", Knopf, 1944, S. 107.
125] Vgl. Erich Fromms Buch, das den bereits zitierten Titel trägt.
126] "*Wind, Sand and Stars*", Reynal and Hitchcock, 1939, S. 288.
127] Vgl. Harlow Shapley, "A Design for Fighting", *American Scholar*, 1944—1945, pp. 19—32.
128] Zitiert bei Carr, "*Conditions of Peace*", S. XXIV.

REGISTER

www.ingramcontent.com/pod-product-compliance
Lightning Source LLC
LaVergne TN
LVHW042238300926
849161LV00003B/392